本书系教育部人文社科基金项目（20YJCZH066）和北京市教委基本科研业务费项目（110052971921072）、北京市委组织部北京市青年拔尖人才个人项目（2017000026833ZS02）、唐山睿驰科技有限公司院士工作站和院士合作重点单位建设（205A0302H）的研究成果。

京津冀跨域创新网络

生成、演化与协同

李晨光◎著

THE BEIJING-TIANJIN-HEBEI'S

MULTI-REGIONAL INNOVATION NETWORK: GENERATION, EVOLUTION AND COORDINATION

经济管理出版社
ECONOMY & MANAGEMENT PUBLISHING HOUSE

图书在版编目（CIP）数据

京津冀跨域创新网络：生成、演化与协同 / 李晨光著．—北京：经济管理出版社，2021．8
ISBN 978-7-5096-8219-7

Ⅰ．①京…　Ⅱ．①李…　Ⅲ．①区域经济合作—研究—华北地区　Ⅳ．①F127．2

中国版本图书馆 CIP 数据核字（2021）第 165827 号

组稿编辑：丁慧敏
责任编辑：丁慧敏　张广花　张玉珠
责任印制：张馨予
责任校对：王淑卿

出版发行：经济管理出版社
（北京市海淀区北蜂窝 8 号中雅大厦 A 座 11 层　100038）
网　　址：www．E-mp．com．cn
电　　话：（010）51915602
印　　刷：唐山玺诚印务有限公司
经　　销：新华书店
开　　本：710mm×1000mm /16
印　　张：12．5
字　　数：217 千字
版　　次：2021 年 8 月第 1 版　　2021 年 8 月第 1 次印刷
书　　号：ISBN 978-7-5096-8219-7
定　　价：68．00 元

前言

随着国家的经济发展由高速增长转为高质量发展，我国经济转型和经济崛起已由城市驱动逐渐转向城市群驱动，城市群及其跨域创新网络正在为我国在全球范围内进行优质资源集聚和配置、产业重构和升级提供核心平台。“十三五”时期我国城市群整体发展良好，集聚效应显现，各大城市群间呈现梯级有序分布态势。以京津冀城市群、长江三角洲城市群、粤港澳大湾区城市群为代表的区域协调发展模式有力地促进了以国内大循环为主体、国内国际双循环相互促进的新发展格局的形成。京津冀位于环渤海心脏地带，是中国北方经济规模最大、最具活力的地区。京津冀城市群也是我国最重要的政治、经济、文化与科技中心，拥有完整齐备的现代产业体系，是我国自主创新战略的重要承载地。但同时，京津冀地区也面临着生态环境持续恶化、城镇体系发展失衡、区域与城乡发展差距不断扩大等突出问题。实现京津冀协同发展、创新驱动，推进区域发展体制机制创新，是面向未来打造新型首都经济圈、实现国家发展战略的需要。

党的十九届五中全会及“十四五”规划强调优化国土空间布局，推动区域协调发展，健全区域协调发展体制机制，打造创新平台和新增长极，更加强调推动以人为核心的城市发展，发挥中心城市和城市群带动作用，建设现代化都市圈。跨域创新网络是不同地域创新主体合作创新链接形成的创新网络。在地域上，是跨地理边界的临近或非临近区域，但是各地域之间功能相互支持，资源相互补充，效益相互促进。在角色上，它不仅包括企业、高等院校、科研机构、政府、科技金融服务与中介等机构，还包括跨域中介组织，这些中介组织为跨域创新网络主体的创新行为提供辅助。为了更好地辅助京津冀协同创新发展，本书主要围绕以下问题进行研究：第一，跨域创新网络形成和发展的机理，以及跨域创新网络对京津冀城市群发展战略的支撑作用。第二，跨域创新网络的演化过程受到哪些因素的影响，以及这些因素对于跨域创新网络结构、功能及内部多主体合作创新的适应性行为、耦合性关联及异质性互补的改变。第三，跨域创新网络发展过程中，探寻到一类可行的协同演化策略，既不改变前期焦点企业核心网络结构，又能够有利于初创企业进入行业创新圈层。

“十四五”时期我国要进一步发挥城市群的资源集聚效应、辐射带动效应、要素配置枢纽效应和科技创新引领效应，打破行政管辖、统筹规划、要素流动、产业链分工以及公共服务的五大壁垒，推动城市群一体化、深融合和高质量发展。与此同时，在推进区域自主创新能力的提升过程中，跨域创新网络正在成为一种新的模式，发挥着至关重要的作用。目前，在跨域创新网络中企业、科研机构、政府部门、中介组织和金融机构等各类成员构成了创新网络中的节点，而它们之间动态复杂的关系则成了网络节点间的连线。跨域创新网络的结构是影响多区域创新主体创新行为的环境因素，创新功能的关键在于把握创新资源的利用与创新知识的传递、转化。从网络结构和功能的角度探讨合作创新的问题，深入了解两者之间的关系，能够有助于构造合理的跨区域创新布局，突破创新“瓶颈”，加速创新进程，推动区域自主创新能力不断提升。

本书选择京津冀产学研跨域联合申请专利作为网络节点之间关联的依据。以京津冀生物医药产业和电子信息产业为研究对象，通过专利合作数据的挖掘与分析，拓扑技术合作关系，揭示了现存京津冀创新网络结构中母子网和传统联盟式创新造成新兴企业难以进入网络这一不利于合作创新的现象，从而确立有必要进行嵌入式演化的跨域创新网络协同发展研究；进而基于嵌入式演化和协同创新视角，提出了京津冀跨域创新网络结构优化策略，推动产学研合作，突破合作壁垒。本书对于京津冀跨域创新网络结构优化起到了抛砖引玉的作用，有助于政府从政策层面进行规划管理，引导京津冀跨域创新网络充分发挥企业技术创新核心组件优势，介入核心合作圈，扩大技术溢出效应，激发关键技术突破，提升城市群自主创新能力。

由于受到数据资料获取渠道、个人研究能力、日常教学以及从事科研时间限制等因素的制约，本书的相关研究难免存在偏颇和疏漏之处，敬请广大读者批评指正；同时也希望本书的出版对本领域的研究者有所借鉴，祝愿他们在该领域取得更具价值和意义深远的成果。

最后感谢北方工业大学对本书研究和出版的大力支持；感谢技术经济及管

理研究团队、企业管理智能决策研究中心同人对本书研究方向给予的帮助；感谢我的学生张海燕、邱祯君的前期资料收集工作；感谢家人的理解与支持；感谢经济管理出版社帮助本书出版的各位老师，特别是丁慧敏编辑对本书出版付出的辛勤劳动。

李晨光

2021 年 1 月

目录

第一章　导　论 …… 001

第一节　研究背景 …… 003
第二节　研究意义 …… 005
一、理论意义 …… 005
二、实践意义 …… 006
第三节　京津冀跨域创新网络的内涵 …… 006
一、京津冀跨域创新网络的界定 …… 006
二、京津冀跨域创新网络的系统构成 …… 007
第四节　嵌入式演化对京津冀跨域创新网络协同发展的战略意义 …… 014
一、支持京津冀协同发展的国家战略 …… 014
二、汲取国际集群创新网络发展经验 …… 016
三、适应国内集群网络化发展的趋势 …… 017
四、优化结构以保障产业创新稳定发展 …… 018

第二章　理论基础与相关研究 …… 021

第一节　理论基础 …… 023
一、信息论 …… 023
二、协同论 …… 024
三、国家创新与复杂适应系统 …… 025
四、网络科学理论 …… 028
第二节　文献综述 …… 032
一、合作创新及合作创新网络 …… 032
二、跨域创新网络及其演化 …… 036

三、跨域创新多网络 …… 041
第三节 研究评述 …… 044

第三章 京津冀跨域创新网络的生成机制 …… 047

第一节 跨域创新网络生成的动因分析 …… 049
一、跨域创新网络生成的外部动因 …… 049
二、跨域创新网络生成的内部动因 …… 053
第二节 京津冀跨域创新网络生成的动力机制 …… 061
一、研究基础 …… 061
二、以政策主导的京津冀跨域创新网络的生成机制分析 …… 062

第四章 京津冀跨域创新网络演化机理 …… 075

第一节 跨域创新网络演化的基础 …… 077
一、跨域创新网络演化的界定 …… 077
二、跨域创新网络的交互连通 …… 078
三、跨域创新网络演化健壮性 …… 080
四、跨域创新网络的演化原理 …… 081
第二节 跨域创新网络演化的动因分析 …… 082
一、主体适应性 …… 083
二、主体间耦合性关联 …… 084
三、异质性与同质性 …… 084
第三节 跨域创新网络演化的机制 …… 085
一、时间演化与空间演化 …… 085
二、跨域创新网络演化的结构特征 …… 087
三、跨域创新网络演化机制分析 …… 089

第五章 京津冀跨域创新网络协同效应 …… 109

第一节 京津冀跨域创新网络的多网络协同效应 …… 111
一、跨域创新网络的多网络研究基础 …… 111
二、跨域创新网络的多网络协同效应 …… 113
第二节 京津冀跨域创新网络的多网络嵌入式协同演化模型 …… 115
一、跨域创新网络的多网络嵌入式协同演化模式 …… 115

二、跨域创新网络的多网络嵌入式协同演化模型构建 …………… 119
第三节 京津冀跨域创新网络的多网络嵌入式协同演化实证研究 …… 126
一、京津冀跨域创新网络的多网络连通性分析 ………………………… 126
二、京津冀跨域创新网络的多网络嵌入式协同演化分析 ………… 128
三、京津冀跨域创新网络的多网络嵌入式协同演化效应 ………… 137

第六章 总结与展望 ………………………………………………………… 153

第一节 总 结 ……………………………………………………………… 155
一、主要结论和贡献 ………………………………………………… 155
二、创新实践管理与政策建议 …………………………………… 158
第二节 未来研究展望 ……………………………………………………… 160

参考文献 …………………………………………………………………… 163

附 录 ……………………………………………………………………… 179

第一章

导　论

第一节　研究背景

科学技术创新已成为全球经济发展的核心要素，合作创新（协同创新）也正在成为我国乃至世界科学技术创新活动的一种新趋势。我国区域发展已从过去的单个区域发展，转向推进多区域跨区域协调发展，通过深化区域合作，促进要素有序流通，激发区域发展活力。传统区域创新强调整合地域资源，依托焦点企业形成供应关系网络，通过知识在网络中的溢出效应，达到区域经济有效提升的目标。然而，随着“互联网+”和区块链等技术的逐步介入，单一地域创新发展不利于科学技术创新要素的协调配置和总体流动，容易加剧功能趋同的创新组织间的竞争损耗。因此，跨区域的协同创新发展呼之欲出。党的十九大报告指出，以城市群为主体构建大中小城市和小城镇协调发展的城镇格局。京津冀都市经济圈、长江三角洲城市群、粤港澳大湾区等跨区域城市群发展战略的相继出台，标志着我国正式开始建设世界级城市群。城市群是跨区域经济发展的重要引擎，也是跨域创新网络协同发展的基础。跨域创新网络的产生依赖于规模效应、技术溢出和非完全竞争带来经济活动的集聚效应，多种生产要素在市场机制作用下也会自发向资本回报率高的地域汇聚。这就极大地加速了创新要素自由流动，合理配置资源满足市场需求，跨域结构嵌入有利于降低企业的生产成本和交易成本。此外，跨域创新网络的功能嵌入有利于劳动分工、知识溢出，剥离非关键组件和增加创新机遇，更加有利于跨域形成合理的发展格局和健全的协调机制。

习近平同志于 2014 年 2 月 26 日在北京主持召开座谈会，听取京津冀协同发展工作汇报，强调实现京津冀协同发展，是面向未来打造新的首都经济圈、推进区域发展体制机制创新的需要；是探索完善城市群布局和形态、为优化开发区域发展提供示范和样板的需要；是探索生态文明建设有效路径、促进人口经济资源环境相协调的需要；是实现京津冀优势互补、促进环渤海经济区发展、带动北方腹地发展的需要；是一个重大国家战略，要坚持优势互补、互利共赢、扎实推进，加快走出一条科学持续的协同发展新路。近几年，人们对于京津冀协同创新的关注逐渐增加，先是“创新驱动战略”在政府工作报告以及党的十八大报告中不断地被提出，“大众创业、万众创新”成为社会经济发展的主流，跨区域合作创新的方式已经演变成国家创新系统的重要形式。继而，跨区域创新网络是将各个主体的资源进行优化，外国的研究专家在20世纪中期就提出了这个概念，伴随着时代的发展，这个模式已经得到了很多人的认可。例如，美国著名的“硅谷”，它的迅速发展以及成功就是由于斯坦福大学对区域创新网络的有效利用而产生的结果，这无疑极大地推动了美国的经济发展。我国的创新网络研究最早开始于20世纪末的产学研合作创新，这个重大项目是由我国教育部、中国科学院以及原经济贸易委员会联合开展的，同时将此命名为“产学研联合开发工程”。1998年，针对企业、高校与科研机构之间的合作，《中华人民共和国高等教育法》提出要不断加强这种合作，并需要大力推广。自21世纪以来，政府对产学研合作创新的扶持力度不断加大，并相应出台了一些推动产学研合作创新的政策措施，如《国家中长期科学和技术发展规划纲要（2006—2020年）》提出中国应发展成为一个创新型国家，其首要的内容就是市场作为主导带动发展，企业作为发展的主要对象，联合高校和科研机构组成国家技术创新体系①。《国家中长期教育改革和发展规划纲要（2010—2020年）》提出，中国应继续加强高校、企业和科研机构之间的合作，增强社会团体之间的合作②。

虽然，国家大力倡导产学研之间的跨地域合作，在政策以及研发投入上增强扶持力度，但是转化成的科研成果并没有与国家逐渐增长的研发经费投入成正比（张瑜等，2012）。王志珍曾经提出，科技成果转化率在发达国家和发展中国家有着很大的差距，发达国家一般在80%左右，我国作为发展中国家只有25%，但是只有5%的科技成果实现了产业化发展，这就表明，我国有20%的科研成果没有转化为产品，科研成果在产学研合作期间就已经宣告失败。在20世纪末到21世纪初，有关文献也研究得出了我国的专利成果将近三百多万个，但是这些专利成功被转化成科技成果的还不到1/5（王雪梅等，2008）。这也正是在结构嵌入性的基础上，功能嵌入必要性的体现。协同理念必须要求京津冀创新主体剥离非关键组件，在跨域范围内打造功能梯次搭配、组件交互支撑的创新合作网络。

在京津冀协同发展框架下，面对创新技术的快速发展、竞争环境的逐渐激烈与产品升级的加速，单靠某地区、某企业自己发展已经远远不够，资源限制了企业自身的发展。因此，京津冀创新主体（企业、高校和科研机构等）进行跨区域合作已经成为京津冀协同发展的趋势。首先，跨区域多主体合作产生的

---

① 参见《国家中长期科学和技术发展规划纲要（2006—2020年）》。

② 参见《国家中长期教育改革和发展规划纲要（2010—2020年）》。

创新网络效应可以共享知识资源，提高基础设施配置，从而使跨区域创新网络多主体之间的合作得到“1+1+1>3”的效果。其次，产品市场的推广以及相关技术的研发存在风险，通过跨区域创新网络多主体之间的合作可以降低这方面的风险。随着政府的大力推广，目前跨区域创新网络多主体之间的合作已经成为了科技创新的主要发展方向，如跨域产业集群、产业孵化基地以及科学技术产业园，都证明了跨区域多主体合作创新的潮流。当前，针对跨区域创新网络多主体合作创新的研究有了新的方向，学术界已经将跨区域多主体合作创新与创新网络结合起来进行研究。在突破合作壁垒的前提下，跨域多主体合作的过程中不断有新的主体加入，主体之间在进行合作时会共享知识与资源，主体之间的交互联系就会形成网络，而创新网络就是主体所进行的正式或者非正式的合作，以创新网络的视角与研究方法对合作创新主体进行研究，可以更好地了解其合作演化的动态发展。特别是跨域创新网络的嵌入式演化，依托结构和功能两个层面，交互打造跨域协同创新发展契机。

第二节 研究意义

一、理论意义

从已有相关文献的内容来看，可以归纳为：①大部分文献从理论角度介绍区域创新网络的社会网络特性，并基于社会网络分析方法对网络合作关系进行刻画，很少文献从结构和功能嵌入性的复杂网络视角研究协同演化发展。②跨域创新网络化发展提升城市群创新绩效的研究正在进行，但网络结构和功能嵌入对合作创新能力的影响机制尚未被系统总结。③以创新为目的的创新网络未来发展趋势及优化网络结构，进一步促进跨域合作创新能力提升，都是本领域的前沿问题。解决以上问题可以完善网络研究体系，预见跨域创新网络未来发展趋势，为政府加强管理，提升跨域合作创新能力提供参考。

鉴于跨域创新主体自由组合的交互连通性，本书构建了不同连接概率下的多个网络交互连通的生成函数模型，探讨了跨域创新网络连通性，并基于复杂网络理论，探究了京津冀生物医药以及电子信息产业合作创新网络的嵌入式动态演化过程，拟在学术上明晰跨域创新网络多主体合作演化规律及效应，探索跨域视角下创新网络的协同演化策略。

理论意义在于，跨域创新网络的视角避免了地域集中性，在国家创新系统、区域创新网络理论上进行了尝试性拓展；结合多网络、渗流效应研究跨域创新网络嵌入式演化与协同发展这一复杂适应系统，从方法上摆脱了传统单一网络的束缚，有助于总结区域网络、产业网络、学研网络各自的属性和特征；基于网络的交互连通性来研究跨域创新网络的演化过程，区别于以主体依赖的角度来分析跨域创新网络，避免了创新合作中的恶意竞争，有利于跨域创新网络的嵌入式演化和协同发展机制的研究。

二、实践意义

本书具体以京津冀生物医药产业和电子信息产业为研究对象，通过专利合作数据的挖掘分析，拓扑技术合作关系，揭示了现存京津冀创新网络结构中母子网和传统联盟式创新造成的新兴企业难以进入网络这一不利于合作创新的现象，从而确立有必要进行嵌入式演化的跨域创新网络协同发展研究。

本书基于嵌入式演化和协同创新视角，提出了京津冀跨域创新网络结构优化策略，推动产研合作，突破合作壁垒。本书对于京津冀跨域创新网络结构优化起到了抛砖引玉的作用，有助于政府从政策层面进行规划管理，引导京津冀跨域创新网络充分发挥企业技术创新核心组件优势，介入核心合作圈，扩大技术溢出效应，激发关键技术突破，提升城市群自主创新能力。

本书以网络复杂理论探究跨域创新网络的嵌入式演化过程对创新网络中的企业主体结构优化和研发升级具有一定的启示作用；对多网络渗流机制的研究，对合作伙伴的选择和利益分配机制提供了借鉴。本书探讨了跨域创新网络多主体合作创新网络的连通性，它为相关政府部门治理跨区域创新网络提供了有用的参考。

第三节　京津冀跨域创新网络的内涵

一、京津冀跨域创新网络的界定

京津冀跨域创新网络的主体是北京、天津、河北地域内的企业、高校、科研院所、中介服务机构、创投金融机构、政府部门等。跨域性强调非局限于传统地域集群、科技园、创新基地的局部多主体协作，而是以技术先进性、需求匹配性、壁垒脆弱性、合作易得性等为基础的地域间创新主体间的广泛合作。因此，京津冀跨域创新网络是指基于知识溢出和技术研发合作的实际需要而进行的跨域性的多主体合作创新行为（关联）的集合。

京津冀跨域创新网络的概念突出强调了知识溢出和技术研发动机。目的是区别于传统供应关系下的产品组件关联，即由于零部件、半成品组装形成的合作关联。跨域创新网络的形成是为了寻求地域间优势互补、协同发展。这一核心目标的实现，必然要求剥离非核心创新组件，与资源禀赋多、研发实力强的伙伴合作，寻求关键性技术突破。

二、京津冀跨域创新网络的系统构成

如上所述，京津冀协同发展是一个依赖跨地域经济互补性、产业协调性和功能整合性的创新生态系统。目前，一些专家、学者也关注于京津冀协同创新生态系统，探讨京津冀区域的城市功能定位和生态位嵌入性相关问题。本书从京津冀跨域创新的角色和创新网络的视角，对京津冀创新网络嵌入性演化发展进行研究。这一过程离不开“区域创新系统”理论的指导，因此有必要探讨京津冀跨域创新网络的系统构成。

（一）京津冀跨域创新网络的系统边界

京津冀跨域创新网络的系统边界包括物理边界和非物理边界。物理边界是北京、天津和河北三地的地域界线。这一地域包括北京市、天津市和河北省的保定、廊坊、石家庄、唐山、邯郸、秦皇岛、张家口、承德、沧州、邢台、衡水 11 个地级市，以及 2 个省直管的定州市和辛集市。深入来看，京津冀跨域创新网络存在的基础是北京、天津、河北地区创新主体之间的交互合作联系和协同共赢发展，创新主体孕育和协同交互活动大多集中在经济开发区和创新聚集区，因此有必要对京津冀国家、省级经济开发区的辐射范围进行界定。如图 1-1 所示，依据《中国开发区审核公告目录》（2018 年版）公布的数据，对京津冀区域内共 187 个经济开发区进行了拓扑。附录 1 详细列举了京津冀开发区。

非物理边界是北京、天津、河北在京津冀协同发展规划中的城市职能范围，

图 1-1　京津冀省级以上开发区分布

以及包括京津冀协同发展的社会、经济、政治、生态等要素集合构成的各子系统边界。京津冀三地的职能定位，实现了功能交互、产业相扶、生态共建、合作共赢的基本目标。

《京津冀协同发展规划纲要》和《北京城市总体规划（2016—2035 年）》规划了北京“四大中心”（政治中心、文化中心、国际交往中心、科技创新中心）的城市职能。《北京加强全国科技创新中心建设总体方案》同时指出，要根据京津冀协同发展的总体要求，以中关村国家自主创新示范区为主要载体，以构建科技创新为核心的全面创新体系为强大支撑，增强原始创新能力，推动科技和经济结合，构建区域协同创新共同体，加强科技创新合作，在京津冀协同发展中发挥引领示范和核心支撑作用。

《京津冀协同发展规划纲要》明确天津市职能定位为全国先进制造研发基地、北方国际航运核心区、金融创新运营示范区、改革开放先行区（一基地三区域)。《天津市城市总体规划（2017—2035 年）》提出立足京津冀世界级城市群建设，面向空间协同治理，明确天津市“一基地三区域”定位的目标内涵、战略框架与发展策略。该文件同时指出，科学划定“三区三线”（即城镇空间、生态空间、农业空间和城镇开发边界、永久基本农田、生态保护红线）空间格局，落实京津冀区域生态格局要求，构建城市生态保护空间体系；建设我国国际航空物流中心，促进京津冀世界级机场群协调发展。

《京津冀协同发展规划纲要》也明确了河北省的职能定位是全国现代商贸物流重要基地、产业转型升级试验区、新型城镇化与城乡统筹示范区、京津冀生态环境支撑区。《河北省战略性新兴产业发展三年行动计划（2018—2020 年）》要求以全球视野统筹产业链、创新链、资金链、服务链，强化平台载体支撑和要素、政策保障，培育新一代信息技术、新能源汽车、节能环保等产业发展新高地，打造高端装备、生物、新能源、新材料产业竞争新优势，为构建河北省现代化经济体系提供有力支撑。

（二）京津冀跨域创新网络的子系统

1. 京津冀跨域创新网络角色子系统

京津冀跨域创新网络的节点由企业、大学、科研院所、金融投资服务机构、科技中介服务机构、政府部门等创新主体构成。本书中，创新主体之间的联系可以用跨域创新合作的专利产出、新产品设计合作、共同在建研发和设计项目、科技人员讨论交流等进行评价。依据上述联系的性质和多主体特征，京津冀跨域创新网络可以分为产业子网和学研子网，即产业子系统、学研子系统和中介子系统。

产业子系统主要是京津冀企业间研发合作联系组成的创新网络。企业是区域创新的重要主体，企业研发往往受到资源禀赋差异和资源互补的影响。市场竞争恶化会阻碍研发收益，所以企业间相互合作成为区域创新的重要形式。区别于传统供应关系的合作形式，产业子系统中的企业技术研发合作建立在剥离非技术核心组件（研发新产品或新技术的部门或项目）基础上，从事“理性人”、技术溢出、资源协同等有利于区域创新发展的活动。在合作创新过程中，企业之间共同占有市场份额，分配研发利润，加强技术创新能力。

学研子系统是京津冀高校和科研院所研发合作的创新网络。学研子系统中的高校和科研院所的研发人员，受聘于科研单位从事研发活动。因高校和科研院所的科研人员在进行科学实验或项目研究时，往往会借助其他高校、科研院所研究人员的能力，以联合项目组的形式从事技术研发活动，所以研发成果、专利等一般为参加研发的科研单位共有，现有大多研究证明了高校、科研院所研发人员之间的合作具有复杂网络小世界特性。科研人员之间通过研讨、学术会议、讲座报告等活动频繁从事显性和隐性知识传播，加速区域技术创新的知识溢出。

中介子系统是京津冀协同创新发展相关的政府职能部门、科技中介服务机构、金融投资服务机构、科技孵化器机构等协作服务的中介网络。中介子系统是京津冀跨域创新网络运行发展的“活性酶”，是整个跨域创新网络的重要组成部分，服务技术研发、资源配置、管理咨询、成果转化、市场评估、技术溢出全过程。中介子系统内部各个机构之间的相互配合促进着京津冀跨域创新网络的发展和演化，特别是中介子系统还关联着嵌入性的耦合机制。中介服务机构通过直接参与技术研发、信息支持和技术导向、科技成果商业化等形式支撑京津冀跨域创新网络创新主体技术创新和获取创新收益。

三个子系统内部合作研发、子系统之间创新主体合作研发，以及子系统内外间接技术溢出关联效应，共同构建了京津冀跨域创新网络。围绕子系统内部核心创新主体多次外部合作所形成的创新联盟是京津冀跨域创新网络嵌入式发展演化的内在动力。

2. 京津冀跨域创新网络地域子系统

京津冀跨域创新网络地域子系统是按照地理界域进行划分的空间创新要素集合。北京市、天津市、河北省的社会环境、自然环境、人文环境等的差异，城市职能的不同，以及资源配置多样性等，造就了京津冀创新主体分布数量、类型、特征等的不同。然而，从国家创新系统和资源基础理论来看，这样的差异性恰恰是京津冀跨域合作结成创新网络的契机。资源互补性推动了创新主体跨京津冀地域的合作，如装备制造业的器械研发设计中心设在北京、加工生产设在河北、组装运输设在天津等。充分利用三地资源优势，消除地方保护壁垒，打造跨域创新网络，是实现区域高质量发展和世界级城市群建设的必然要求。

京津冀创新主体在三个地域内的分布呈现京津地区密集、河北地区相对稀疏。除去区域面积影响因素外，区域创新嵌入位也是这一状态的重要影响因素。从跨域创新网络地域子系统来看，区域创新嵌入位与不同省市的发展规划和区位资源禀赋有直接关联。

北京作为首都，是政治、文化、科技、信息中心和对外交往中心，截至2018年，全市下辖16个区，总面积16410.54平方千米，2019年末，常住人口

2153.6万人，城镇人口1865万人，城镇化率86.6%[①]。国家级高新技术企业累计已达2.5万家，“独角兽”企业82家，占全国总量的一半。北京地区高校和科研院所数量较多，技术研发氛围较好，战略性新兴产业和“十大高精尖产业”布局和发展为多方位研发创新嵌入提供契机。此外，全国科技创新中心的定位使北京汇聚了大批创新人才和“双创”企业，以及配套的科技中介服务机构，有力支撑着北京科技创新的需求满足、需求衍生和需求外溢。北京产业和学研主体在区域内的合作联系紧密，也逐步向外拓展低成本创新组件和互补资源创新组件。因此，北京域内合作需求旺盛，合作收益较高，并且通过研发创新组件合作（嵌入位）的供给，实现技术辐射津冀地区。

天津是国家中心城市、超大城市，国务院批复确定的环渤海地区的经济中心，截至2018年，全市下辖16个区，总面积11966.45平方千米，2019年末，常住人口1561.83万人，城镇人口1303.82万人，城镇化率达83.48%[②]。国家级高新技术企业累计超5000家。在“一带一路”建设、京津冀协同发展、滨海新区开发开放、天津自贸区建设、国家自主创新示范区建设五大战略的带动下，天津正在逐步凝聚先进制造业的研发优势，通过创新要素聚合、众创空间打造和国家自主创新示范区建设，吸引优秀人才、企业、金融投资和其他科创服务机构。天津通过构建科研平台，加速与北京、河北的合作，特别是构建国际开放合作发展平台，为结构和功能性嵌入式创新网络的发展提供了重要基石。天津以先进制造业为代表的设计、加工和生产为京津冀跨域创新组件升级提供合作嵌入位。因此，天津打造制造优势，承接北京创新辐射资源，强化与河北的互动合作，功能型特色突出。

河北环抱首都北京，东与天津毗连并紧傍渤海，下辖11个地级市，共有49个市辖区、21个县级市、91个县、6个自治县。截至2019年末，河北省常住人口7591.97万人，城镇常住人口4374.49万人，城镇化率为57.6%[③]。河北拥有国家级高新技术企业5000余家，省级以上重点实验室、技术创新中心、产业技术研究院等创新平台731家。依托京津冀协同创新、京津冀一体化发展机遇，河北与北京、天津共建省级以上创新平台达98家，各类产业技术创新联盟76家，技术转移分支机构10余家。“十三五”以来，河北累计吸纳北京技术合同成交额660.9亿元，其中2019年吸纳北京技术合同成交额214亿元，占累计数

① 数据来源于《北京统计年鉴（2020）》。
② 数据来源于《天津统计年鉴（2020）》。
③ 数据来源于《2019年河北省国民经济形势新闻发布稿》。

额的32.4%。通过政策引导、平台建设、创新资源开放共享等措施，河北正在构建全链条科技创新合作模式，对接北京、天津科技创新。京南国家科技成果转移转化示范区、科技冬奥绿色廊道、环首都现代农业科技示范带也在为京津冀跨域创新网络的地域间子网连接消除壁垒。从低端加工、制造到高水平科研成果和尖端技术与市场的锚定，河北区位嵌入的门槛逐渐降低，跨域技术溢出效应也逐步得以展现。因此，“京津研发、河北转化”的跨域合作模式有利于京津冀协同创新发展。此外，河北也应该注重绿色创新和研发结构型嵌入策略。

京津冀地域子系统，既是区位功能和特色的属性集合，也是跨域嵌入的创新整合平台。通过与某一地域创新主体合作研发，吸纳该主体周边资源，并且带动其创新链上下游多主体参与合作，实现整合地域优势资源。综上所述，京津冀跨域创新网络地域子系统是基于结构和功能嵌入的，是区域资源产生、消耗、交互、转化的动态系统。

3. 京津冀跨域创新网络功能子系统

（1）制度子系统。京津冀跨域创新网络的发展受到京津冀协同发展的影响。京津冀协同发展离不开制度的保障，制度建设是保障京津冀协同发展的重要内在驱动力。制度保障为京津冀一体化国家战略实施提供了制度协同的平台。京津冀财政制度、科技制度、交通制度、产业制度、生态制度、公共服务制度等还需要进一步挖掘融合互惠机制，增强体制机制创新能力。上述这些制度在三地的融合、创新、实施，与所涉及的创新主体和创新资源流动构成了交互影响的制度协调网络，网络主体、要素、关联、行为、制度保障作用和创新机制是京津冀跨域创新网络制度子系统的核心范畴。

（2）文化子系统。京津冀跨域创新网络的协同发展基础与文化互融息息相关。北京是六朝古都，在“皇城”文化的影响下，使得北京具有特别强的包容性。多元化、融合力赋予北京人才聚集度高、科研配套完备、价值链主导力强等特色。北京的文化特色令北京在京津冀协同发展过程中处于主导地位。天津是拱卫北京的卫城，凭借漕运文化发展起来，商业气息浓重，也是较早开放的中国对外贸易窗口。天津环渤海资源也为京津冀协同提供了重要支撑，是对外贸易的重要节点。河北东临渤海，是中华民族的发祥地之一。河北省内的国家重点文物保护单位数量众多，也是红色文化蓬勃发展的地区。质朴民风和勤俭文化令河北成为京津冀协同发展的重要配套支撑，是生产制造的重要基地。地域文化异同赋予京津冀文化子系统多元化、包容化、开发化和内敛化，其是世界级城市群发展的重要保障。

（3）创新子系统。京津冀跨域创新网络的创新子系统是新技术和新知识创造，相互合作、彼此学习的子系统，也是一个多创新主体围绕技术研发创新的区域创新系统。依据国家创新系统理论（Freeman，1987），京津冀跨域创新网络也是一个由经济和科技主体构成的创新网络。企业、高校、科研机构、金融投资机构、中介服务机构和政府部门在网络中发挥自身资源和功能优势，在互补性和技术溢出效应的作用下，实现区域创新能力的提升。在创新子系统内，多主体在空间内助推创新要素集聚，形成了诸多创新区和创新集群。北京结合中关村国家自主示范区建设经验，建设国家技术创新中心，打造“三城一区”即中关村科学城、怀柔科学城、未来科学城、亦庄经济技术开发区的创新格局。天津也在自由贸易示范区和京津冀协同发展契机下，大力发展区域创新聚集区，加快建设“一基地三区”（全国先进制造研发基地、国际航运核心区、金融创新示范区、改革开放先行区），推进智能科技产业“1+10”行动计划。天津国家自主创新示范区建设也被纳入国家创新驱动发展战略，正式确立了“一区二十一园”的发展格局。河北在京津冀协同发展和战略性新兴产业发展规划下，努力实施高质量发展，培育高技术产业化、创新百强等六大工程，建设30个新兴产业示范基地。京津冀跨域创新网络创新子系统的形成，定向规划了创新要素聚合、优化创新环境，打造京津冀众创空间，吸引创新型高层次人才，通过京津冀协同规划招募天使投资等各类资本嵌入跨域合作创新关联，为嵌入式发展创造了有利条件。

（4）生态子系统。京津冀跨域创新网络生态子系统描述了京津冀是协同相依发展演化的经济共同体，是创新主体的资本、人力、技术、信息等创新要素在创新网络子网络内和网络间交互、相依关联的，具有角色和地域特征的多网络系统①。在多网络体系内，充斥着多主体复杂交互和依赖关联。交互关联有利于单一主体通过直接和间接合作，加入某一行业创新组团；依赖关联有利于明确主体创新生态位，剥离核心价值的合作伙伴，明确创新依赖主体性质，维护创新稳定。京津冀创新主体通过合作实现优势资源互补，发挥资源异质性功能，共建协同创新价值链。京津冀跨域创新网络生态子系统通过创新主体合作筛选机制和协同演化机制来保障内部主体的优胜劣汰，在焦点企业创新网络和政产学研用多方合作创新网络的基础上，提供生态创新嵌入位，赋予整个创新网络嵌入演化发展的活力。

① 李晨光，赵继新．产学研合作创新网络随机交互连通性研究——角色和地域多网络视角［J］．管理评论，2019，31（8）：110-122.

（5）协作子系统。京津冀跨域创新网络协作子系统是京津冀三地城市功能和协同定位的互助发展系统。从城市功能来看，北京是科技创新中心，是技术研发集中地和技术溢出扩散地。天津是先进制造研发基地，也是对外口岸贸易城市，突出比较优势，承接北京技术溢出，与河北实现商贸互动。河北是商贸物流重要基地，为京津冀协同创新提供配套支撑，并寻求战略性新兴产业的技术优势突破，承接北京、天津技术溢出，打造先进制造组件。京津冀多产业跨域合作和研发合作保障了京津冀协同创新一体化战略实施，推动着京津冀协同创新共同体建设，促进了京津冀城市群多城联动、协同发展。从协同定位来看，北京是全球科技创新引领者、高端经济增长极、创新人才首选地、文化创新先行区和生态建设示范城，定位于全国科技创新中心，其创新主体高度重视高质量发展和关键技术突破，对外合作需求旺盛，提供跨域创新嵌入位数量较多，有助于打造多行业合作创新价值链，是京津冀跨域协作子系统的重要发展引擎。特别是北京高校和科研院所数量较多，对天津、河北技术研发有跨域支撑作用，而河北可以承接北京、天津技术传递和成果转化，能够形成稳定的协同关联。天津致力于建立与北京、河北及环渤海周边腹地的创新发展合作机制，建成京津冀先进制造关键创新组件的协同创新平台，保障跨域创新网络子网互通和研发设计依赖。由于协同定位的不同，京津冀跨域创新网络所涉及的城市，是参与创新功能建设组件单元的集中地。河北创新生态牵引和商贸物流定位，对北京、天津技术创新组件的分布式研发、跨域依赖和成果转化具有保障作用，特别是生物医药、先进制造等行业的嵌入式发展已经突出了河北的地缘优势，有利于实现京津冀跨域创新网络互补优势、协同发展、合作共赢。

第四节　嵌入式演化对京津冀跨域创新网络协同发展的战略意义

一、支持京津冀协同发展的国家战略

京津冀协同发展与长三角一体化发展、粤港澳大湾区建设等同为国家重大发展战略，旨在依托区域政策布局，空间创新体系设计，激发创新主体联动机制，

实现城市群之间需求匹配、功能对接、比较优势互补，达到高质量发展目标。京津冀协同发展战略是首都城市群打造世界级创新集聚区和增长极的有利举措。

习近平同志指出，“北京、天津、河北人口加起来有1亿多，京津冀地缘相接、人缘相亲，地域一体、文化一脉，历史渊源深厚、交往半径相宜，完全能够相互融合、协同发展”。

京津冀协同发展战略的提出源于2014年2月26日习近平同志在北京主持召开座谈会，专题听取京津冀协同发展工作汇报时指出，“实现京津冀协同发展是一个重大国家战略”。强调实现京津冀协同发展，是面向未来打造新的首都经济圈、推进区域发展体制机制创新的需要；是探索完善城市群布局和形态、为优化开发区域发展提供示范和样板的需要；是探索生态文明建设有效路径、促进人口经济资源环境相协调的需要；是实现京津冀优势互补、促进环渤海经济区发展、带动北方腹地发展的需要。要坚持优势互补、互利共赢、扎实推进，加快走出一条科学持续的协同发展路子来。2015年2月，习近平同志在中央财经领导小组第九次会议上指出，推进京津冀协同发展“是一个巨大的系统工程”。2015年6月，《京津冀协同发展规划纲要》正式印发；党的十九大报告明确提出，“以疏解北京非首都功能为‘牛鼻子’推动京津冀协同发展”；2019年1月，习近平同志在京津冀协同发展座谈会上强调，“要从全局的高度和更长远的考虑来认识和做好京津冀协同发展工作”。

京津冀协同发展的核心是北京、天津、河北的共兴共荣，围绕疏解北京非首都功能，调整京津冀全域经济结构和空间结构，打破地域意识，突破辖制壁垒，有序疏解，优化对接。近年来，京津冀三地针对功能定位、产业分工、城市布局、设施配套、人才分流、综合交通体系等重大问题，制定了一系列有效措施，保障协同一体化发展进程。但在“输出—承接”的带动效用发挥、环境治理、生态位协同等方面，仍然需要进一步完善。

京津冀跨域创新网络是对京津冀协同发展战略的支持。嵌入式演化不仅是城市间功能的嵌入匹配，也是择优合作与激发创新溢出效应的过程。这个过程有助于解决京津冀协同发展环境和行为主体比较优势之间的“分割、无序、固化”问题①，推动创新要素在京津冀区域的高效联动，实现区域优势互补、协

① 具体内容参见《经济日报》2020年7月31日《统筹推动京津冀协同发展》的报道。报道中指出了“当前，京津冀三地无论是作为协同发展行为主体的政府、企业、社会，还是作为协同发展现实基础的自然环境和人文环境，各自具有一定的比较优势。然而，这些优势之间分割、无序、固化现象依然存在，区域发展不平衡不充分矛盾较为突出”。

同发展。

二、汲取国际集群创新网络发展经验

随着地域功能性的差异分化到融合发展，传统产业集群逐渐从龙头企业引领、供应链组件配套协同的集群演化成具有创新优势中心性和社会关联的产学研合作创新网络。例如，丰田汽车技术创新网络就是由丰田公司及其技术组件供应商、相关高校基于知识溢出而形成的垂直创新网络。

然而，不容忽视的是从世界区域发展的历史来看，依托产业集群可以促进区域各个领域的竞争优势，打破临界规模（Porter，1998）。集群创新网络之间的竞争正在成为国际间竞争的标识，且跨国竞争愈演愈烈。产业集群之所以可以取得成功，在很大程度上是因为“产业区在企业之间和企业内部有效解决矛盾和合作问题的特殊能力”①，其快速发展得益于作为一种产业布局与空间网络组织形式，网络化加速了区域企业技术、知识、信息、资本等生产要素的流动，减少了运营成本。区域竞争优势与产业集群的发展密切相关，同时产业的发展往往集中在几个关键区域，并且依托区域网络架构不断壮大、成熟。依托创新技术聚集创新主体所凝结成的区域战略网络框架有助于集群创新网络的高速发展，集群创新网络在不同国家百花齐放。美国华尔街金融投资集群、得克萨斯州先进制造业集群、加利福尼亚州硅谷 IT 产业集群、波士顿生物技术集群、128 公路高新技术区、纽约和新泽西医药业集群、底特律汽车制造业集群，欧洲的苏格兰电子工业集群、巴黎网络业集群、诺曼底化妆品业集群、赫尔辛基通信电子产业集群、艾米利亚农机制造产业集群、波伦亚陶瓷产业集群、巴登—符腾堡州汽车业集群，亚洲丰田汽车产业集群、大田机械制造业集群、釜山造船业集群、班加罗尔软件产业集群等，区域内企业与高校、科研机构的紧密联系使“产学研”相结合的特性逐步显示出来。这就是著名的“三螺旋”结构创新网络。然而，随着创新资源密集、区位创新势差和比较优势互补等需求的日益迫切，集群创新网络必然要打破单一的区域界线，整合周边资源，实现协同发展。嵌入式创新网络演化恰恰能够满足这一需求。集群创新网络结构赋予产业集群新的生命力，使集群中各部分相互学习、相互合作，呈现出“合作—竞争”不断转换的态势，加速区域产学研合作创新。但产业集群自发性成

---

① 安娜·格兰多里．企业网络：组织和产业竞争力［M］．刘刚，译：北京：中国人民大学出版社，2005.

长形成的网络结构造成区域创新资源争夺激烈，创新知识、创新技术转化瓶颈出现。因此，集群创新网络结构与集群创新的问题成为了研究热点。

三、适应国内集群网络化发展的趋势

从我国现实发展趋势来看，创新技术不断革新，创新环境不断改善，政策通明、引导合理到位，高度集聚和专业化的区域工业园（高新产业园）带动产业集群逐步发展成熟。在高质量经济发展的引导下，创新要素被不断重新组合。因此，在这一背景下，随着技术溢出的区域效应和满足技术创新组件的跨域需求，集群网络化发展如火如荼。

北京的中关村国家自主创新示范区由原始电子产业一条街发展到今天的综合性自主创新示范区；上海由纺织业和机械制造业向综合性集群转变，特别是张江高科技园区，被誉为中国硅谷。广东各地多元化集群发展迅速：中山灯具业集群、东莞服装业集群、惠州制鞋业集群、佛山制陶业集群、顺德家具业集群、澄海工艺品业集群等。浙江从原始作坊发展成了多样化集群：温州和海宁等地的服装业集群、义乌小商品集群、柳市电器集群、绍兴轻纺化纤集群、台州精细化工业集群、永康五金集群、余姚轻工模具集群、慈溪渔业集群、永嘉和瓯海泵阀业集群等，这些区域集群传承当地传统，依托自身技术优势开展创新。产业集群在经济发展较为落后的中西部地区也逐渐得到发展，依靠科研力量，西安和武汉大力发展电子、光电信息业集群，成都依托传统工艺发展服装鞋业集群，重庆凭借制造能力发展汽摩产业集群，郑州食品加工业集群等都已成为带动地方经济发展的主要动力。高质量发展促进自主创新技术的研发，高校和科研院所介入的合作创新在当今变得越发重要。

事实说明，区域产业集群企业通过构建高效率的本地网络迅速调动和整合资源，并如雨后春笋般快速成长。目前，我国产业集群发展速度加快，学习型组织和创新网络的发展，使得以政府、企业、大学等科研院所、中介机构及其他组织形成的集群网络日益成熟。网络中集群企业通过“自主研发—合作学习”等学习机制加快了知识的流动，大大降低了研发成本，增强了企业自主创新能力，进一步提高集群创新网络结构对带动产业突破创新瓶颈、加速发展、促进产业扩张、增加就业的能力。

四、优化结构以保障产业创新稳定发展

产业创新是产业结构优化的强大助力，因为创新及其溢出效应会影响产业结构的调整和升级，新技术的研发也会造就新的产业部门，从而在原来产业结构上嵌入新的创新组件。对于创新网络来说，新的产业部门意味着新的创新节点，并生成新的关系连接或关系网络。因此，创新网络得到不断演化，并且保障着产业创新的稳定发展。

有关创新网络结构与区域创新、产业创新问题的研究随着产业集群网络化发展的加快越来越受到各领域学者们的重视。从基于主体的角度来看，创新主体的创新活动引起网络结构的改变从而影响区域自主创新能力，这是一个间接过程。创新网络结构能够有效作用于区域创新能力，特别是区域产业集群中创新主体所在位置能够影响其创新行为，主体行为也能够影响区域产业的演化发展，全部创新主体的共同活动决定了区域创新能力的强弱（Nohria & Eccles，1992）。此外，区域自主创新能力与多个创新主体的行为相关，这种区域产业内部主体间创新活动的社会性联系可以采用社会网络分析方法进行分析（Casper，2007）。从创新网络创新主体的视角来看，主体的创新行为能够改变网络的联系强度、聚集程度、稳定性、互惠性、资源丰富度等要素，间接作用于集群创新能力（李志刚等，2007）。其具体可以表现为，创新网络结构能够影响区域创新主体采用不同的学习策略，这些策略改变着创新网络中主体的行为和多主体交互，从而作用于区域创新能力。

从创新机制的角度来看，创新网络结构的变化影响创新主体的学习机制、区域资源、知识利用和传播机制，从而作用于区域自主创新能力。德国波茨坦电影业集群创新网络的实例说明，产业的创新能力在不同网络结构（如交易网络与传播网络）下存在明显差异，不同结构对知识流动的影响成为了至关重要的因素（Krätke，2002）。日本和加拿大的产业发展也证实，创新网络结构的改变能够作用于内部成员（创新主体）学习机制的改变，最终影响整个产业的创新能力（Britton，2003；Yamawaki，2002）。我国的产业发展历史也能够阐释，创新网络结构能够影响主体的行为方式，保障知识的自由流动，从而促进网络结构优化，最终提升产业创新能力（魏江和叶波，2003）。产业集群网络结构的改变也能够引起网络强度、互惠性、密度、中心性等变化，并且这些变化作用于创新主体的知识传播效应，从而影响产业的创新能力（王霄宁和王轶，

2005）。此外，创新网络结构还影响着资源流通的依赖途径和知识传播的关键路径。

从复杂性的角度来看，创新网络结构直接影响产业的创新潜力和知识创造。不同网络结构下区域内的信息传输能力、资源利用能力也有所不同。小世界特性（即较短的平均路径长度和较高的聚集系数）深刻揭示出区域产业集聚效应，产业创新能力在这样的结构下受到资源利用途径和知识传播通道的影响。同时，创新网络结构有助于加速区域内外的知识流动、跨区域学习和协同资源转化效率。多种产业的空间聚集和跨域产业创新组件协同，使知识可以在城市群内易于被积累和学习，从而刺激区域经济增长，增强区域产业竞争力。此外，受美国华尔街金融风暴的洗礼和全球经济危机蔓延影响使得我国中小企业与核心企业的创新行为发生了巨大变化，引发了区域创新网络结构形态的显著改变。所以，探究创新网络结构与区域创新能力的关系，也有助于回答如何调整产业结构促进自主创新发展这一问题。只有深入分析创新网络结构的特征才能更客观和更全面地了解创新网络结构对产业创新能力的影响。

继而，国内外学者纷纷把目光转移到创新网络的研究上，以创新网络结构问题为新的视角进行探究，并取得了一定的成果。一方面，就产业的发展来看，集群网络化发展固然是传统产业集群研究的突破，然而产业集群的稳定发展仅依赖集群网络化还远远不够，还需要深入探讨单一地域和跨域创新网络结构的优化升级。另一方面，创新网络同样面临演化发展和调整结构以增强适应性的问题。目前，由于世界经济全球化发展导致区域经济动荡波及全球，加之部分产业盲目追求短期经济效益等原因，导致一些区域创新网络结构混乱，知识流、信息流等畅通性减弱，不利于当地产业长期稳定发展。因此，优化创新网络结构、保障产业创新稳定发展就显得尤为重要了。

第二章

理论基础与相关研究

第一节　理论基础

一、信息论

在当今"互联网+"、大数据、人工智能时代，信息和信息技术在现实生活中扮演着重要的角色。信息的价值在于传播过程，这一过程可以描述为信息由信息的提供者（信源）发出，采用加密手段成为待破译的信息，经由信息传播途径（信道），传递给该信息的接收者（信宿），接收者需要采用译码手段获取信息内容。大众身边充斥着信息接收、信息传输、信息处理、信息存储等活动。信息的重要性几乎已经超过能源的重要性（Stratonovich，2020）。

可以从定量和定性两个方面来理解信息的重要性。从大数据的视角来看，信息量的大小常常被认为是重要的。然而，从映射关联的视角来看，信息的质量和特定的内容也是重要的。实践方面，信息论在基础学科、哲学社会科学等领域都发挥着重要作用。百度百科给出的信息论的概念是运用概率论与数理统计的方法研究信息、信息熵、通信系统、数据传输、密码学、数据压缩等问题的应用数学学科①。

谈及信息论（Information Theory），最重要的里程碑是克劳德·香农（Claude Shannon）在 Hartley② 信息量的对数测度方法基础上于 1948～1949 年发表的 *A Mathematical Theory of Communication* 和 *Communication in the Presence of Noise*，由此奠定了现代信息论的基础。香农的研究有助于解决信息传播的相关问题，特别是用熵来衡量离散信息。信息的不确定性越小（越稳定），该信息熵就越小。从这个方面来看，信息论是一种数学理论，它采用了概率论的定义和方法。信息论也被认为是控制论的一部分，与其他数学学科如最优统计决策理论、最优控制理论、算法和自动机理论、博弈论等一样。因此，"信息"的概念可以由"随机变量"的概念代替，而"消息传播"的概念可以由"随机过程"等代替。

---

① 信息论［EB/OL］. 百度百科，http：//baike. baidu. com/item/信息论，2021-06-08.

② Hartley R. V. L. Transmission of Information［J］. The Bell System Technical Journal，1965，7（3）：535-563.

本书涉及信息论的互信息和链规则。在跨域创新网络嵌入式交互过程中，采用交互信息来量化多主体合作中的资源交互、技术传播等过程。并且结合矩阵，将多主体在创新链接过程中的技术、资源等交互，描述成可计算的数学表达形式。后文会对该内容进行阐释。

二、协同论

协同论（Synergetics）也被称为协同学，源于赫尔曼·哈肯（Hermann Haken）在1969年发起的研究①，最初协同学是研究非平衡态的开放系统在与外界物质或能量交换的情况下，其内部自发出现的在时间、空间和功能上的有序结构的协同作用机制。协同论已经被应用在物理学、化学、生物学，以及经济学和社会学等诸多领域。

协同论提出的中心问题：在大量子系统组成的系统中是否存在自组织的一般原则，并且这一原则与各个子系统的属性无关？*Synergetics：An Introduction* 和 *Advanced Synergetics* 的发表阐释了确实存在自组织一般原则，并且详细解释了自组织现象的基本概念、理论工具和数学方法等知识。从多学科交叉的角度来看，协同论融合了系统动力学理论（包括分枝理论、突变理论和混沌理论的基本概念）中的确定性处理过程，并发展了协同论的相关方法。此外，协同论还较为细致地考虑了在许多应用中必不可少的随机过程，特别是在处理系统质变时的随机影响。物理学中的非平衡相变就是这样一个特殊的应用。当前，协同论正被广泛应用于探究不同事物的共有特征及其协同机理。特别是广泛应用在多系统环境中的交互联系过程中，用于描述不同属性系统之间存在的交互关联、干扰制约和竞相耦合等复杂关系。

依此来看，协同论还可以是一门系统科学，不仅应用于诸如物理学和化学之类的“自然科学”，而且还应用于诸如社会学和认知科学之类的“软科学”。协同论及其跨学科研究的自组织现象原理和协同效应，揭示了几乎所有系统都会受到系统环境的影响，并且这些影响是参数可控和可量化的。当环境参数发生变化时，系统可能会达到平稳状态，也可能发生跃迁。这就带来了解决实际问题的实用手段，即在被复杂变量描述的大型系统中，系统的行为可以运用少数几个变量（即顺序参数）构建随机微分方程来进行描述和确定，从而实现定性到定量化的研究过程。

---

① 来自 Hermann Haken 的 *Some Aspects of Synergetics*。

本书参照协同论，视京津冀为一个区域发展的巨系统。在系统内部，依据地域可分为北京、天津、河北三个行政区域子系统；在京津冀区域内，还存在政府、企业、高校、科研院所、中介机构、投融资服务机构等角色子系统。子系统之间存在着相互协作的关联，因此，京津冀跨域创新网络实际上调动着不同子系统发挥协同作用。依据协同理论，引入渗流理论探究子系统之间协同作用的阈值临界。

三、国家创新与复杂适应系统

国家创新系统（National Innovation System，NIS）是指由某国区域内经济和科技相关部门和机构交互作用形成的创新网络（Herrmann & Peine，2011）。该理论继承了技术创新理论，并结合人力资本理论和新增长理论，突出强调了技术创新的系统环境和主体构成。国家创新系统理论将知识创新提高到了重要位置，视其为一类特殊的经济资源。该理论也强调学习机制是重要的社会过程，这个过程伴随着新知识、新技能的创造、储存和转移，同时，学习机制也是国家创新系统的重要功能（Spencer，2003）。国家创新系统的活动涉及技术创新、知识创造和传播的整个过程，如创造、溢出、储存、转移、传播和利用。在这些活动中，知识传播和学习与人力资本理论相关，知识创造、储存和利用与新增长理论相关。国家创新系统理论将技术创新和知识创新紧密联系在一起，丰富和拓展了技术创新和创新网络的研究视野。

复杂适应系统（Complex Adaptive System，CAS）理论是复杂系统科学的重要理论之一，系统复杂性的产生和系统涌现的机理是其主要研究内容。其主要特点体现在宏观与微观的有机联系上。在宏观方面，强调主体的层次性、多样性与聚合性，强调主体与其周围环境及主体间的相互作用使系统不断演化；此外，随机因素不仅影响系统状态而且影响组织结构和主体行为方式。在微观方面，强调主体的主动性和适应性，主体通过与环境及其他主体进行非线性交互作用，即“学习”或“积累经验”，并且根据学到的经验以某种方式把“经历”记住，使之“固化”在自己以后的行为方式中，改变自身的结构和行为方式，以便更好地生存和发展（Holland，1995）。复杂适应系统理论的精髓在于主体在与环境和其他主体间的相互作用中，不断改变自身行为规则，适应环境和其他主体协调发展。

复杂适应系统作为复杂系统理论中的经典理论受到了广泛应用。复杂适应系统理论的方法论决定了它的应用领域与传统的还原论（Reductionism）及整体论（Holism）的应用领域有所不同。我们不能单纯地说哪一种理论更加优越，它们各有其优缺点（见表2-1），正确把握方法论的实质，科学地、合理地加以运用，才能有效地分析和解决实际问题（张永安和李晨光，2010）。

表2-1　还原论、整体论与复杂适应系统理论优劣分析

理论	理论精要	优点	缺点
还原论	复杂的系统、事物、现象可以通过将其化解为各部分之组合的方法，加以理解和描述	①有经得起实验检验的强大预言能力； ②能够根据逻辑和理论推导到起点； ③可调整理论预设或假定，从而建立起新的理论，做出新的预言，实现理论创新	①导致了机械自然观的产生； ②仅能认识系统各组成部分，不适于研究系统中的"关系"，无法处理新现象涌现的复杂关系
整体论	一个系统并不能被其组成成分之和所解释或决定	①肯定生物有机体是多层次的结构系统； ②坚持整体的规律不能归结为其组成部分的规律； ③强调由部分组成的整体有新性质出现，正确地反映了事物的辩证法	①容易忽视对整体中各部分进行细致的分析； ②仍然带有构成论的烙印
复杂适应系统理论	主体在与环境和其他主体间的相互作用中，不断地改变自身行为规则，适应环境和其他主体协调发展	①具有高度的概括性及计算机上的可操作性； ②提出主体具有适应性； ③突出强调了主体—环境—主体的交互学习过程	①不可能对行为细节进行预测； ②计算机仿真只可预测趋势

还原论强调理解和描述复杂的系统、事物、现象，可以通过将其化解为各部分之组合的方法。它的优势之一在于，用还原论建立起来的科学理论，一方面具有精确、严密的特质；另一方面具有经得起实验检验的强大预言能力。还原论的另一个优势在于，还原论借助公理理论体系的逻辑关联，每当预言失败或是实验结果与理论计算发生严重偏差时，其能够根据理论和逻辑推导追溯起点，调整理论预设或假定，从而建立起新理论，做出新预言，实现理论创新。还原论的不足是它导致了机械自然观的产生。机械自然观最本质的特征就是认为世界上的一切都服从于外部观察者能够发现的普适定律。此外，还原论仅能够认识系统的各组成部分，不适应于研究系统中的"关系"，不能通过把孤立的各组成部分的性质和方式加起来说明系统的性质和方式；还原论一般应用在

没有新物质产生的系统，面对新现象不断涌现的复杂关系，还原论将无法处理，强行分解还原将不能产生和解释真正涌现的复杂关系。整体论与还原论相反，认为高级层次不可还原为低级层次，强调一个系统并不能被其组成成分之和所解释或决定。整体论视自然物为整体，将自然界看作是由分立的、具体的事物组成的整体，这些事物不能完全分解为部分，并且整体大于其部分之和，若将其组成部分机械地堆积在一起并不能产生这些事物，也不能解释其性质和行为。整体论对生物有机体具有多层次结构这一性质给予了肯定。它强调整体的规律绝不能归结为其组成部分的规律，认为由部分组成的整体有新性质出现。整体论的局限性在于其过于强调整体，对部分与个体的自由有所忽略。整体论虽然带有构成论的烙印，但是它基本克服了机械论宇宙观的局限性，尤其表现在对还原论的批评上，揭示出了事物间的相互依赖性和普遍联系性。

复杂适应系统理论是在整体论框架下发展的，强调主体在与环境和其他主体间的相互作用中，不断地改变自身行为规则，适应环境与其他主体协调发展。复杂适应系统理论的优点是具有高度的概括性及计算机上的可操作性，并且突出强调主体的适应能力和主体—环境—主体的交互学习过程。但是因为复杂适应系统的非线性特性导致细节化行为在根本上是不可预测的。此外，应用复杂适应系统的研究者可以通过计算机仿真直观地展示研究过程及成果，但系统运行机制的复杂性和环境因素的突变性，往往不能保证建模仿真结果与实际结果相匹配。因此，应用复杂适应系统的研究大多注重预测系统未来的发展趋势。

复杂适应系统为京津冀跨域创新网络提供了宏微观相结合的分析方法，特别是对创新过程复杂性的研究。尤其是分析嵌入性对应的多主体合作共享知识和利用资源的线性的、重复的进程。创新网络中合作伙伴关系因专利所有权分散而显著。这也为通过专利合作确立合作创新关系提供了新的思路。京津冀跨域创新网络嵌入性是创新加速和范围外延的关键因素，该创新网络的复杂性体现在创新活动在时间和空间上的不确定性，创新活动是对知识和资源的吸收、利用与传播。网络嵌入性的研究可以从主体、情境、内容及媒介出发，探究知识研发链的嵌入条件和创新价值链的嵌入关系及其形成的网络结构，利用复杂适应系统理论从反应性、自主性、合作性和交互性对嵌入式创新演化进行分析。此外，应用复杂适应系统研究京津冀跨域创新网络嵌入式演化过程中的创新资源利用问题，能够从底层出发研究创新主体的行为变化，从而影响创新资源利用率。因此，借助复杂适应系统理论，本书构建“涌现”机理，将跨域创新网络的研究细化到微观主体行为层面。嵌入式演化是一个自组织的过程，创新主体变异和适者生存的过程造就了其对外部环境具有高度的适应性。新主体介入、新技术引进等物质和能量的交换以及内部各要素之间的非线性交互作用，有利于促进跨域创新网络创新、升级等问题。子系统创新能力的有限性和资源的稀缺性是跨域创新网络中存在“断链重连”现象的动因。

四、网络科学理论

曾几何时，“网络科学”一词的提出在科学界具有一定的争议①。2016 年 Albert-László Barabási 的 *Network Science* 一书明确指出，“网络科学”是关于网络的科学，它兴起于世纪之交，起源于日常观察、数据解读、规律揭示和科学普适性探究，集成计算机、图论、控制理论等跨学科探索自然界广泛存在的网络所具有的一般性规律。

网络科学是一个新兴的研究领域，在我国也称之为复杂网络，它的历史可以追溯到 1736 年。网络科学本质上是将数学图论拓展应用于其他领域，网络科学在 20 世纪 90 年代后期获得了较为快速的发展，并愈加受到广泛的关注。自 1736 年图论与几何拓扑问世以来，它便被应用于各类问题的解决之中。当时，瑞士数学家莱昂哈德·欧拉（Leonhard Euler）使用图论解决了七桥问题②。然而，图论却在随后的历史长流中沉寂了 200 余年。直到 20 世纪 50 年代，匈牙利数学家保罗·埃尔德什（Paul Erdös）在图论和概率论的基础上建立了随机图③（随机图是指由随机过程产生的图），从而产生了离散数学的新分支——随机图论。这也为 ER 随机图模型的出现奠定了坚实的基础。保罗·埃尔德什和阿尔弗烈德·雷尼在 1959 年和 1968 年先后发表了 8 篇论文，使随机网络模型被研究者们熟知，他们的 ER 随机图工作又是网络科学发展的里程碑之一。之

---

① Ted G. Lewis 所著的 *Network Science*：*Theory and Practice* 明确指出“网络科学”的提法似乎为时尚早，但作者详尽论述了网络科学的理论和实践意义。

② 哥尼斯堡问题也称“七桥问题”，一个步行者怎样才能不重复、不遗漏地一次走完七座桥，最后回到出发点（类似现代“一笔画”问题），欧拉的思路是将两座岛和两岸抽象成节点，七座桥抽象成边，证明了这种走法是不可能的。此外，还给出了连通图可以“一笔画”的充要条件是，奇点的数目不是 0 个就是 2 个，即连到一点的数目如果是奇数条，就称这个点是奇点，如果是偶数条就称这个点为偶点，若要一笔画成回到原点，经过的点必须均是偶点，也就是有来路必有回路，奇点只能在两端，因此“一笔画”的必要条件是要么没有奇点，要么两端是奇点。

③ 从任一节点出发，按不经过重复节点的规则，可随机走遍所有节点的图称为随机哈密顿图。从任一节点出发，按不过重复边的规则，可随机走遍所有边而回到出发点的图称为随机可迹图。简单理解，随机图是使用一些规则而随机产生的图。ER 随机图模型，就是提供了一种规则，按照这种规则来产生随机图。

后的近40年，ER随机图推动了图论理论的广泛应用。随后，在20世纪六七十年代，图论又在社会科学领域大放异彩。社会科学家使用图论对社交网络进行建模并研究人类在群体中的行为。斯坦利·米尔格拉姆（Stanley Milgram）向社会科学界介绍了“小世界网络”（Small-world Network）的概念，这引起了人们的极大兴趣，也启示了学者们对网络拓扑如何影响人类行为和人类行为作用于网络拓扑的研究灵感。其中一个有意思的论题是“小世界困境”。社会科学家一直在思考，为什么人口数量不断增长，人类却能够通过极少数的“中间人”彼此联系？米尔格拉姆著名的“六度分离”实验表明，从整个美国人口中随机选择的两个人之间的距离大约是隔着六个中间人①。至此，网络科学发展进程中诞生了“小世界”和“六度分离”的概念。在20世纪90年代后期，网络科学迈出了重要的一步，也是迈向成为科学学科的一步，当时其他领域的许多科学家开始将网络用作物理和生物现象的模型。特别是邓肯·沃茨（Duncan Watts）、史蒂芬·斯托加茨（Steven Strogatz）和艾伯特-拉斯洛·巴拉巴西（Albert-Láaszló Barabási）的开创性工作②加强了网络科学模型及其物理应用的认知。网络科学的相关理论不断从政治学、社会学、生物学、物理学等众多学科的现实问题中得到验证。以ER随机网络、小世界网络、无标度网络为代表的网络科学研究正如火如荼。

结合以上分析，网络科学历经了三个重要的发展阶段：第一阶段是1736~1966年，也称为网络基础理论奠定期。网络科学在这一时期实际上是图论的诞生和拓展。第二阶段是1967~1998年，可以称作网络基础理论应用期。这一时

① 六度分离实验：在米尔格拉姆的实验中，堪萨斯州和内布拉斯加州的志愿者被要求向居住在剑桥和马萨诸塞州波士顿的一个陌生目标转发一封信。收件人不知道目标人，而是将信件转发给了一个其认为比目标人更近的熟人。虽然许多信件丢失了，但是在最终到达目标地址的信件中，经过的中间人数为2~10人，平均为5.2人。

② 邓肯·沃茨（Duncan Watts）将稀疏网络结构与多种现实相联系，揭示了这类网络的小世界性特征，如材料的相变、生物机体的功能以及电力网络的级联供电。展示了网络科学模型能够更加形象地描绘生活中的各种活动和事物状态。斯托加茨（Steven Strogatz）研究了网络结构对物理学中复杂适应系统的影响，并解释了为什么心脏在哺乳动物中以规则的同步模式跳动，和为什么某些萤火虫在没有集中控制的情况下会有节奏地鸣叫。这项工作开启了对物理和生物系统中网络同步发生方式和原因的探索，不断完善着网络同步的条件。巴拉巴西（Albert-László Barabási）和学生们提出了一个具有新特性的网络——无标度网络（一个有着枢纽节点的非随机网络），从而开辟了随机、小世界网络之外的另一条研究路线。在对互联网和万维网结构的反复研究中，巴拉巴西等发现分散式互联网的一个新兴属性，即网络结构是由少数极受欢迎的站点和大量“很少链接”的“不受欢迎”站点组成的。这种互联网的拓扑结构不具有ER随机网络特性，而是非随机的。此外，他们提出了“优先链接”规则（站点获得新链接的概率与它已经拥有的链接数量成正比），更好地说明了互联网的现实工作机理。同时，这种网站链接越多，获得的链接就会出现越多的“富者越富”现象，能够推广到很多自然和社会科学的研究。

期虽然没有出现“网络科学”的定义，但当时网络被应用于多种学科领域中。第三阶段是1998年至今，该时期是真正的网络科学形成期。网络科学的知识及其相关名词被科学定义，并为实际生活中存在的现象提供了易于认知的合理解释。

下面来介绍网络科学的知识和相关概念。鉴于网络科学是本书重要的基础理论支撑，这里有必要对近300年网络科学的成长历史进行梳理来明确网络科学的概念。各位读者也能够更加清晰地理解这一理论的形成和发展。

如上文所述，图论被公认为网络科学的起源，在这一阶段中，“网络科学”更多的是以数学理论和图论应用为主，网络科学定义的两个核心要素：①研究表示真实事物的节点、链接及两者集合的结构。②研究网络节点属性、行为和链接规则。扎根于图论之后，网络科学逐渐融合控制理论、社会网络分析以及近代物理和生命科学的相关内容，使网络科学也在生活中的多个领域进行了拓展。特别是网络节点和链接动态变化的实践探索，实现了静态网络研究到动态网络分析的转变过程。回答了一个重要问题，即：“随着网络的演化、随着时间的流逝，网络会发生什么？”

如今，网络科学也是注重研究网络形态、功能、结构与行为关联及复杂性的综合科学。网络科学的关键概念涉及结构、动力学、自下而上的演化、自治性、拓扑结构、影响力、稳定性和网络涌现。其中，网络同步、涌现和稳定性的联系提供了新的研究视角。这种状态变迁的系统动力学机制有利于探索现实中的线性系统耦合性。如流行病传播模型中传染病的传播、群体的共识建立、电网的稳定性等都是线性系统耦合分析的应用。近几年，复杂多网络的研究在计算机、社会学、物理学、生命科学等领域取得了十分丰硕的成果，节点和链接的基本概念得以广泛应用。节点可以代表人类、分子、基因、路由器、网页、专利、研究出版物、电站等。链接可以代表友谊、传染、突触、互联网链接、合作、书目引文、电缆等。从这个意义上讲，网络科学是现实的抽象，而不是现实本身。当现实抽象可以解释现实世界的系统行为时，网络科学不仅更加适用，而且相关解释更加生动有趣。如“人脑连接组计划”①、企业组织社会网络和知识网络的双重嵌入（Wang et al.，2014），经典的如电力网络、航空网络、交通网络、计算机网络以及社交网络等。

① 人脑连接组计划准备用5年时间绘制出人脑的线路图。它是利用扫描数据绘制的脑细胞髓鞘分布图。髓鞘是包在神经元分支外面的白色膜层，成分是髓磷脂。髓磷脂含量分布是表示神经元分支和信息传递速度的重要指标。

美国陆军科学技术委员会与美国国家科学研究委员会合作委托的未来陆军应用网络科学委员会从多个角度和许多细节层面对网络科学进行了定义。最直接的定义就是“应用科学方法研究得来的网络系统知识”。这个定义旨在将网络科学与网络应用的各种技术区分开来。例如，将网络的基础科学与互联网技术加以区分。然而，毕竟网络科学是在实践基础上研究总结而来的，还无法与网络应用的技术完全分离。因此，不同的网络应用领域有着不同的基于应用的经验概念。例如，通信工程师将网络视为路由器和交换机的系统；社会科学家认为网络是代表人类之间社会交往的图示；市场营销商将网络视为购买者群体；物理学家认为网络是相变、磁性等（非平衡态）模型。此外，生物学家使用网络科学知识了解了流行病、遗传学和新陈代谢系统；电力工程师则应用网络科学知识来管理电力网络。在各领域中，网络科学备受瞩目，尽管它具有不同的定义、不同的名词和不同的研究方法。网络科学的定义始终离不开网络这个核心的概念。不论网络科学在各个应用领域如何定义，网络的概念几乎是通用的，那就是“可以从结构和行为来描述网络，即它是节点、链接为基础的网络结构和节点与链接交互关联引发的网络行为的集合”。网络代表的是现实中的真实事物。正如刘易斯在 *Network Science：Theory and Practice* 中所述，“网络始终是可观察到的现实的表示或模型，而不是该现实本身”。

本书基于网络科学理论，以网络结构为基础研究京津冀跨域创新网络，以多网络渗流原理描述创新合作、知识交互、技术溢出等过程。下面来详细介绍网络结构相关内容，为后续研究奠定基础。

网络结构可以基于图论来构建概念模型。可以用一个集合 G = {N，L，f} 来描述网络，其中 N 是节点集合，L 是链接集合，f 是网络 G 的结构中节点与节点之间关系的映射函数（N×N），能够解释节点与另一个节点如何进行链接。有了集合 G 提供的信息，我们就可以在平面上绘制由节点和链接组成的网络拓扑图。集合 G 只能够定义静态网络结构，而关于网络的动态演化则需要另一个集合来定义。

网络的动态演化部分由一组支配节点和链接行为的微观规则来定义。这些规则是在微观层面定义的，以区别于网络的宏观行为。具体来说，微观规则决定链接和节点的行为，宏观规则决定网络全局属性的涌现。例如，无标度网络中的优先连接规则（新加入的节点优先链接到网络中已经具有很多链接的节点上，即节点度越大则优先被链接的程度就越高）就是一个微观规则，而描述网络度分布的幂定律则是一个宏观规则。网络科学的研究，主要通过研究微观规则来理解宏观特性，或宏观规则下的微观行为。

综上所述，网络 G 的完整定义必须包括网络结构和网络行为两个部分。例如，$G(t)=\{N(t),\ L(t),\ f(t)\}$ 是具有动态维度的网络 G 理论定义。$G(t)$ 是网络的节点数、链接数（度分布）和节点与链接关联映射随时间 t 变化的函数。由此，网络的完整定义如下：

$G(t)=\{N(t),\ L(t),\ f(t):\ J(t)\}$

其中，t 是时间，N 是节点（也称为顶点），L 是链接（也称为边），f 表示链接在一起的节点对（N×N）的映射函数，J 用于描述节点和链接随时间变化的拓扑关联算法。

因此，我们可以应用网络的定义及网络的结构和行为来界定网络科学。网络科学是关于网络结构和网络动态行为以及网络在诸多子领域中应用的研究。当前已知的子领域包括社交网络（社会网络分析 SNA）、协作网络（书目引文、产品营销、社区营销）、协同应急系统（电网、互联网）、物理科学系统（相变理论、渗流理论、伊辛理论）。由上述定义可以清晰看出，网络科学本质上是系统科学。另外，由于网络科学通常对复杂的系统进行拓扑、建模，因此它与复杂适应系统有着极其密切的联系。实际上，网络科学常常结合复杂适应系统（涌现）、混沌理论（协同）和平均场理论（物理定律）的思想，这就造就了网络科学也是多学科交叉的复杂系统。

第二节　文献综述

一、合作创新及合作创新网络

（一）合作创新

合作创新（Collaborative Innovation）是指企业间或企业、科研机构、高等院校之间的以技术研发为基础的协作创新行为。合作创新通常以合作伙伴的共同利益为基础，以资源共享或优势互补为前提，有明确的合作目标、合作期限和合作规则，合作各方在技术创新的全过程或某些环节共同投入、共同参与、共享成果、共担风险（毛义华和陈劲，2000）。广义的合作创新是指企业、研究机构、大学之间的联合创新行为，包括新构思形成、新产品开发以及商业化等任何一个阶段的合作都可以视为企业合作创新。所以，产学研合作创新概念是合作创新的广义概念。产学研合作创新，包括企业合作创新、研发机构间合作及其他技术研发（创新）部门之间的合作。

在合作创新的研究中，学者们很早就提出了推动创新发展的有效途径是产学研之间的合作。从互补优势的视角来看，企业和高校应该以不同的态度去对待，这两种机构分别有自己的属性与特征，两者的结合会优势互补，资源的共享与追求共同的利益是两者合作的推动力。在实践中，拓展技术研发渠道的有效做法就是加强企业、高校和科研院所的合作。目前来看，产学研合作的基础是比较成熟的。

从动因上来看，促进产学研合作的动力主要包括三个方面：研发创新的能力、科研技术的能力以及相互合作的动机。如果将产学研合作创新看作是一个复杂适应系统的话，那么就可以从主体与创新环境方面论证产学研主体之间的创新水平与主体之间的合作动力具有正向相关关系（李晨光和张永安，2018）。基于这种正向相关关系，有助于对产学研合作本质开展研究。已有研究提出产学研的合作实质就是为了资源整合，企业将资金投至高校，而高校则致力于专利的研究，两者的合作更能加大专利的产出，从而达到共赢（van den Berghe & Guild，2008）。

从环境影响来看，产学研合作创新会受到社会环境、自然环境、人文环境的影响。特别是，外部环境对产学研合作具有重要影响，直接作用于产学研合作研究的幅度（曹静等，2010）。外部环境对产学研合作创新多主体行为也具有十分重要的影响，这体现了适者生存的规律。

从作用效果来看，宏观上产学研合作创新可以上升到国家战略层次，是国家创新体系的重要组成部分（郑洁，2021）。微观上，产学研合作创新能够利用地理邻近性优势，具有异质性资源互补、降低创新风险和提高创新成功可能性的优势（陈海峰等，2020；杨剑等，2020）。

从实施路径来看，产学研合作创新是一个复杂过程，包括资源的匹配、能力优势的博弈、效能的创新协同，以及各主体的自身创新能力等。这个过程离不开网络行动者（合作伙伴）的协作（陈文婕等，2016）。合作伙伴之间因角色和属性不同，其拥有的异质性资源不同，所以，其吸收、利用和转化异质性资源的能力也不同。产学研合作创新的实施和创新能力、创新投入、合作创新收益系数、合作创新成本等因素息息相关（潘群等，2017），这些参数作用下的合作创新能力和实施效果也就千差万别。

具体到产学研合作创新主体层面，企业在产学研合作创新的过程中具有绝对的主体地位，这也在政府工作报告和“十四五”规划中被着重强调。通常，人们认为高校和科研院所占据次要地位，企业的技术水平具有领导作用。但是，高校和科研院所的研发能力是不容忽视的，它们有着强大的科研团队，依托企业的研发资金，结合企业研发形成集成、共建和联合模式，能够极大地发挥研发主体的作用。多个主体之间的合作博弈一直是合作创新的重要论题。不同主体间的信任是合作创新的形成基础，也是促进合作的重要契机。然而，由于利益最大化的驱动，多主体之间有时也存在投机行为和非公平行为（高孟立，2020），导致合作冲突，从而阻碍了合作创新的开展。因此，需要合作创新多主体之间开诚布公，协作共赢，防止投机性行为和不公平行为的发生。

（二）合作创新网络

创新是引领发展的第一动力，网络是创新成功的关键（李颖等，2021）。合作创新网络（Collaborative Innovation Networks，COINs）立足于多个创新主体之间的创新协作关系，并且具有较高创新韧性的自组织新兴社会系统，是应对技术创新活动外部变化的重要组织形态（Grippa et al.，2018；Mortati，2013）。它的出现是由于个体或组织在面对环境变化、外部威胁和创新窘境时，利用合作创新的互补性优势，借助“组团”力量来弥补欠缺因素，柔性应对变化和窘境。

最早提出合作创新网络概念的是经济学家弗里曼（Freeman，1991），他提出创新网络中创新主体之间的合作关系形成了创新网络结构的联合机制，创新网络可以实现系统性创新，它们是一种制度安排，以此来提高创新网络中创新主体的创新绩效。

在区域创新网络的研究中，国内外的研究者们还没有给出一致的概念界定。创新网络形成的推动力是创新主体本身的创新需求，在创新网络中，企业占据了主导地位，其他的创新主体都会通过企业来进行连接，从而形成网络关系。网络关系是创新网络中创新主体交互关联关系的反映。区域创新网络主体是由企业、高校、科研院所、政府以及其他中介机构等组成的，并且各个创新主体之间是相互连通的。针对区域创新网络的研究，外国学者更多地认为其创新主体主要是企业，而我国的学者则认为政府在区域合作创新网络中具有重要的地位。盖文启和王缉慈（1999）对区域创新网络进行了界定，区域创新网络是创新主体包含政府、企业、高校、科研院所以及中介机构等，通过资源和知识的流动进行正式与非正式交流和合作，以便达到加强区域创新网络稳定性的组织形态。针对目前对于区域创新合作网络的研究，大多数学者认为区域创新合作的组织者是政府，企业、高校、科研院所以及中介机构在政府的推动下联系在一起并组成产学研创新网络，在网络中各个创新主体共享资源和知识，进行合理有效的配置，并且输出新的创新成果，实现产业化。

创新网络独立于地理空间，使得原本由于地理距离相隔的多个创新主体联系在一起（Kaufmann et al.，2003）。随后，诸多学者对创新网络属性、形态和功能进行了研究。创新网络中最重要的是创新主体、创新环境和创新网络的结构（Harrisson & Laberge，2010）。结构是合作关联关系的直观体现，反映了创新网络的协作模式，也限制了网络的功能发挥。资源、技术以及资金都是通过网络进行传播的，从而使创新的思想和想法渗透到每个创新主体，以提高创新绩效。此后，由于全球化、市场化和信息化，创新网络已经发展为各种各样的网络模式，如跨域创新网络和企业集群创新网络，创新网络的研究不仅针对国家创新系统，而且进一步对创新网络中的每个子系统均进行研究。

近年来，我国学术界迎来了对于创新网络的研究热潮。概念界定层面，合作创新网络在产学研合作创新领域被认为是产学研合作、创新与网络组织的含义整合（朱桂龙和彭有福，2003）。产学研合作创新网络作为一种组织形式从发展环境、政策扶持、多主体创新、合作博弈、创新机制、组织演化等方面受到了广大研究者的青睐。企业、高校和科研院所组成的产学研创新网络是自由组合的，他们组成的网络组织可以将各自的优势集合起来，并进行资源的共享，从而提高创新绩效，将创新产品产业化。子网络层面，合作创新网络可以分成两个部分来进行研究，即企业、大学和科研院所。企业作为创新网络中的核心，提供资金和技术支持，而大学和科研机构为企业提供知识支撑，通过知识的共享来提高跨域创新网络的绩效，产学研合作网络的本质是知识的网络。这类网络是由若干条知识链构成的，知识链之间存在着竞争和合作关系。相异类型的知识链加入共同知识网络会导致网络整体知识存量的提升，进而形成知识优势（唐承林和顾新，2010）。网络间知识传递层面，合作创新网络之间的知识扩散是创新功能实施的关键，这个过程的约束条件是知识创新与扩散过程的关键（陈伟等，2014）。合作创新网络的整体知识水平通常会呈现倒“U”形增长规律，即先递增后递减的变化趋势，并且知识增长过程存在着“突变点”。在突变时期内，网络知识增长所产生的绩效会受到网络中企业知识水平分化程度的制约，从而呈现显著的差异性。

随着合作创新网络研究的不断深入，网络特征、结构及邻近性机制的重要性逐步凸显，并在不同领域中被广泛应用，彰显了实际效用。如我国沿海地区海洋产业合作创新网络的研究显示，结构上网络整体通达性较弱、结构较为松散、较不稳定（李颖等，2021）。创新主体中心性带动辐射能力与合作能力的作用正在增强，高校是合作创新的主力军，以企业为中心的海洋技术创新体系有待完善。在邻近性方面，社会邻近性对海洋产业合作创新网络的解释力最高，并且邻近性对城市间合作率的交互影响呈现双因子或非线性增强关系。信息通信技术产业合作创新网络已成为我国企业在这一技术领域获取竞争优势的重要手段，但信息通信技术产业合作创新网络整体仍较为稀疏（郑素丽等，2021）。随着时间的推移，参与合作主体的关系数量持续扩大、核心企业地位愈加明显，并且网络具有显著的区域集中特征。合作创新模式选择与企业发展阶段、技术实力及其所在业务领域的特点密切相关。我国集成电路领域内合作伙伴选择主要受到地理邻近、知识积累邻近、知识结构邻近与创新环境邻近等因素的影响。随着时间推移与产业发展，地理邻近的重要程度逐渐降低，知识结构邻近的影响呈现"U"形变化，知识积累邻近和创新环境邻近在产业进入成熟阶段后开始正向影响合作创新伙伴选择（于永达和闫盛枫，2017）。新兴技术（杨春白雪等，2020）、汽车制造（陈文婕等，2015）等其他行业的应用本书就不再一一列举。

合作创新网络的研究大都集中在结构特征、网络规模、邻近性等对合作伙伴选择与创新绩效的影响。网络结构特征方面，小世界、无标度特性已被证明存在，也被揭示出随着合作伙伴规模的扩大和知识溢出的扩散，网络结构整体呈现从小世界性向无标度网络演化的趋势。网络规模"U"形特征揭示了合作优化规律，规模下合作创新主体存在关系权力的差异，网络中的核心节点在网络中占据重要地位。然而，相关研究往往局限于同一地域，未能有效揭示跨地域间的多主体合作创新规律，伙伴选择过程中规避创新壁垒的嵌入机制问题也未能被清晰解释。因此，需要在后续研究中转变研究视角，将创新网络研究延伸到跨地域的创新网络嵌入式发展过程。

二、跨域创新网络及其演化

（一）跨域创新网络

随着信息传播越来越便利，互联网传播速度日益加快，产业集群跨区域扩张及全球一体化理念不断深入，合作创新网络需要更多的外部资源与创新主体形成互补性优势，以加强跨领域、跨区域联合创新。所以，在原有地域化创新网络基础上构建以产业为基础的跨域多元化网络体系是区域创新发展的重要问题。跨区域合作创新网络（本书称之为跨域创新网络）已成为一种发展趋势。跨域创新网络往往涉及不同地域、多个创新主体功能和利益的协同，它的出现对区域创新治理提出了新的思路和挑战。

跨域创新网络可以从广义和狭义两个方面来定义。从广义上来说，跨域创新网络是不同地域创新主体合作创新连接形成的创新网络。地域上，是跨地理边界的邻近或非邻近区域，但是各地域之间功能相互支持，资源相互补充，效益相互促进。角色上，它不仅包括企业、高等院校、科研机构、政府和科技金融服务与中介机构等，其还包括跨域中介组织，并且为跨域创新网络主体的创新行为提供辅助。从狭义上来说，跨域创新网络只是多地域企业、高校和研究机构三大主体之间的互动、资源共享、优势互补。

跨域创新网络的出现给政府公共治理提出了新的挑战，亟须建立新的治理模式和跨域重构发展战略（王会龙和池仁勇，2012）。可以从跨域创新网络协同绩效的相关影响因素入手，探索适宜的治理模式，构建融合跨区域多层级垂直式治理模式、跨区域多层级平行式治理模式、跨区域多层级交叉式治理模式在内的协同治理模式（程跃和唐敏，2020）。

跨域创新网络是协同创新的具体实践，反映了创新资源集成化和行为主体协同化的特征（解学梅和曾赛星，2009）。它是由简单向复杂进行发展的，企业、高校以及科研院所等主体的长期合作产生了跨域创新网络，它是时代长期发展的产物。

地理因素是影响跨域合作创新的重要因素，这方面多是以跨区域创新主体之间合作发表的论文成果、合作申请专利数量、合作从事技术研发等量化网络关系体现的。这里必须强调的是，跨域创新网络是动态的，不是静态的，必须以演化的视角来探究地理因素对区域创新网络的影响。地理临近不仅包括地理位置的距离，还包括合作难易程度的抽象距离，如技术邻近性和社会邻近性等（Johannes，2014）。

跨域创新网络中创新主体的创新知识吸收能力与区域间的地理距离呈现反向相关关系，即当区域间的距离增加时，区域创新主体之间的联系会逐渐减少，从而合作也会相对地减少，创新知识的吸收能力也会随之减弱（Saeed et al.，2018）。然而，基于地理邻近性的传统区位理论已经无法解释创新网络的新发展

（滕飞和申红艳，2018）。交通和通信的迅猛发展正在驱动着传统创新主体之间的地理距离研究向着抽象距离研究过渡。抽象距离在研发创新过程中也往往以技术邻近性来表述。跨域创新网络中的创新主体，彼此之间以共同研究领域为基础进行互联互通，特别是网络中的企业对于合作对象的选择，更加关注那些与自己具有相同研究方向的大学、科研院所进行合作创新。创新主体对技术邻近性的考量更加有利于通过彼此的合作来加强创新能力（Woerter，2011）。

一些学者对跨域创新网络的社会邻近性进行了研究，发现了地域子网内合作创新更倾向于与具有相同社会结构的主体进行合作，以达到合作效果的最大化，如金融风险投资机构更加倾向于对有大公司支持背景的创新创业公司合作（Fritsch & Kauffeld-Monz，2010；Hegde & Tumlinson，2014）。这也正与我国学者的研究结论相契合，意味着区域之间的地理邻近性、社会网络邻近性和技术邻近性对跨区域产学研协同创新绩效具有不同的影响。区域之间的地理邻近性对跨区域产学研协同创新绩效的影响是正向且显著的，社会网络邻近性对跨区域产学研协同创新绩效的促进作用并不显著，技术邻近对跨区域产学研协同创新绩效的影响是正向且显著的（夏丽娟等，2017）。因此，通过研究梳理可得，跨域创新网络的发展受到地理、技术以及社会结构等相关因素的影响，其中地理距离对于跨域创新网络的影响正在减弱，而技术和社会结构对跨域创新网络的影响正在加深（Ter Wal，2013；吕国庆等，2014）。跨域创新网络促进了技术外溢，凸显了研发人员对创新产出的正向影响，从而激发不同地域创新能力的提升（Wang & Zhang，2019）。

（二）跨域创新网络演化

创新网络演化是指创新网络的动态变化性，描述了创新网络根据网络中的资源、技术以及知识等不断地发展变化，网络中的创新主体以及主体间的相互关系也会随之变化。在演化过程中，企业在区域合作创新的演化过程中占据重要地位，高校和科研机构起到了中介的作用。随着内外部环境变化，多主体之间的合作关系会不断调整、适应，直到达到最优结构形态。因此，内外部环境的不断变化是跨域创新网络演化的重要动力。

随着区域创新、城市群协同发展，参与跨域合作创新的主体不断增长，核心企业的作用和地位也越发突出。有学者认为跨域创新网络的发展可以分为三个阶段，即单向合作阶段、跨部门单向合作阶段和多部门多向合作阶段（彭锐和杨芳，2008）。创新网络的演化模式也包括三个过程，即单个区域内的创新网络过程、两个区域之间的创新网络过程以及跨域创新网络过程，这类问题的研究视角是基于合作创新网络的演化方式以及创新网络中创新主体的角色演变过程的（刘凤朝和马荣康，2011）。演化动力往往与合作伙伴选择、知识学习及创新机制密切相关，也需要明晰企业间各知识要素、创新综合知识的动态互补性（黄玮强等，2011）。

创新网络演化有着一定的规律，在特征归纳的基础上能够发现创新网络的演化模式。如有学者发现了五个过程性的演化模式，即线性型、耦合型、整合型、系统型以及网络型（沈必扬和池仁勇，2005）。进而发现，跨域创新网络的主要演化动力是创新主体在知识、技术和资源上的缺乏。相同和不同地域的企业、高校以及科研院所通过这些创新要素连接起来从而建立跨域创新网络，跨域创新网络可以通过异质性优势互补增加创新主体之间的知识流动以及资源共享，提高企业的技术能力，又不会加剧同一地域内的创新竞争，进而提高跨域创新网络中主体的创新绩效。

市场机制和政策作用对跨域创新网络演化具有重要的影响。在市场机制下，市场机制作用的增强会降低跨域创新网络演化的速度，只有当市场机制的作用超过一定阈值时，维护合作行为才会在创新主体间涌现出来。在政府调控下，创新主体对政府的调控较为敏感，当政府调控力度处于阈值水平时，不利于创新主体间合作关系的维持（曹霞等，2020）。跨域创新网络中多维邻近性演化需要政府调控，从而避免过度邻近的“锁定效应”（陈文婕和曾德明，2019）。创新知识产权保护政策有力保障了跨域创新网络的良性演化（綦良群和周凌玥，2019）。

从参与跨域创新的主体角度来看，跨域创新网络是动态演化的，创新主体可以自由进入创新网络，每个创新主体都在网络中占据着不可替代的地位，并将跨域创新网络的发展过程分为三个阶段，即开始形成期、成长期和成熟期（李金华和孙东川，2006）。创新主体的聚化能力也能够推动创新网络演化，如随着焦点企业聚化能力从弱到强的变化，创新网络会逐渐呈现出混沌状态（刘友金和刘莉君，2008）。国外学者更是强调了创新主体逐渐从传统三螺旋向混合三螺旋结构形态发展（Razak & Saad，2007）。

创新环境的不确定性影响着跨域创新网络的演化，依据技术和市场两类要素的变化，创新网络会向着萎缩、稳定、加强、动态平衡、紧缩和动荡六类方向进行演化（程跃等，2011）。创新主体为了更好地从事创新活动和获得更优的绩效，会调整（改变）自己的行为来适应创新环境的变化，从而出现了大量以互补合作关系为基础的创新网络，以此来弥补自身的缺陷，并且合作创新网络演化过程具有集聚等复杂性的特征（田钢和张永安，2010）。创新主体在演化过程中不断进化，剥离非创新核心组件，增强主体对创新环境的适应性和优化网络核心的创新功能（付韬和张永安，2011）。

当前大部分创新网络的相关研究仍把企业看作网络中的一个节点，却忽视了企业内部与网络之间的互动演化。需要从外部开放度和内部要素参与度两个维度来研究内外网络的协同演化。基于这个视角，学者们发现外部合作创新通过知识、资源的流动与扩散，加速了创新网络结构的拓展（王飞，2012）。创新网络知识产出水平受到创新主体自然增长率、主体间协同意愿指数、主体间竞争指数、知识熵、结构熵 5 个因素的影响（杨坤等，2020）。随着整体外部创新网络的发展，企业内部要素参与度逐渐增强，并形成了一个内部创新网络体系，这种内外创新网络之间的演化学习和协同互动是提升企业创新能力的关键（任宗强等，2011）。

跨域创新网络的显著特征可以被理解为地域内的等级网络向地域间开发合作网络转变（Amit et al.，2013）。跨域创新网络的演化过程伴随着合作创新主体之间的知识重组，最明显的就是共同成立子企业。子企业的产生会对网络中的其他企业产生外部影响，改变主体创新的边际收益和成本，也会改变创新主体在网络中的位置。伙伴选择机制最终会形成具有均衡结构的跨域创新网络（Michael et al.，2011）。跨域联合研发既有利于创新知识在多地域文化中发展，又能够整合多地域思维构建跨域合作文化，在创新政策的扶持下，实现跨域多元发展（Pedro & Britta，2013）。以我国新能源汽车跨域创新网络为例，其区域内及跨区域的技术合作创新活动均较为活跃（刘雅琴和余谦，2020）。

跨域创新网络正经历着小世界特性向无标度特性的转变。小世界对创新网络的不利影响正在被学者揭示（吴慧等，2020）。跨域创新网络随着时间的演化，整体网络的创新联系（合作）不断增加，并且满足小世界特性。网络的整体结构满足“核心—边缘”特征，但是目前大部分的创新合作主要是在核心区的节点城市之间，不利于城市与边缘区创新主体的发展（吕丹和王等，2020）。跨域创新网络中心性也在某种程度上对创新绩效存在抑制作用（陈钰芬等，2019）。从结构特征和时空演化视角看，在跨域创新网络中，地理邻近、制度邻近对创新合作具有正向的促进作用，而知识邻近对创新合作具有明显的负向作用，经济邻近与认知邻近仅在早期对创新合作有显著的正向驱动效应（胡悦等，2020）。

三、跨域创新多网络

（一）跨域创新多网络的产生

跨域创新多网络的发展来源于产学研合作创新的不断发展。在产学研合作创新的研究中，外国的学者很早就提出了推动创新发展的有效途径是产学研之间的合作，也肯定了政府的拉动作用，特别是发展中国家的政策扶持作用。很多学者都认为企业和高校分别有属于自己的属性与特征，两者的结合会优势互补，资源共享与追求共同利益是两者合作的推动力（Watling et al.，2003）。外国学者在研究加强政府、企业、高校和科研院所合作方面是比较成熟的。现有研究普遍认为促进产学研合作的动力主要包括三个方面：研究创新的能力、科研技术的能力以及相互合作的动机，研究的角度是从主体与创新环境的内外部动机来进行，进而提出了产学研主体之间的创新水平与主体之间的合作动力具有正向相关关系（Amabile et al.，1996）。

关于产学研合作本质的相关研究，学者们认为产学研的合作就是为了资源整合，企业将资金投入高校，而高校则致力于专利的研究，两者的合作能够增加专利的产出，从而达到共赢（Van den Berghe & Guild，2008）。20 世纪 90 年代，我国对于政产学研的研究逐渐增加，并且取得了一些成果。学者们研究了外部环境对产学研合作具有重要的影响，将产学研合作研究面推广，外部环境对产学研合作的影响也不容忽视（曹静等，2010）。丁厚德在《中国科技运行论：科技战略与运行管理》一书中指出，产学研合作创新的主体包括企业、高校以及科研院所，对于加快国家经济发展有着重要作用，企业与高校、科研机构的合作可以使经济和科技资源合理配置，实现有效利用。中国必须将产学研合作提升到国家战略地位上来，这样中国的创新体系和框架才能顺利构建。政策扶持和机理作用在这一过程中，也不容忽视（丁厚德，2001）。在跨域创新多网络的发展过程中会受到各种因素的影响，主要包括内部因素和外部因素。内部因素主要包括创新资源、利益分配问题等；外部因素主要包括政府政策扶持、资金投入、行业市场等。各种因素都会影响产学研的合作，而资源共享和利益分配则是其合作创新的动力，政府政策扶持以及市场环境则是其合作的催化剂，可以保证产学研合作的顺利进行。高校、企业以及科研机构均在合作创新的过程中占据主导地位，缺一不可，必须将产学研创新网络中的创新主体优势结合起来，从而提高合作创新绩效。

（二）跨域创新多网络的结构与协同

如前文所述，创新网络中创新主体之间的合作关系形成了创新网络结构的联合机制，创新网络可以实现创新的系统性，它们是一种制度的安排，以此来提高创新网络中创新主体的创新绩效。跨域创新多网络的功能发挥，依赖区域创新网络的结构效应和多主体交互。可以说，创新网络中最重要的是创新主体和创新网络的结构，资源、技术以及资金都是通过网络进行传播的，从而使创新的思想和想法渗透到每个创新主体，以提高创新绩效（Harrisson & Laberge，2010）。从结构上来看，跨域创新多网络是一个复杂的异地联合创新系统。系统里面包含多种多样的主体，而网络中存在的主体又具有极大的不稳定性以及复杂性（Phlippen，2008；汪小帆等，2006）。在研究创新合作的过程中，可以利用复杂网络理论和相关算法，利用网络结构的各项指标变量来拓扑创新网络。一些学者的研究拓扑了多个行业、不同地域的创新网络结构，发现跨域创新多网络中的局部地域聚集系数相对较高（Verspagen & Duysters，2004）、平均距离比较短（Horst，2010）、多地域中介作用明显（陈伟等，2015）、耦合机制突出（沈江和柳洲，2016）、结构洞特征影响较大（王崇锋等，2020），这些都说明了跨域创新多网络具有“小世界网络”特征（Messica，2009）。然而，跨域创新多网络的无标度特性，也是不可忽视的。跨域创新多网络的无标度特性来自创新集聚主体稳固合作关系和焦点企业核型网络的发展，无标度特性描述了创新主体合作的“富者愈富，穷者愈穷”状态。新进入创新网络的主体往往倾向于优先连接已经占据行业或区域创新主导地位的创新主体，即初创企业往往倾向于选择依附大型龙头企业。

跨域创新多网络的节点通常是本地域和其他地域的企业（从事创新的高新技术企业及其创新组件合作企业）、高等学校和科研院所、中介机构、政府部门等创新主体；边则表示本地域创新主体的合作和地域间关联。借用复杂网络理论能够很好地分析小世界、无标度、随机性等多网络特征。随着时代的进步和发展，我国主张自主合作创新模式，产学研创新网络中创新主体之间的联系日渐频繁，其进行有效的资源和知识共享，这极大提高了创新绩效，同时将更多的创新主体吸引到创新网络中来，让网络逐渐变得复杂化，形成复杂网络。复杂网络理论的主要研究目的是分析网络演化的性质、探索网络演化相关拓扑结构、网络在演化过程中的动力学特征以及网络主体之间的作用关系，并以物理统计的方法和图论为研究基础（刘建香，2009）。通过应用复杂网络理论，可以对复杂系统的网络性质、动力学机制、演化特性进行更为深入的研究，并且为以后的研究探索方向（毕桥和方锦清，2011）。已有研究成果通常都是将企业作为主要的研究对象，认为创新网络中企业占主导地位，主要研究创新网络中创新主体之间的异质性和同质性，以及影响网络创新绩效的因素。创新网络中的创新主体在创新网络中可以弥补自身的不足，创新主体之间的资源知识共享以及技术交流可以提高主体的创新能力，从而达到合作的效果。

我国学者分析了高新技术集群产业的跨域创新网络结构，以复杂网络理论为研究视角，研究了创新网络中的聚集系数、度分布以及平均距离等相关的特征指标，通过分析集中特征指标确认了高新技术集群产业的自主创新网络“适合连接度”模式（适合聚集系数与路径长度能够促进自主创新），为区域合作创新提供了发展方向以及应对措施（张文春，2011）。对于跨域创新多网络的创新效率以及合作创新网络的稳定性，部分学者以“小世界网络”为研究视角，建立跨域合作创新网络的小世界网络模型，并以此为基础，对合作创新的绩效进行模拟，提出动态联盟组织成员之间的合作关系（多网络演化基础）对网络效率、网络熵、合作稳定性与效率的影响（曾宇星，2005）。此外，有学者发现不同地域高新技术企业创新网络包含复杂型、散装型和完全连通型三种网络结构，高新技术企业合作网络在演化过程中会受到内外部因素的影响，随着合作创新网络的演化，合作主体会不断增加，主体之间的平均距离正在减小，主体之间的合作越来越紧密，合作网络逐渐向小世界网络发展（彭盾，2010）。从地域合作视角，有学者运用复杂网络相关算法对省域地市合作创新网络进行了测算，利用平均最短距离、度分布、群聚系数、网络组分等指标变量，对跨域创新多网络进行了界定，并揭示了跨域创新多网络的发展规律（陈雄辉等，2010）。可见，跨域创新多网络是由简单向复杂进行发展的，政府、企业、高校以及科研院所等主体的长期合作产生了跨域创新网络，它是时代长期发展的产物。

关于跨域创新多网络及其组成子网络的相关问题，大多数学者认为地域网络内合作创新的组织者是政府，企业、高校、科研院所以及中介机构在政府的推动下联系在一起组成产学研创新网络。在网络中各个创新主体共享资源和知识，进行合理有效的配置，并且输出新的创新成果，实现产业化。因此，从地域发展来看，地域子网络的创新主体集聚性十分明显。地理因素是影响区域合作创新的重要因素，如果以子网间创新主体合作研发成果为研究目标，可以发现子网内主体的研发创新能力与区域间的地理距离呈现反向相关关系，即当主体间距离增加时，子网内创新主体之间的联系会逐渐减少，从而研发合作也会相对减少（Liang & Zhu，2002）。同时，不可否认的是创新网络形成的推动力来自创新主体本身的创新需求。创新主体的性质不同也决定着同性质的创新主体所形成的合作子网络在跨域创新多网络中发挥着特有的功能。这也就是，跨域创新多网络的角色子网络。在角色子网络中，企业占据了主导地位，其他的创新主体都会通过企业来进行连接，从而形成网络关系。其他创新主体包括政府、高校、科研院所以及中介机构等，主体之间通过资源和知识的流动进行正式与非正式的交流和合作，以便达到加强创新网络的稳定性。

跨域创新多网络具有动态性，这说明跨域合作和子网络内部的创新合作不是固定不变的，必须以演化的视角来探究地理因素、角色因素对创新网络的影响。有学者指出，交通和通信的迅猛发展，可以打破创新主体之间的地理距离，从而加强子网络之间的联系，从而提高整体网络的创新效率（Glückler，2007）。

综合以上国内外相关学者的研究，跨域创新多网络特征的研究逐渐成为合作创新的主流，多个子网的创新主体可以实现资源共享、知识流动，实现主体之间优势互补。目前有关合作创新的研究是将合作网络看成是静态不变的，对于动态多网络的研究还很少，合作创新网络的影响因素不仅需要考虑地理限制，还需要将技术、社会结构以及制度等结合起来综合考虑，从而可以更好地对多网络合作创新进行分析研究，并提高合作创新的成果。

第三节　研究评述

针对跨域创新网络的研究国内外都有相关文献，但是对于该研究的不同命名导致国内外研究存在一些差异。国外的研究主要集中在产学研合作网络的概念、结构、效率及特性方面，而国内对于产学研合作网络的研究主要集中在模式、模型、合作效率与评价、结构测度四个方面，其中结构测度是近年来基于计算机网络技术发展而产生的新的研究热点。而目前对于跨域创新网络结构的研究中，多从传统社会网络视角出发，利用社会学视角下的测度指标来测度跨域创新网络的结构，这类视角下以及由此形成的分析方法，在跨域创新网络发展初期是适用的，因为初期网络呈现节点少、规模小、结构简单的特点，但是随着跨域创新网络的迅速扩大，传统视角下的结构分析已经无法全面描述跨域创新网络结构的特征及其演化规律。迅速扩大的跨域创新网络符合复杂网络的特点，将跨域创新网络的结构和演化与复杂网络理论相结合，是很多研究者都比较赞同的研究方向。有些研究者已经在跨域创新网络结构的研究过程中运用了复杂网络理论，但是复杂网络理论应用的成熟度与跨域创新网络测度方向的研究之间还有很大的距离。从指标选择上来看，目前学者偏向于选用社会网络视角下的测度指标，并且指标的选择存在随意性，没有形成固定的体系；而在合作网络的构建上，当前学者避重就轻，构建的网络均无法从整体上反映产学研合作网络的发展，只能通过某一行业、某一区域的网络来推导全局网络。因此，目前对于产学研合作网络的研究存在以下不足：第一，缺少对跨域创新网络结构测度与演化分析框架，多数研究中选择的测度指标没有很好的说明理由。第二，当前基于复杂网络理论对我国跨域创新网络的测度研究并不多见，多数测度停留在社会学视角下的网络测度。第三，现存对于跨域创新网络的研究多从某一行业或某一群体出发，未从宏观角度对我国产学研合作进行分析。

第三章
京津冀跨域创新网络的生成机制

第一节　跨域创新网络生成的动因分析

一、跨域创新网络生成的外部动因

(一) 资源为基础的外部投入驱动

19 世纪六七十年代，学者们的研究首次强调了外部投入对组织创新过程的相对重要性（Gibbons & Johnston，1974）。资源基础观为探究外部投入对跨域创新网络的驱动作用提供了坚实的理论依据。

首先，异质性外部资源投入驱动着跨域创新网络的生成。各类组织需要在资源互补的前提下进行创新合作，降低创新不确定性和共担创新风险。合作伙伴关系也可以视为资源交互的渠道。地域创新合作因受地理邻近性和组织邻近性的影响，在资源投入方面存在同质资源重复投入、创新竞争引发知识溢出效益锐减等窘境。亟须外部组织介入，提供外部可用资源，平衡地域内部竞争，规避地域资源内耗，整合地域创新价值链，占领外部创新市场，拓展技术研发创新组件，实现跨域式发展。因此，跨域创新网络的形成离不开外部投入需求的驱动。

其次，外部投入引发的资源交互、资源利用、转化升级驱动着跨域创新网络的生成。跨域创新网络已经逐渐取代了传统上单一企业过度承担的角色和职能。特别是跨域创新网络能够有效改善中小型企业创新处境，或促进中小型企业获得外部创新激励、优化外部投入。主要体现在以下四个方面：①建立或促进产学研主体组成跨域网络，为中小型企业打破网络进入壁垒；②推动大学和科研院所、相关机构向中小企业传播知识和转让技术；③加强国际、跨区域创新网络之间的合作和联系，带动中小企业加入国际化竞争，提升自身创新能力，并有助于优化外部投入；④吸纳中小型企业成为焦点（核心）企业的组件供应商，平衡中小型企业创新成本，帮助中小型企业实现创新营收。

最后，异地资源外部投入的成本分摊、知识溢出、合作共赢也驱动着跨域创新网络的生成和发展。基于资源的观点也认为，创新主体寻求合作创新的根源在于获取外部资源，并利用资源提升合作双方在人力、物力和组织方面的能力，最终达到协同共赢。主体合作的稳定形成必须以某种形式来确保合作双方的创新价值提升和必要知识、资源储备。一方面，单一地域的资源受同质性和竞争性的影响，很难完全在区域共享，也不利于拓展优势；另一方面，创新知识的管理策略限制了知识开放和发散融合的路径。跨域创新网络从行政区划、创新环境和获利市场等方面，有效促进了多个创新主体的合作共赢。跨域创新网络的发展还形成了功能互补、优势互助、协同发展的城市群创新网络。这类创新网络也被认为是知识创造和知识传播的跨域创新社区。异质性资源驱动着跨域创新网络的生成与发展，从而获得创新收益和多方共赢，提升各区域乃至城市群的总体创新能力。

（二）人才跨区域共享和技术迭代驱动

人才是非常重要的创新资源，也被誉为“第一资源”。地域合作创新过程映射出人才流动和人才竞争。竞争会令人才出现不良流动，导致在研项目因人才流动而被迫停止研发，不仅浪费资金，而且不利于技术攻关项目的迭代。跨区域创新人才共享的理念和机制促进了跨域创新网络的形成。

首先，跨域人才认定和合作驱动跨域创新网络的生成。人才的认定不仅是在一个地域，而是多个地域同时承认人才的认定结果，这样便于人才在多个地域开展技术研发工作。以往区域创新网络内，是依赖吸引更多人才来提升技术研发实力。这就导致了创新主体之间往往为了增强自身创新能力而开展激烈的人才竞争。一些人才在原来单位从事的科研项目或技术攻关项目会因为关键技术人员调动而半途而废，导致核心技术的迭代升级无法继续开展，极大地浪费了社会资源。那些关键技术人员到了新单位往往随着新单位的技术研发计划而开展新的工作，无法与原来的工作形成良好的继承关联，重新融入团队进行研发，增加了技术创新的成本。因此，需要一类新的模式更好地让关键技术人员、专家，在多个地域、同一个擅长研发领域进行交流，让这些人员有机会融入多个职业团队，改善待遇，提升自我实现价值。使他们在异构环境下，利用不同地域、不同资源，不断升级现有研发技术；在多个地域项目中，逐步迭代相应技术，提升自主创新能力。

其次，跨域人才交流和知识创新驱动着跨域创新网络的生成。创新人才之间的显性和隐性知识交流对跨区域知识溢出的作用已被世人熟知。知识溢出效应是通过人才流动、技术转让、制度安排等方式实现。然而，知识传播会受到技术创新垄断的负向影响。一方面，核心技术掌握在少数企业和技术专家手中，垄断式研发为这些企业获取了大量利益，但是导致人才间缺乏深入交流，不利于区域的创新发展；另一方面，知识传递路径限于地域范围，也不利于新知识的涌入和生成。所以需要跨地域协同的知识管理模式来为企业带来竞争优势。由于知识在战略管理中的重要位置，对于跨地域应对知识发现、创建、传播和转化的不确定性而言，跨域知识创新正面临着新的挑战。因此，需要跨域创新网络来促进不同地域创新人才的深度交流，通过知识的相互交融，推动新知识的产生和溢出。跨域人才交流必须以开放的人员互访、跨域学习、联合培养、深度论坛等制度为基础。这就需要不同地域的政府、企业、大学和科研院所等创新主体达成人才交流共识，有意识和有意愿地派出技术人才传播知识、转化知识和合作开发新知识。

最后，人才合作形成的技术联盟驱动着跨域创新网络的生成。技术联盟在跨域创新网络“开放式创新”模式中发挥着重要作用，当创新主体在创新网络中寻找合适的合作伙伴时，常常面临着有效对接的挑战。同一地域内的中介组织能够提供相应支持，能够在多个创新主体之间架起一座桥梁，但是跨地域中介当前还难以实现这一功能，其需要技术联盟为跨域创新主体构建创新平台辅助合作伙伴匹配选择。此外，技术联盟也有助于人才集聚。跨域创新网络的良好绩效离不开人才聚集效应的加持（唐朝永和牛冲槐，2017）。创新主体人才集聚形成技术联盟，有效地促进了多主体知识转移、知识共享，有利于创新主体沿着一个特定或急需的技术方向进行合作研发。技术联盟的协作，推动技术储备和知识系统化，有效压缩创新成本支出。跨地域的技术联盟更是创新主体及其战略合作伙伴创新资源共享、创新知识获取和升级现有产品的重要平台。随着技术联盟在地域上的扩大和发展，尤其是以技术供应关系结成的稳定合作，推动着跨域创新网络的形成。

（三）互联网技术和城市群发展驱动

当前，区域创新所面临的环境随着科技发展发生了根本性的改变。特别是信息技术的飞速发展，带动着电子商务、大数据管理、商务智能在科技创新过程中发挥越来越重要的作用。区域创新的市场信息决策、合作伙伴协作交互、客户订单管理、客户关系维系等，都因为互联网技术而变得越发经济、便捷、高效，保障了创新主体能够跨越时空界限进行广泛的对外合作。这是互联网驱动跨域创新网络生成的重要体现。加之，围绕城市群、区域协调发展的相关战略实施，更加有利于平衡不同城市间的创新差距，协调区域创新功能，奠定跨域合作创新的经济、制度、社会和文化等基础。

第一，变革创新管理模式驱动跨域创新网络生成。互联网、信息技术的发展使得原本以经验主义为主的管理模式逐渐转向了以大数据信息辅助为主的决策模式，创新获利的市场不局限于创新主体周边的地域或业务范围，跨域、跨行业发展已经成为现代技术创新活动的主流。可以说，技术扩张了创新主体活动的边界。此外，信息技术的发展还改善了技术创新过程中信息不对称的状况，使得原本很难公开的技术资料，得以通过网络资料查阅平台、在线会议、视频报告等形式传播。这就为创新主体在多个区域内进行跨区合作创新提供了方便。传统地理邻近优势在发达便捷的互联网面前荡然无存，跨域区合作便利度的提升，加大了跨域创新网络的结构生成概率，促进了网络组织的形成。

第二，构造基础设施和协作制度驱动跨域创新网络生成。除了互联网和信息技术的助力外，政府部门的合作保障了跨域创新网络制度畅通。特别是跨域创新网络所需的基础设施建设，存在显著的边际报酬递增特征，令城市群内部各单元城市之间协同发展和进行跨域创新合作变得有利可图（杨琴和董芳，2008）。例如，发达的交通、运输和信息网络是跨域创新网络生成和发展的支撑条件，其也是提高人才交流、知识传播，以及创新能力的重要因素。城市群依赖交通运输等基础设施协调发展，各单元城市之间更为紧密的联系将促进整个跨域创新网络经济的增长和繁荣。多个地域之间协同制度的出现，促进了多地域统一部署和集中谋划，有效避免重复建设，保障功能对接和创新发展的互联互通。此外，多地域产业的可竞争性，促进了专业化分工的发展，能够在更大程度上提升跨域创新网络子网之间的合作水平，推动跨域创新网络的发展。

第三，提供协同载体驱动跨域创新网络生成。跨域的创新活动是多个城市和地区创新活动协同运作的结果。然而，位于不同地域的城市有着自身利益最大化的需求，在合作创新机制的开放性创新模式下，各地域内创新主体为实现自身利益的最大化必然导致其创新行为取向不相同。城市群不是简单地由若干城市依据行政规划和地理邻近而形成的组合。它的内部组成单元城市之间有着密切的经济、社会、文化联系。但是多个地域之间的利益又不是始终统一的，它们之间也存在利益分歧。如果任其自然发展，就会导致地域之间的创新利益竞争，表现为对创新资源、创新人才的恶性竞争（杨琴和董芳，2008）。这最终会导致地域之间产业结构趋同、城市群功能不协调、对外竞争力弱、整体创新利益受损等。因此，需要生成兼顾不同地域利益的分配机制，从而实现协同优化跨域合作创新行为，促进跨域创新网络的整网和子网、子网与子网之间的协调发展。

第四，产学研快速整合驱动跨域创新网络生成。区域创新网络具有一个突出的矛盾是产学研的分散发展，域内的每一个创新主体都有各自的发展目标，对于区域创新网络内部整体创新活动的开展产生了非常不利的影响。跨域创新网络的生成能够建立起各地域间、各创新主体间的跨域合作机制。快速发展产学研合作创新模式是开展技术研发与打造创新优势的重要保证。因此，跨域创新网络中的产业子网（企业）、学研子网（高效和科研院所）应打破地理边界，建立相互开放、相互交流、相互渗透的跨域创新网络。技术创新体系的不断发展带动着以企业为主体、市场为导向、产学研相结合的运作模式，该体系的外部性功能需要跨域创新网络来实现。地域科研院所的分配不均和研发单位质量的参差不齐，需要生成跨域创新网络来建设开放的、互通的、竞争的和协作的产学研合作创新机制，弥补地域之间科研发展的不均衡。中介机构的跨域服务需求，也是需要跨域创新网络提供对接平台，让多个地域中介服务机构能够有效建立优良创新资质、交叉互补优势的创新主体合作桥梁。

二、跨域创新网络生成的内部动因

（一）创新主体自主创新能力提升的需求

创新密集时代的到来赋予了科学技术新的发展要求，创新主体的核心竞争力必须依靠自主创新，形成自己的核心技术、产品和服务。主体层面的自主创新需求会带动区域、跨域创新网络围绕若干核心技术形成联合体（产业集群、技术联盟、产学研共同体等），从而赋予跨域创新网络的自主创新特性。

1. 跨域创新网络自主创新特征

总结来看，可以从网络性、群体性、竞合相长性、动态性、自主性和价值性、短周期性来进行探讨。

（1）网络性。跨域创新网络企业和大学、研究机构因技术发展和知识扩散等创新活动而形成有机的创新网络结构，由于网络性特征，自主创新活动和所在区域存在输入输出关系，创新活动受到不同区域创新文化氛围、政策环境及市场环境等因素影响。

（2）群体性。跨域合作创新是一种群体性行为，是由多个参与个体相互作用、相互影响从而形成一个有机的整体，共同完成创新目标，其创新成果来源于多种科技资源、多个创新主体和众多创新要素的综合集成。

（3）竞合相长性。跨域创新主体既有密切的合作关系，又存在一定的竞争关系，适度的竞争能够刺激主体不断追求创新和保持技术领先，而合作又为新知识、新技术的共享和扩散提供了捷径，网络内部既紧密合作又适度竞争的状态对跨域创新网络的技术创新具有显著的推动作用。

（4）动态性。跨域创新网络内部主体的自主创新活动不是一个过程，而是通过知识创造、累积、整合、转化，不断淘汰原有技术，不断推陈出新而获得持久创新优势。因此，跨域创新网络的自主创新活动具有动态性和持续性。

（5）自主性和价值性。跨域创新网络自主创新的主要动力来自市场需求拉动和技术发展推动，是多个创新主体联合自主开发的过程和结果。其以获取自主知识产权作为成果产出的重要标志，以市场应用作为价值实现的重要标志，跨域合作创新的最终目的是获得综合优势和经济效益最大化。

（6）短周期性。跨域创新网络中创新主体的互动和紧密合作，使得知识更易于传播和累积，网络整体创新速度加快，创新周期缩短，这就为跨域创新的合作效率提出了更高的要求。

2. 跨域创新网络自主创新能力构成

跨域创新网络是一个复杂的网络系统，其发展受自身发展状况和外部环境等多方面的影响，按照层面和影响程度不同，可将其自主创新能力的构成要素分为发展基础、创新绩效、创新潜力和外部环境四个方面。相关指标是驱动跨域创新网络不断升级的要素。

（1）发展基础。发展基础是构成跨域创新网络自主创新能力的基础要素，可从创新主体、创新基础设施和经济状况三个方面来反映。

第一，创新主体。跨域创新网络内部高新技术企业、高校、科研院所及所培育的科技人才是创新活动的主体，是跨域创新网络得以持续创新和发展的基本要素，创新主体的数量和比例能够反映出跨域创新网络的发展基础，衡量跨域创新网络创新主体及其结构的指标主要有本科以上学历人员比例、高新技术企业比例、规模以上企业比例等。

第二，创新基础设施。良好的创新基础设施是跨域创新网络进行创新活动的必要条件，通过基础设施建设，可以在一定程度上使知识溢出变得更方便、更快捷和更有效。基础设施建设越完善，设备越先进，则越有利于提升新技术转化为新产品的速度，可用跨域创新网络各地域年均科研经费支出、生产设备先进性和信息化投入来反映创新基础设施建设情况。

第三，经济状况。跨域创新网络经济发展水平决定了其创新资金的投入能力以及创新过程的持续性，也是吸引各种资源进入网络、形成网络综合优势的重要条件，反映跨域创新网络经济状况的因素包括总收入、出口创汇总额和利税总额等。

（2）创新绩效。跨域创新网络创新绩效是跨域合作创新活动效果的价值体现，在创新过程中，面向市场需求，通过持续的价值创造活动不断地将新技术转化为商品，跨域创新网络创新绩效可从技术水平及创新经济效益来体现。

第一，技术水平。跨域创新网络技术水平是自主创新的技术基础，自主创新又有助于技术水平的提高，反映跨域创新网络技术水平的相关因素有发明专利拥有量、著名商标数、高新技术产品数、国内领先水平以上的产品比重、获得国家级项目数等。

第二，创新经济效益。高新技术产品是创新活动产出的主要标志，新产品的产业化水平、商品化程度以及所产生的经济效益对跨域创新网络创新活动的进一步开展具有推动作用，跨域创新网络创新经济效益可用高新技术产品及技术性收入占总收入的比例和新产品销售收入占销售总收入的比例来反映。

（3）创新潜力。跨域创新网络创新潜力是指在未来一段时期内持续不断地开发新技术和推出新产品并获得经济效益的能力，主要从研发投入、绩效增长和创新合作水平三个方面来测度。

第一，研发投入。创新潜力来源于对研发活动持续的资金和人才投入，体现研发投入的指标包括 R&D 经费支出占销售收入比重以及 R&D 人员占总人员的比重。

第二，绩效增长。绩效增长反映的是创新成果产出及其经济效益的增长情况，其中联合与引导（合作创新过程中激发的创新）专利数量的增长率体现了跨域合作创新的本质，新产品销售收入增长率体现了不断推出新产品的能力以及由此产生的市场经济效益。

第三，创新合作水平。跨域创新网络的创新模式主要体现为网络内企业与所在区域高校、科研院所的合作和集成创新，衡量跨域创新网络创新合作水平的指标有产学研合作水平以及跨域主体合作项目比例等。

（4）外部环境。跨域创新网络自主创新能力的形成和提高离不开综合环境的影响，良好的区域经济环境、区域人文环境和区域政策环境有助于加速跨域创新网络创新能力的形成过程。

第一，区域经济环境。合作创新主体所在区域的经济发展水平越高，资金流动性越强，融资渠道越宽，对跨域合作创新活动的促进作用就越强，可用区域 GDP 来体现区域经济环境状况。

第二，区域人文环境。创新的人文环境是指有利于创新的文化气氛，体现区域人文环境的指标有创新文化氛围以及高校及科研院所数量。

第三，区域政策环境。政府在促进科技进步和技术创新方面承担着重要的责任，不但为跨域创新网络发展营造良好的创新环境，还通过基础设施建设、招商引资、健全政策法规制度体系来引导和干预创新和发展。区域政策环境可用跨域创新享受减免税金额占上缴税金的比重等指标来衡量。

3. 跨域创新网络自主创新因子驱动

（1）创新投入能力。自主创新投入能力是指跨域创新网络主体在自主创新活动中投入资源的数量和质量。从数据验证的可行性出发，可以从研发人员投入、研发资金投入两个方面来进行评价。

第一，研发人员投入。跨域创新网络创新投入能力主要从人员投入的数量和质量两方面进行评价。以 R&D 人员占员工总数的比例作为创新人员的投入指标，该指标可表示跨域创新网络的生成和发展。R&D 人员是指跨域创新网络中参与科学研究与试验发展的人员，包括项目（课题）组人员、科技行政管理人员和直接为项目（课题）活动提供服务的辅助人员。

第二，研发资金投入。衡量跨域创新网络研发资金投入的重要指标是 R&D 投入强度。R&D 投入强度是指研发经费占跨域创新网络总体收入的比例。研发经费包括研发经费内部支出和外部支出。研发经费内部支出是指技术主体在报告期内用于内部开展研发活动（基础研究、应用研究、试验发展）的实际支出。其包括用于研发项目（课题）活动的直接支出，以及间接用于研发活动的管理费、服务费、与研发有关的基本建设支出以及外协加工费等。不包括生产性活动支出、归还贷款支出以及与外单位合作或委托外单位进行研发活动而转拨给对方的经费支出。研发经费外部支出是指报告期内技术主体委托创新网络其他主体或与其合作进行 R&D 活动而支付给对方的经费，不包括外协加工费。

（2）创新管理能力。创新管理能力从创新战略、研发支撑体系建设和创新管理三个方面进行考察。

第一，创新战略。可以从两个方向作用于跨域创新网络形成与发展：①自主创新战略制定。对自主创新战略制定情况进行评价，该指标为定性指标。创新战略是跨域创新网络主体在市场竞争中求得生存和发展的实现途径，以及对所能支配的资源进行分配和调整的决策行为。创新战略服务于技术主体的创新发展目标，首先，必须对技术变化趋势有所把握，并对竞争对手的创新战略做出分析；其次，应充分分析主体内、外部的技术能力，选择创新的主攻方向，根据自身的实力以及在行业中的地位确定企业创新战略。②自主创新战略实施。考察技术主体的自主创新战略实施情况，该指标为定性指标。

第二，研发支撑体系建设。①研发机构设置数。该指标反映了整个跨域创新网络对创新的重视，设立专门的机构对新产品和新工艺进行研究开发。研发机构是整体网络和子网中管理和开展自主创新活动的主要部门。该指标能够正向表征跨域创新网络开展自主创新活动的实力。②与高校、科研院所交流与协作的密切程度。跨域创新网络自主创新是一项系统化的社会活动，不能靠单个主体的自身力量来完成，它需要借助高校、科研机构的力量。实践证明，产学研合作是实现这一创新发展的成功之路。在跨域创新网络中，高等院校和科研院所致力于自主创新研究，企业致力于把自主创新成果推向市场，并把市场需求反馈给院校和研究所，形成自主创新的良性循环系统。加强产学研合作，可以使创新成果迅速向生产转化，减少企业盲目投入和重复开发，该指标为定性指标。

第三，创新管理。①创新管理制度建设与实施，该指标为定性指标。用来衡量技术主体支持创新的管理制度建设水平与实施情况。②对创新人员的激励机制，该指标为定性指标。创新主体应建立完善的员工考核机制，根据考核结果，对创新人员以技术入股、岗位工资等多种分配形式进行奖励，最大限度地调动企业员工的创新潜能。通过合理的奖励制度，充分调动技术人员的创新积极性和主动性，减少创新机制的不合理性，激发技术人员的创造力，使创新活动效率大大提升，为企业不断增添创新活力。③创新文化建设，该指标为定性指标，用来考察技术主体在创新文化建设方面所做的工作。

（3）创新产出能力。自主创新产出水平包括专利和标准等创新成果的产出、企业的经济效益两个方面。

第一，创新成果。①授权专利数、软件著作权数、设计版权数量。授权专利数是指创新主体作为专利权人拥有的、经国内外专利行政部门授权的且在有效期内的专利件数。②拥有的技术标准制定数（国际、国家、地方、行业）。国家标准是指由国家标准化主管机构批准发布，对全国经济、技术发展有重大意义，并且在全国范围内统一的标准。行业标准是指由我国各主管部、委（局）批准发布，在该部门范围内统一使用的标准。③获省级以上科技成果奖励数（国家、地方），其指整个跨域创新网络获得的国家级、省级科技成果奖励的总数量。

第二，经济效益。它是对经济效益的评价，主要从自主创新能力的考评出发，并结合盈利能力、成长性、竞争力的要求，选取高新技术产品收入和技术性收入为关键影响因素。其中，高新技术产品是指符合国家和省级高新技术重点范围、技术领域和产品参考目录的全新型产品，或省内首次生产的换代型产品，或国内首次生产的改进型产品，或属创新产品等；具有较高的技术含量、良好的经济效益和广阔的市场前景。技术性收入是指技术开发收入、技术转让收入、技术咨询服务收入以及学术和科普活动收入等。

综上所述，自主创新作为一项活动必须利用资源、知识并产生一定的成果。自主创新能力是对跨域创新网络内知识、技术、资金、经验、关系、文化等创新资源和环境条件因素有机整合、互相协调能力的衡量，整合和协调各种要素的目的就是确保创新活动的有效完成。因此，追求自主创新的创新网络体现为创新资源和创新知识两个网络的集成，从而驱动跨域创新网络的生成和发展。

（二）创新主体知识融合创新的需要

创新主体在自主创新意愿的驱动下，为了实现创新优势互补，寻求对外合作并向外吸取创新资源，以此来完善自身创新能力。因此，知识融合创新的需要推动了创新主体扩大对外合作范围，在主体行为方面驱动着跨域创新网络的生成。

1. 知识融合创新驱动跨域合作创新

知识融合创新是知识管理的一个重要过程，具有动态性特征。知识融合创新的基础是跨域创新网络内多主体的技术互通和交流。知识融合创新的对象既包含现有知识又涵盖潜在知识，是创新主体内部和外部知识的集合。融合创新的过程是创新主体在共同目标引领下的知识融合与再创造。然而，不同的创新主体，自身融合创新的能力不同，也会在这一过程中得到不同的效果。创新主体所在的跨域创新网络位置和资源禀赋也能够作用于融合创新的能力。

知识融合创新的过程反映了多主体合作的状态，随着合作关系不断加深，知识融合创新的效果也随之不断增强。这就为跨域的多主体合作创新提供了知识交互传递的契机，为跨域创新网络的形成奠定了坚实的基础。

跨域创新网络外部的知识和跨域合作创新过程中产生的知识共同构成了跨域创新网络的知识系统。这个系统具有复杂的知识结构。所处知识结构层级、传播中介数量、知识通道可靠性、知识传播和接受能力等都会影响跨域创新网络中创新主体知识融合创新活动，只有融合了系统中的知识，才能助力跨域合作创新取得良好的效果。

跨域合作创新过程中知识融合创新的内容不仅包括对创新主体自身创新知识的融合，还包括对网络环境、网络外部知识和合作创新过程中创造的知识进行融合。这一过程涉及对创新主体内部技术人员知识的管理。在跨域合作创新行为过程中，知识融合创新则是依赖科学方法的运用对跨域合作创新主体内外部杂乱无序的知识进行分类、识别，并选择出所需的、缺失的、适用的知识进行学习和转化，建立起高效利用和转化，并且能够形成知识互补机制的知识管理系统。

2. 知识融合创新稳定跨域创新网络结构

跨域创新合作所形成的多种创新资源的环境有助于参与其中的主体优化自身研发能力，提升创新绩效。网络中的创新主体获取外部创新资源的数量在一定程度上取决于这些主体所处的网络位置。例如，网络中心位置能够增强吸收能力获得更好的知识吸收效果，从而获取更佳的创新绩效（戴勇等，2018）。创新主体要想获得更多的创新资源，就必须扩大对外合作创新的范围。这正为跨域合作创新提供了持续的动力。

知识融合创新的知识转移、知识整合的过程，能够影响创新主体在跨域创新网络中的合作战略，从而改变合作关系和合作行为，并且反映出网络结构中关系强度、聚集程度、平均距离等的变化。这就说明知识融合创新行为能够影响跨域创新网络的结构。跨域创新网络的强联系能够促进知识交流，确保网络中的创新主体能够充分学习和融合新获得的知识。创新主体通过与具有不同知识和能力的主体合作来获取外部知识，并提高对网络中主题知识的挖掘、转移和融合，促进知识融合创新，这样就确保了跨域创新网络的稳定连接。此外，跨域创新网络范围也影响知识传播、融合、转化的结果。较大范围的合作有利于知识和技术快速在合作创新主体之间共享，促进参与跨域合作创新的主体迅速获取必要的知识资源。网络内持久稳定的关系提高了跨域合作主体之间的默契程度，降低了合作创新的成本并提高了知识融合创新效率，并以最佳路径和方式快速进行知识融合。随着跨域创新网络规模的扩大与合作主体数量的增加，创新主体与其他合作者进行知识融合创新的成本会下降，知识转移发生的可能性会大大提高。这就充分保障了跨域创新网络的结构稳定性。

随着创新网络中主体数量的不断增加，网络结构的不断优化，创新主体可以有更多的机会通过不同的合作链接提高对知识的挖掘、转移和融合，从而促进主体对知识的融合创新。创新网络结构的小世界性特征也随之被学者们发现。跨域创新网络的结构特征也会进一步影响网络内各个主体的技术创新模式，使之呈现出竞争、耦合、协同演化等特征。从跨域创新合作的知识融合能力提升视角对网络的结构进行优化能够保障跨域合作创新的顺利进行和取得良好效果。进一步保障了跨域创新合作活动的顺利进行。创新主体在产学研合作创新网络中所处的网络位置以及网络关系的强度都会对主体的技术创新能力产生重要影响。所以，既要重视创新主体的合作广度，也要重视合作深度，当跨域创新网络中创新主体间保持适当关系强度时，就能够有效促进知识共享和知识融合，提升创新绩效。同时，在跨域创新网络中，中心度较高、中介性越好的创新主体拥有更多获取异质性资源的机会，也就越能够有助于提升跨域合作创新的绩效。

3. 知识融合创新利于跨域合作创新协同

外部知识对于跨域创新网络中的创新主体提升自身创新能力具有重要的促进作用，主体间往往因为知识贪婪特性而导致知识传递过程的路径阻塞，这样不利于跨域创新合作的开展。知识融合创新的过程促进了多主体联合学习和融合外部知识，协作整合内外部知识，创造新知识，分享新知识，利用合作双方的资源基础优势，转化新知识，提升知识融合创新能力。在这一过程中，能够摆脱传统知识竞争的束缚，让共同开发利用跨域创新网络知识成为多主体增加彼此间信任、磨合与协作的契机。

知识是跨域合作创新中重要的战略资源。知识融合创新的作用效果取决于创新主体整合内外部知识、创造新知识的融合创新能力。跨域创新主体必须借助知识整合能力，将外部知识快速内化到主体内部，这样才能促进主体技术创新能力的提升。在这一过程中，知识融合创新必须依赖主体内外部技术人员的识别、选择、加工、利用、转换、传递等一系列工作才能实现。这些步骤是多个合作创新主体基于合作共识和协同整合规约完成的，是一项重要的协同管理行为。通过对知识的有效管理能够实现跨域合作创新参与主体协同合作，进而提升整个跨域创新网络的创新效率与水平。

学术界已经发现，知识融合创新在多主体跨域合作行为和跨域创新网络绩效之间发挥着重要的中介作用，以及知识融合创新对知识创新和新产品绩效具有显著的促进作用。特别是在跨域创新网络中，网络嵌入对创新主体知识整合、技术创新都有显著的影响。随着结构嵌入、关系嵌入对跨域合作创新的持续中介作用，单一主体不可能独自完成知识创新过程。因此，创新主体必须通过对知识资源的挖掘、转移和融合，将各种资源系统地整合在一起，促进隐性知识显性化，才能充分发挥知识资源的价值，从而有利于推动合作主体创新能力的提升。这样的绑定关系本身就是促进跨域创新网络协同发展的重要保障。

第二节　京津冀跨域创新网络生成的动力机制

本节将讨论跨域创新网络生成的动力学机制，并以京津冀跨域创新网络为例，形象地开展这部分的研究。

一、研究基础

在跨域创新网络形成过程中，以政府为主导的创新投入有利于促进合作创新主体合理进出网络，增强成员邻近性，但是过多的政府投入会导致“挤出效应”，不利于跨域合作创新产出。总体来说，跨域创新网络的生成是外部政府政策和内部多维邻近性、知识溢出等共同作用的结果。

域内的企业与供应商、竞争者、大学、科研机构及其他组织机构形成联合开发、资源互补、知识共享和风险共担的创新网络。然而现有对跨域创新网络的研究大多集中在网络整体结构层面（如网络密度、中心度及关系强度等），却忽视了网络个体间合作情景包括地理邻近、技术邻近及制度邻近对合作对象选择、知识溢出及创新绩效等的重要作用。

跨域创新网络是一个具有动态行为的高阶次非线性复杂系统，而系统动力学正是分析复杂系统的有效方法。因此，本书这一节运用系统动力理论和方法研究跨域创新网络的生成机制。

第一，跨域创新网络系统具有高阶数、多重反馈性及因果律等特征。首先，跨域创新网络具有高阶数特征。在一个系统中，整体阶数的确定会受到状态变量的影响。一般而言，复杂系统都会存在四阶或五阶以上的阶数。跨域创新网络是一个较为复杂的经济系统，涵盖企业以及科研机构等不同的主体元素，阶数往往很高。其次，创新网络内部存在多重反馈联系。复杂系统内部相互作用的回路数目一般在 10 个以上，并且跨域创新网络存在正反馈和负反馈回路。其中，正、负反馈回路主要作用在于调节跨域创新网络系统，以使该系统趋向特定的目标，前者决定了系统的增长行为，而后者则展现出相反的特征。最后，跨域创新网络具有因果律。因果律是跨域合作创新的基本规律，也是开展创新系统分析的基础。系统中的任何一个元素的实施都会产生一定的效果，而系统结果的产生也可以找到其起因源头。因此，为了深层剖析复杂的跨域创新网络结构，明晰其运行特点，有必要引进解决复杂创新系统问题的分析方法。

第二，系统动力学在明确跨域创新网络各个子网络要素间的因果关系、运用有限数据进行模拟推算等方面具有优势。首先，系统动力学有助于运用结构化方法系统地认识跨域创新网络问题。跨域创新网络内部因素较多且关系繁杂，可通过系统动力学方法的结构化思维范式，将各相关因素进行抽象并平行考虑，从而全方位认识系统问题，把握各个细节。其次，系统动力学有利于运用定性与定量相结合的方法分析创新网络问题。既可以采用专利数等定量指标有效表征合作创新产出，也可以在缺少历史数据的情况下，采用政府支持力度等定性指标分析技术创新投入。此外，系统动力学还能应用“政策实验室”对跨域产业创新政策进行仿真。一般来讲，创新政策的有效性无法在较短时间内得到验证，并且创新政策所具有的严肃性特征亦不利于其实施“真实实验”，因此，需要采用较为严谨的试验方法，对历史政策实施情况进行模拟以推测未来发展趋势。而被誉为“政策实验室”的系统动力学工具拥有强大的政策仿真功能，这恰是跨域创新网络研究所需要的。

跨域创新网络具有多重反馈环和各元素间难以揣度的相互依赖关系特征，因此，单凭直觉观测、经验判断和人脑推理来分析跨域创新网络的形成和发展可能存在一定的偏差。而系统动力学可以从动态的角度，在充分考虑各元素间相互作用的基础上建立系统动力学模型，并利用有限数据进行计算机模拟仿真。由此，接下来本书将采用系统动力学的理论、原理与方法研究跨域创新网络生成机制。

二、以政策主导的京津冀跨域创新网络的生成机制分析

（一）政策主导跨域创新网络的生成依据

“有形的手”与“无形的手”争论已久。在当前中国经济与科技体制的环境下，这只“有形的手”对“无形的手”起到了重要的补充作用，两者相辅相

成、紧密结合、不可分割。科技创新成为中国经济重要的支撑，2013~2015年我国研发经费总量分别为11846.6亿元、13015.6亿元、14220.0亿元，2016年全国支出研发达15440亿元，比2015年增加9%，占GDP比重的2.1%；SCI论文总数达29万篇，比2015年增长9.7%，被引次数世界排名第四位；发明专利申请数量居世界第一，有效专利保有量超过100万件，位居世界第三。[①] 由此可以看出，国家对科技创新的扶持呈逐年增长的态势。白春礼认为，“中国的科技创新正在呈现两个方面的深刻变化：一是由‘量’的积累向‘质’的飞跃转变；二是由‘点’的突破向‘面’的提升转变”。

尽管目前对于科技创新政策驱动创新网络发展的研究取得了较为丰富的成果，但是鲜有研究是从系统动力学方面对科技创新政策的相关作用进行研究。我国的科技创新政策包含很多政策工具，如政府R&D补助政策、税收优惠政策、教育培训、科技投入、知识产权、政府技术采购等，政府不同的科技创新政策对创新绩效有不同的影响途径，从而产生不同的影响效果，这就需要政府按照科学技术发展的要求，寻找合适的政策组合策略，以实现政府激励效应的最大化。在世界经济与科技发展的形势下，区域科技创新政策所取得的成果是衡量区域科技事业发展的重要因素，也是区域经济谋求更大发展、加强区域核心竞争力的关键因素。跨域创新网络以及它的运行模式并不是一个孤立存在的系统，受到区域科技、经济、教育、文化等因素的影响，是区域经济社会系统不可分割的一部分。因此，本节研究科技创新政策对跨域创新网络创新行为的影响途径，分析不同区域科技创新政策的驱动效果，对于我国制定和实施科技政策具有重大的理论和实践意义，尤其是我国正处于经济转型和深化改革的特殊历史时期，明确科技创新政策对跨区域合作创新具有重要的影响。

（二）政策主导效应的相关研究

第一，基于国家宏观层面对区域科技创新政策进行的研究。外国学者在创新政策研究中提出了创新系统理论，该理论认为分析科技创新政策的有关问题应该从国家或者区域的层面入手。部分学者从创新系统的角度出发分析了之前创新系统失败的原因，并在此基础上设计了一个创新系统政策框架，它能够帮助政策制定者开发、分析、评估不同的政策工具，并且对使用这个创新系统政策框架进行评价与分析，针对分析结果得出的结论是创新政策能够为决策者在市场失灵问题的解决方面提供更有效的帮助（Klein Woolthuis et al.，2005）。还

① 笔者根据国家统计局网站公布数据整理得出。

有一些学者从创新政策设计的角度研究了创新政策的有关问题，在设计创新政策框架的基础上，加入了有关进化论的观点，并且从技术层面和经济层面对创新政策进行分析提出了将创新政策框架改成包括四个象限的框架，进而通过分析德国最近20多年的创新政策说明了这种改进的分析框架是有效的（Cantner & Pyka，2001）。还有学者在研究中构建了一个三维创新政策设计框架，这三个维度包含知识目标、政策支持、调控措施，根据不同时间和不同国家比较分析了创新政策的差异化，并将此框架用于英国和法国的创新政策，结果表明政府从这三个方面制定的创新政策不仅能够与特定的政策目标相匹配还能够扩大政府创新政策的影响范围，并且根据不同的创新政策目标，创新政策之间的组合也会发生相应变化（Bodas Freitas & von Tunzelmann，2008）。国内的学者从创新政策演化、不同国家或者地区的角度对科技创新政策的理论和特征等问题做了大量的研究。刘凤朝等（2016）通过使用统计分析的方法，对我国1980~2005年创新政策的演变路径分别从政策的有效性和分类两个方面进行了分析，并且提出了根据政策的发展趋势来制定我国创新政策的有效性建议。郭雯（2010）通过利用文本挖掘的方法分析了英国、美国、日本、韩国等29项国家和地区的设计服务业的创新政策，并且从政策主体构成、政策目标内涵、政策重点分配三个层面进行对比分析我国与这些国家和地区在设计服务业创新政策方面的区别，为我国相关政策体系的完善提供了一定的参考意义。宋河发等（2011）分析了我国政府采购政策以及实施细节等相关问题，针对以上问题的分析提出了我国需要增加政府补贴采购以及建立政府采购自主创新产品专项资金等政策建议。

第二，基于产业层面对区域科技创新政策的研究。国外的一些学者从不同的创新政策实施以及作用效果方面对创新政策的激励效应开展了一系列的相关研究。Mani和Kumar（2001）、Mani（2004）以制造业为例考察了相关创新政策的实施以及相应的作用效果，研究结果发现印度的创新政策主要分为人力资源和财政激励两个方面，分别包括技术工作人员供给的增加、R&D税收激励政策、R&D补助、政府风险投资等。Önder等（2003）分析了机械制造产业的创新政策，提出了由于集聚程度所导致的创新效率具有差异性的观点。Huang等（2007）的研究对象则是以硅胶产品知识产权市场中的创新政策，研究并分析了将创新政策组合起来实施对市场发展会有更大的影响。汪秀婷（2006）从中部六省的三大产业结构、农轻重产值结构、农业行业结构、工业产业结构和高新技术产业五个方面，分析了中部产业发展的概况及其存在的主要问题；论述了中部产业发展所面临的四大机遇与四大挑战；提出了中部地区产业创新的四个基本途径。李乃文和刘会贞（2012）研究产业发展过程中人才集聚的决定因素，采用系统动力学方法分析了产业经济环境、教育环境、社会文化环境在人才集聚中的作用，构建了人才集聚的系统动力学模型并进行了仿真，最终建立了政策框架。

第三，基于企业层面对区域科技创新政策的研究。对社会经济发展和技术的进步起到重大推动作用的是企业的创新活动，但是企业的创新活动风险比较大，所以为了鼓励和引导企业的创新活动，政府通常通过发布创新政策来进行宏观调控。随着时代的发展，各国政府逐渐意识到企业研发能力对国家经济发展的重要性，为了给企业创新创造良好的氛围，政府会采取若干政策手段。20世纪70年代，美国学者Nelson和Winter（1977）将生物学的理论引入创新研究领域，并且提出了创新进化理论。创新进化理论的核心是将技术创新与制度创新紧密连接在一起，并把创新归为一种系统。他们认为决定企业创新绩效的是创新体系中各个组织之间的相互作用，而组织的内部体系与组织的外部环境又决定了各个组织的创新效率和各个组织之间的相互作用，因此，企业创新绩效的更深层决定因素是企业的创新体系以及系统体系。还有一些国外学者基于创新政策对市场需求的影响视角来分析创新政策的激励作用。Aschhoff和Sofka（2009）在对德国1100多家企业利用计量分析方法进行调查研究的过程中发现，在政府实施的许多公共政策中，对企业创新活动具有同样激励作用的政策是大学知识溢出和政府采购政策，而且对不发达地区的小企业来讲，最有效的激励政策是政府采购政策。国内部分学者针对创新政策影响企业创新产出做出了相关的研究，李左峰和张铭慎（2012）为了评估我国95家企业在2007~2010年的创新效率是如何变化的，运用了SFA技术和知识生产函数模型，分析了政府部门对科技项目的投资对企业创新绩效产生的影响，研究发现R&D程度不同的企业在接受政府部门科技项目补助时对本企业的创新绩效激励效应也是不同的。李晨光和张永安（2013）从企业角度利用回声模型对区域科技创新政策的作用路径进行了剖析，结果证实，企业针对区域科技创新政策的作用路径主要有三种方式，分别包括积极响应、黏性响应和无响应。另外还有一些学者基于扩大需求的视角对政府创新政策进行研究，如王丛虎（2006）对美国政府采购政策的作用机理进行研究，研究结果表明通过政府采购政策能够扩大响应的市场需求，并且能够拉动企业的创新活动，其对完善中国政府采购政策提出了建设性的建议。

综上所述，现有的研究从国家、产业和企业层面考察了区域科技创新政策对技术创新的直接影响和间接影响，分析了区域科技创新政策对创新投入或产出的作用效果。但是，已有的文献往往只会考察单一的科技创新政策对创新绩效的影响作用，从而忽略了创新政策组合之间的互动与影响。实际上，不同的创新政策之间的相互组合往往会对不同的创新活动主体产生不同的综合影响效果。因此，本书这部分研究通过分析国家的创新系统，建立区域科技创新政策驱动跨域创新网络的动力学机制，以此来分析不同的科技创新政策对跨域合作创新产出的影响，从而可以为政府提供相应的参考，促使政府合理地制定和落实科技创新政策。

（三）系统动力学模型构建

本节理论与仿真模型的构建采用了系统动力学的方法，对区域科技创新政策驱动跨域创新网络及影响创新绩效的关系进行了系统研究。系统动力学以系统为研究对象，是一门认识系统问题和解决系统问题交叉的、综合性的科学，系统动力学可以借助计算机模拟技术分析研究系统结构功能与动态行为的内在关系。因此，要构建一个包含区域科技创新政策的行为体系作为分析框架。国家创新体系是创新主体从事创新活动的组织和运营载体，它是一个涵盖了各个创新主体以及各个主体之间相互联系的系统。针对区域科技创新政策：一方面，在国家创新体系中政府对创新活动所采取的重要措施就是区域科技创新政策；另一方面，区域科技创新政策发挥作用是通过作用于不同的创新主体，并且根据各个创新主体之间的相关性对创新绩效产生“1+1>2”的影响效果。由此可以看出，区域科技创新政策驱动跨域创新网络发挥作用的载体和支撑就是国家创新体系。

1. 系统边界的确定

国家创新系统主要包括以下四个方面的内容：一是创新资金，包括政府、大学、科研机构以及企业自主研发经费的投入；二是技术人才，指大学、科研机构以及企业中从事科研的人员；三是创新产品，包括企业应用技术创新生产出来的新产品和申请的专利等；四是创新环境，指从事技术创新的市场环境、政策环境和法律法规环境等。跨域创新网络创新行为主体及其相互关系如图 3-1 所示。

2. 政府科技创新政策影响跨域创新网络的因果关系模型

构建跨域创新网络因果关系图，如图 3-2 所示。因果关系图是探索系统要素之间反馈结构的重要工具。需要指出的是，跨域创新网络系统要素之间的非

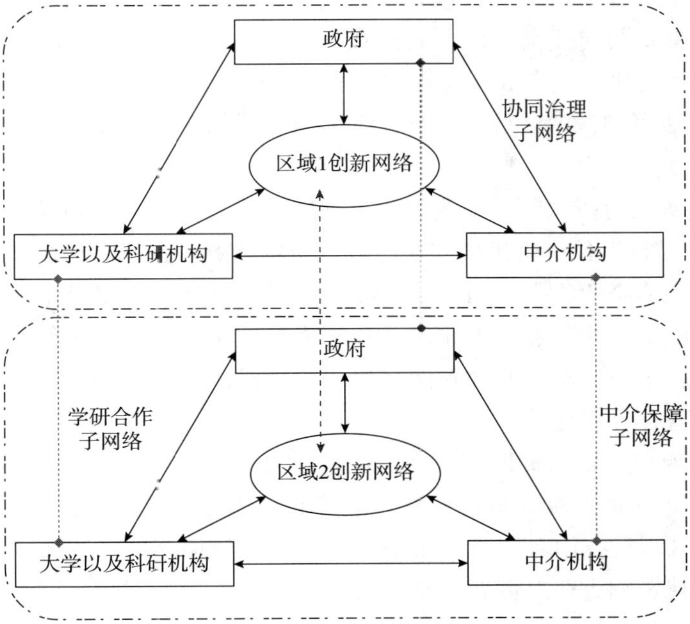

图 3-1 跨域创新网络创新行为主体及其相互关系

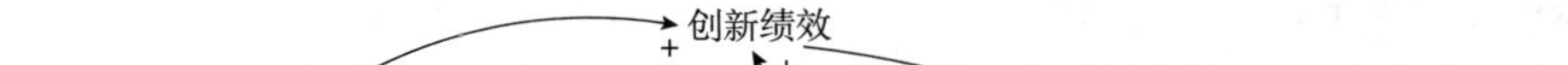

图 3-2 跨域创新网络运行因果关系模型

线性因果关系可分为正向关系和负向关系两种，正向关系表明一个变量的变动会引起相应变量同向变动，因而在连接两个变量之间的因果箭头旁标注“+”加以识别。反之则为负向关系，在因果箭头旁标注“-”加以识别。

由图 3-2 可知，区域科技创新政策影响跨域创新网络创新绩效主要包括以下五条反馈回路：

（1）高等教育投入额→毕业生数→科技活动人员总数→高校以及科研机构 R&D 人员→高校以及科研机构创新产出→创新绩效→企业新产品产值→企业新产品销售收入→企业收入→GDP→区域科技创新政策。该路径回路为正反馈路线，主要反映的是政府通过人才培养政策来影响企业、高校和科研机构对创新人才的投入，进而推动跨域创新网络生成和创新活动的发展，以此来影响跨域创新网络的合作创新绩效。

（2）政府科技创新资助→企业科技活动经费筹集→企业 R&D 经费支出→企业创新产出→创新绩效→企业新产品产值→企业新产品销售收入→企业收入→GDP→区域科技创新政策。该路径回路为正反馈路线，主要反映的是政府通过财政支持影响企业对创新活动的投入，进而推动跨域创新网络生成和获得较高的合作创新绩效。

（3）税收激励→企业利润→企业研发投入→企业科技活动经费筹集→企业 R&D 经费支出→企业创新产出→创新绩效→企业新产品产值→企业新产品销售收入→企业收入→GDP→区域科技创新政策。该回路是正反馈回路，主要体现了政府通过税收激励政策来影响企业的创新活动，从而影响了跨域创新网络合作创新产出的作用过程。

（4）金融机构贷款总额→企业科技活动经费筹集→企业 R&D 经费支出→企业创新产出→创新绩效→企业新产品产值→企业新产品销售收入→企业收入→GDP→区域科技创新政策。该条反馈为正反馈路线，主要体现的是通过金融机构的支持来影响企业的创新投入，以此来影响跨域创新网络合作创新绩效的作用过程。

（5）政府采购→市场需求→企业研发投入→企业科技活动经费筹集→企业 R&D 经费支出→企业创新产出→创新绩效→企业新产品产值→企业新产品销售收入→企业收入→GDP→区域科技创新政策。该条反馈为正反馈路线，主要反映的是政府通过政府采购政策从而提高市场需求，进而拉动企业的研发投入，以此来促进跨域创新网络合作创新绩效的作用过程。

3. 系统动力学仿真模型建立

如图 3-2 所示的跨域创新网络运行因果关系图，可以建立系统动力学模型。

在考虑数据可得性和现实性的前提下设置了模型中的各个变量并选取了具体的衡量指标。其中，以专利申请数来衡量跨域创新网络合作创新绩效，并作为模型的输出变量。模型中把累计专利申请数、累计毕业生数和企业新产品销售收入作为状态变量，其他变量作为辅助变量。为了衡量研发税收激励政策、金融支持政策、政府科技支出政策以及人才培养政策，分别设置以下参数：税率、企业贷款比例、政府科技支出比例、政府教育支出比例。此外，把研发人员比例以及研发人员结构调整设定为科技人才配置参数。

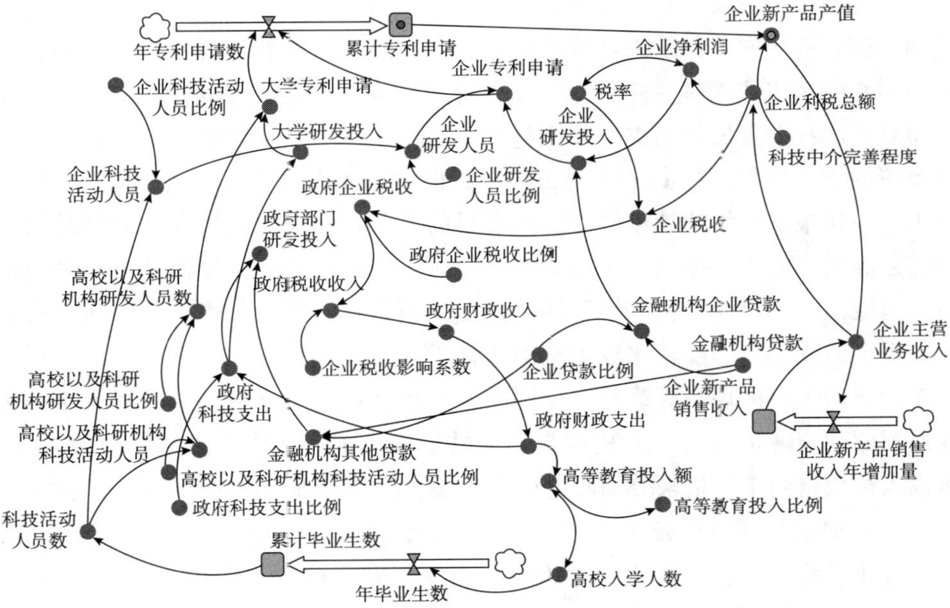

图 3-3　跨域创新网络系统动力学模型

模型中各变量之间的关系通过方程式来表示，并利用 Eviews 6 软件中的回归方法对模型中部分变量之间的线性关系进行拟合，利用平均值算法对模型中部分变量之间的比例关系进行拟合。主要公式如下：

（1）政府企业税收＝税负×政府企业税收比例；

（2）政府税收收入＝政府企业税收×企业税收影响系数；

（3）政府财政支出＝政府财政收入×1.08；

（4）政府科技支出＝政府财政支出×政府科技支出比例；

（5）政府教育支出＝政府财政支出×政府教育支出比例；

（6）政府部门研发投入＝84.55+0.87×政府科技支出+0.031×金融机构其他

贷款；

（7）政府部门研发人员=政府研发人员比例×研发人员数；

（8）政府部门专利申请=0.0008×政府部门研发人员+0.031×政府部门研发投入；

（9）企业研发投入=0.016×企业净利润+0.0018×金融机构企业贷款；

（10）大学专利申请=0.0031×大学研发人员+0.12×大学研发收入。

4. 模型结果分析

经过多年的发展，京津冀跨域创新网络取得了巨大成就，其知识创新体系是知识创新的航向；技术创新体系成为高新技术产业的辐射源；以技术转移体系为核心的知识传播体系初具轮廓；以高新技术产业为代表的知识应用体系在京津冀经济社会发展中的支柱作用越来越突出。本书主要考察了京津冀协同创新政策的驱动作用，数据区间为2008~2016年，数据主要来源于国家统计局、上市公司年报、省级统计年鉴等，研究目的主要在于探究区域科技创新政策对跨域创新网络的驱动作用。仿真前，本书对区域科技创新政策的动力学模型进行了适应性、一致性检验，检验结果显示此模型在流图、公式设计方面都符合社会系统的变化，即使在比较极端的条件下，公式仍然成立。政府对区域科技创新的驱动主要体现在对跨域创新网络合作创新的经费支持、对创新人才的培养以及驱动金融机构及中介机构带动科技创新方面，所以本书选择财政投入、研发人员数量两个变量来分别研究企业和大学以及科研机构对创新产出的影响。

（1）研发投入对创新产出的驱动。通过图3-4可以发现，京津冀企业、大学和科研机构研发投入的增加对跨域创新网络合作创新产出均产生正向效应，并且企业研发投入的促进作用比大学和科研机构研发投入的作用更加显著。当大学和科研机构的研发投入比例增加并保持企业研发投入不变时，从图3-4（a）、图3-4（b）、图3-4（c）中"—●—"的曲线可以看出京津冀跨域创新网络的专利申请量的增长速度比较缓慢；当大学以及科研机构的研发投入比例不变，企业研发投入比例增加，从"—■—"的曲线可以看出京津冀跨域创新网络的专利申请量的增长速度比较快。说明京津冀跨域创新合作对企业的研发投入比较敏感，而对大学和科研机构的研发投入敏感性较弱。长期来看，企业的研发投入为创新产出带来较大的促进作用，说明企业研发投入对创新的支持力度较大且效果显著。因此，当前阶段，加大企业的研发投入是跨域创新网络生成和发展壮大的重要途径。

此外，对比图3-4（a）、图3-4（b）、图3-4（c）中京津冀企业、大学和科研机构研发投入对创新专利产出的影响发现，随着京津冀一体化的不断发展（时间步长的增加），研发投入的增加对天津和河北的创新产出的刺激效果要好于北京。这说明，京津冀跨域创新网络的生成和演化有助于推动京津冀的均衡发展。

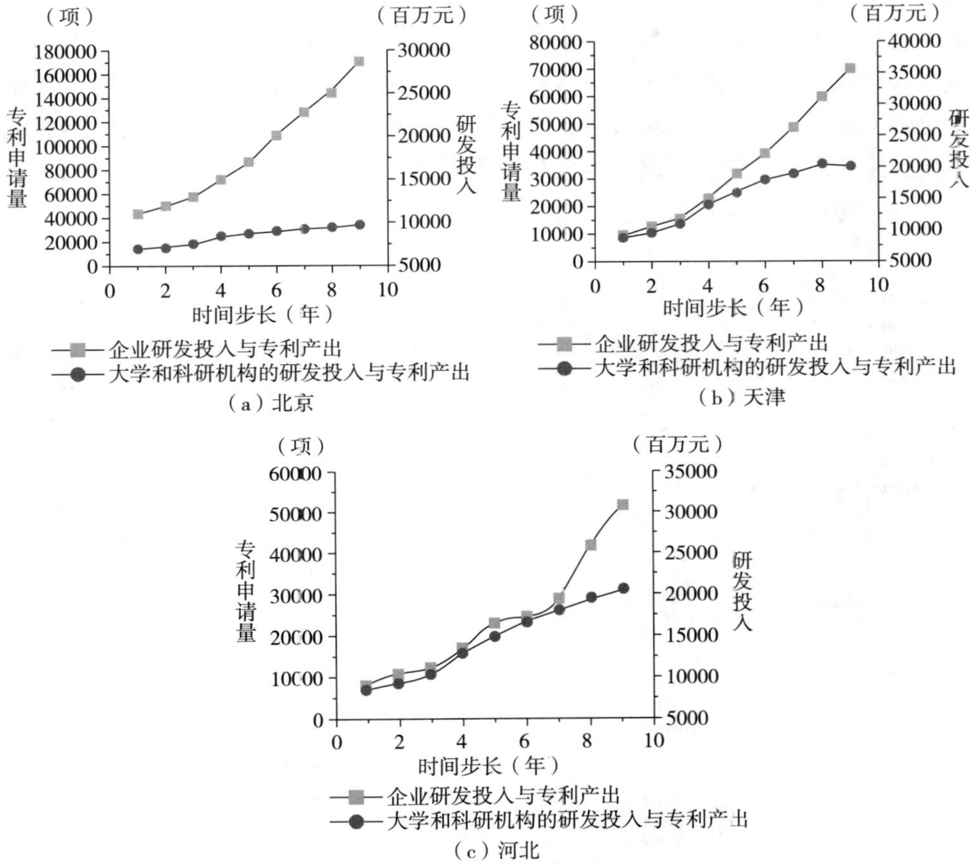

图 3-4　京津冀企业、大学和科研机构研发投入对创新产出的驱动

注：研发投入单位为百万元人民币。

（2）研发人员数量对创新产出的影响。通过图 3-5 可知，研发人员比例增加对创新产出产生显著的正向效应。随着企业研发人员的比例增加并保持大学和科研机构的研发人员不变时，从“—■—”的曲线可以看出京津冀跨域创新网络的专利申请量的增长速度比较快；当维持企业研发人员不变并增加大学和科研机构的研发人员投入时，从“—●—”的曲线中可以看出京津冀跨域创新网络的专利申请量的增长速度比较快。说明在京津冀跨域创新网络中，企业的研发人员要比其他部门的研发人员发挥的作用大，即当增加企业的研发人员时，系统的创新产出会明显较快速增加。这也说明京津冀跨域创新网络的协同发展要把重点放在增加科技人才总量上，只有不断地提高研发人员整体水平，研发人员的创新效率提升才会对创新产出发挥出最大的影响效应。

此外，天津和河北地域内，大学和科研机构的研发人员投入对创新产出的刺激效果比北京地域更加显著。这说明津冀两地创新网络中科技人员的需求相对更强。北京地域科技人员较多，可以进行跨域研发扶持津冀两地的技术创新。因此，京津冀跨域创新网络的生成和演化有助于京津冀科研人员的互动和交流，从而强化跨域知识溢出效应。

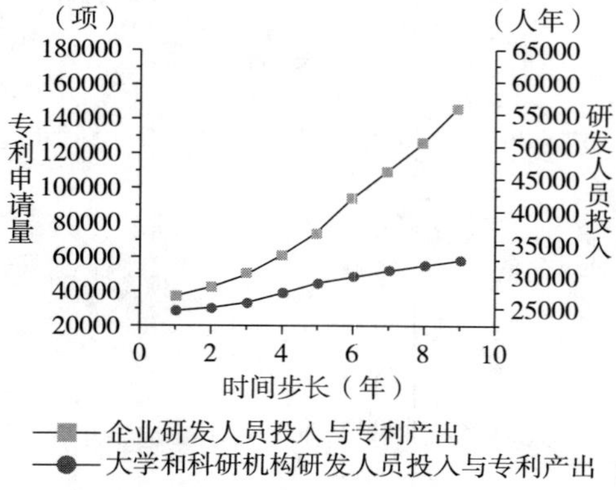

（a）北京

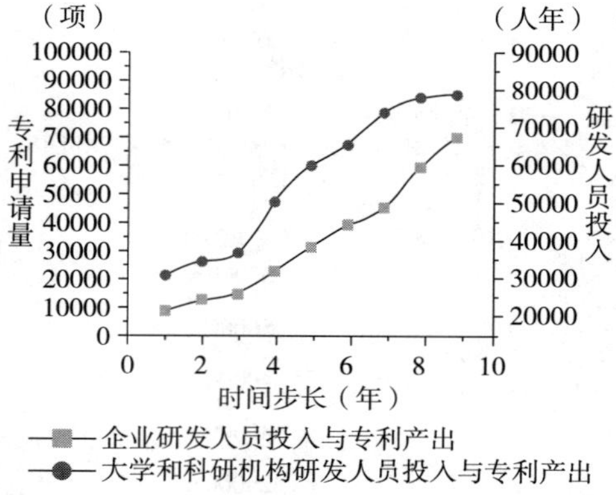

（b）天津

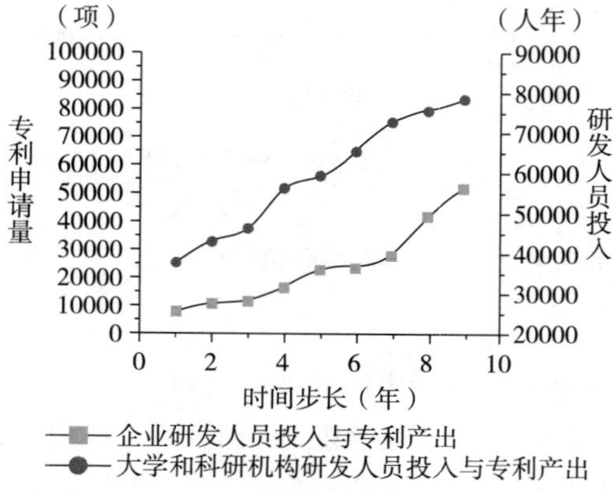

（c）河北

图 3-5　京津冀企业、大学和科研机构研发人员对创新产出的驱动

注：研发人员投入为研发人员折合全时当量，单位为人年。

5. 结果分析

第一，区域科技创新政策是驱动跨域创新网络的重要因素。不同的科技政策通过不同的创新主体发挥作用，同一政策对不同的创新主体产生的影响也会不同。就跨域创新网络而言，政府科技投入直接作用于企业、大学和科研机构，对创新产出产生促进作用；可通过优化跨域创新网络的科技人才配置提升跨域创新网络的合作创新效率。

第二，根据仿真结果，跨域创新网络研发人员及其结构调整、研发投入比例是对合作创新产出影响程度较大的政策因子。因此，跨域创新网络各个创新主体应该从增加研发人员、调整研发人员结构、加大研发投入方面着手制定和实施科技政策，从而增加跨域创新网络总体的专利申请数，提高创新产出。

此外，由京津冀跨域创新网络的案例可以看出，面对非线性、存在反馈嵌套的复杂社会经济系统，系统动力学方法弥补了传统因果分析方法中纯描述性的缺陷，把对政策影响的预测建立在对系统结构分析的基础上，为跨域创新网络研究提供了一种理论基础与可操作性方法。同时，建立在系统结构基础上的系统动力学模型可以更为深刻地反映出复杂系统的内在发展机制，据此而做出的预测能够比较全面地反映系统宏观、长远的发展趋势。同时，系统动力学方法可以通过模拟来检验不同方案的实施后果，为区域创新系统决策制定奠定了科学的基础。正是基于以上特性，使系统动力学方法成为区域创新系统研究的有效工具。

第四章
京津冀跨域创新网络演化机理

第一节　跨域创新网络演化的基础

一、跨域创新网络演化的界定

党的十九大报告指出："深化科技体制改革，建立以企业为主体、市场为导向、产学研深度融合的技术创新体系，加强对中小企业创新的支持，促进科技成果转化。"产学研合作创新是企业的一种重要创新模式，是企业获得研发资源、保持竞争优势的重要手段。产学研合作创新的深入推进，对促进知识、技术、资本等要素在跨区域范围流动，加快科技成果转化和促进区域创新能力的稳步提升具有十分重要的作用。跨域创新网络演化的基础是产学研的跨区域合作与知识交互，产学研主体突破了单一地域邻近的功能界限，保留了本地域产学研合作创新特性，并向着跨区域产业子网、学研子网的多重功能发展。

"演化"一词起源于生态学，在不同的科学领域被赋予了不同的内涵。在系统论中，演化（Evolution）指的是系统的结构、状态、特性、行为、功能等随着时间的推移而发生的快或慢的由低级到高级（或由简单到复杂）、由高级到低级（或由复杂到简单）的进化、退化的变化。

"网络演化"一词最早出现于复杂网络的相关研究中，是对复杂网络变化过程的一种状态描述。目前对网络演化的界定还没有得到学术界的一致认同，学术界对网络演化的研究主要存在两种学说。一是网络结构演化，主要通过建立数学仿真模型来揭示网络结构演变的特征。二是网络时间演化，与网络的生命周期结合，主要研究网络随时间在各个阶段所体现的变化规律。随着创新网络的出现，"网络演化"被引入技术创新研究领域，国内学者对产学研合作创新网络演化的研究重点也主要集聚在网络结构演化和时间演化两方面。

"跨域创新网络演化"的概念尚未成熟。然而，我国"十三五"规划明确提出，加快城市群建设发展，优化提升东部地区城市群，建设京津冀、长三角、珠三角世界级城市群，提升山东半岛、海峡西岸城市群开放竞争水平。培育中西部地区城市群，发展壮大东北地区、中原地区、长江中游、成渝地区、关中平原城市群，规划引导北部湾、晋中、呼包鄂榆、黔中、滇中、兰州—西宁、宁夏沿黄、天山北坡城市群发展，形成更多支撑区域发展的增长极。跨域创新网络正在形成且逐步发展壮大，跨域创新网络演化的过程往往受到多主体角色特性和地域特性的交互影响。

二、跨域创新网络的交互连通

从组织资源和信息的流动性来看，产学研合作创新网络的连通影响着创新主体的资源优势互补和技术研发协作（Sytch & Tatarynowicz，2014）。然而，网络连通性不断面临着创新主体内外部环境不确定性和相关风险的威胁（Schilling，2015），还受到自身网络主体自由进出的随机性（Provan & Kenis，2007），导致交互连通的不稳定。需要综合考虑微观（主体角色）和宏观（区域差异）两方面因素的影响和连通保障策略。但是现有研究大都强调微观组织层面的合作依赖强化（魏龙和党兴华，2017）、合作伙伴选择策略（Baum et al.，2010）、交互知识共享（Paruchuri & Awate，2017）、合作制度共建（Balachandran & Hernandez，2018）的作用，或是从网络的异构位置（陈祖胜等，2018）、结构尺度（Schilling & Phelps，2007）、网络演化（张古鹏，2015）分析结构形态的影响，鲜有关注网络随机连通性和产学研合作创新网络保障策略，以及为政府监控产学研创新网络提供可量化的辅助。因此，为了应对跨域创新网络级联失效所带来的合作模式冲击、网络组织运行停滞，以及防止创新失效在整个网络中的扩散，有必要从主体自身属性、网络位置和子网特征，对跨域创新网络连通性进行研究。

跨域合作创新是以区域合作创新为基础的，是多个区域内部经济发展的主要方式。区域合作创新主要是指企业、高校和科研机构等的合作，创新主体之间资源、技术和知识共享可以更好地弥补自身的不足，区域中企业对于外部创新资源的获取能力也会得到极大的提高，同时创新主体的技术创新能力也会不断地提升，进而加快区域间的经济发展。从城市群、跨域合作的发展来看，区域之间的知识溢出、创新要素空间流动以及宏观上毗邻区域经济发展形成的空间相互作用是区域创新合作的重要推动力。随着经济的发展，政府对于科技创新的扶持力度正在不断地增加。单个创新主体在创新过程中会由于资源、技术和知识等的缺乏导致科技创新活动无法继续进行，从而使创新主体面临较高的风险，以及提高了创新的成本。所以跨域合作创新克服了地域上的限制，创新主体注意寻找具有相同创新目标的合作对象，弥补自身创新的不足，提高技术创新能力。

从组织资源和信息的流动性来看，跨域创新网络的连通影响着创新主体的资源优势互补和技术研发协作。网络连通性（Berkowitz，1995）因依据渗流（Percolation）理论又被称为渗流连通性，是一类复杂网络动力学机制，在多网络模型[①]研究中经常被应用（Gao et al.，2011）。它通过计算部分节点或边被占据时，整网、子网节点度分布状态和核心子组比例，来刻画各个子网络内在节点的链接态势，并应用生成函数（Generating Function）方法评测多网络结构连通性指标的估计值（付韬等，2017）。Newman 等（2001）揭示了单一网络连通阈值、子组比例、渗流相变机制。Palla 等（2007）将连通性代入了合作网络的研究。Leicht 和 D'souza（2009）以网络度分布为参数将连通性扩展到了多个网络的研究。Funk（2014）、Singh 等（2016）、刘凤朝等（2016）在专利合作网络中应用和拓展了上述研究。但是，仍然缺乏基于创新主体自由合作行为的随机交互连通性机制分析，同时也鲜有学者基于多网络视角对产学研合作创新网络进行研究。

跨域创新网络是企业、高校和科研院所依托技术研发、知识传播和资源利用活动组成的交互关联的耦合创新系统。系统中交互的基础是主体角色定位、自愿性的资源共享和经验性的战略决策，交互连通的动力是获取外部知识和占据网络结构中有利地位的方式，而交互连通机制的分析大多依靠网络拓扑形态的演化观测（Ahuja，2000）。

拓扑结构下的交互连通一直是学者们关注的焦点，最经典的拓扑结构就是小世界网络和无标度网络。小世界网络结构中短路径长度、高聚集系数有利于提升主体间相似度、交互频率和知识转移效率，并且能够增强潜在合作者的可得性和可靠性，"六度分隔"保证了较大的连通规模（孙冰等，2018；张古鹏，2015）。由此，小世界结构下的产学研交互连通更加具有开放性和随机性。无标度网络具有聚集结构特性，成长机制和优先连接机制使得具有较高资源禀赋主体的创新能力愈加强大，即"富者愈富"，迫使潜在合作者只能依附"富者"（陈伟等，2015）。可见，无标度结构下的跨域合作创新交互连通具有非公平和强依赖的特点。

上述主体之间的交互连通机制是单一子网研究的核心，然而跨域创新网络

① 多网络模型（Network of Networks）是在传统单一网络基础上，深入分析子网与整网、子网间相互关联机制的模型。多网络模型中最具代表性的是相依网络（Interdependent Networks）和交互网络（Interacting Networks）。

是多类主体和不同地域子网组成的复杂网络（Rojas et al.，2018）。Havlin 等（2015）认为合作研发网络具有很高的复杂性并受到变体的强烈影响，应该突破单一网络有限结构束缚。因此，跨域创新网络需要从交互网络的视角进行探究。跨域合作创新的交互网络状态是非线性的，体现在网络中局部知识共享者和协作主体为了探寻新的知识和信息渠道变更交互对象，从而影响整个网络的研发性和探索性创新活动，并不断驱动创新网络优化过去的链接形态（Guan & Liu，2016）。Powell 等（2005）揭示了多网络交互的四种连通替代逻辑，即优势依附、同质化、导向引领和内外协作，以此解释技术组织间合作的角色需求和异构演变。

因此，跨域创新网络是一种推动技术扩散的组织形式，是多主体直接和间接交互的耦合关联网络，具备多网络结构特征，并伴随跨地域协作和资源共享系统。

三、跨域创新网络演化健壮性

跨域创新网络主体间交互关联的多样性造就了产学研跨域合作创新的复杂适应性（Huang & Chen，2017）。跨域创新网络的健壮性会由于合作利益分配冲突、合作中存在道德风险、信息沟通渠道不畅和企业吸收能力不足等问题而遭到破坏（刘和东和钱丹，2016）。这就需要从随机变化的网络结构层面重新审视产学研合作创新网络健壮性策略。诸多学者应用连通性（渗流连通性）研究创新网络健壮性，包括抵抗随机打击和抵抗蓄意攻击两类策略（Gao et al.，2016）。

基于上述策略，连通健壮性的保障机制可以描述为，当网络遭受打击而分裂时，跨域创新网络中处于交互关联的极大子团的节点仍然有效，但剩余小集合的节点链接受损而失去功能。因此，在交互网络中，只有形成规模庞大的极大子团，才能有效抵抗打击（Newman et al.，2000）。在级联失效的过程中，由于连通小集合不断被分裂成很小的片段，直至失去功能，导致极大子团的中心性凸显。在既定概率下，受损的子网极大子团节点仍然通过网间交互彼此连通，实现原有功能。因此，一定规模的极大子团能有效抵抗级联失效（Havlin et al.，2015）。

连通性能够左右网络自组织行为，从而影响整个网络抵抗打击的能力。部分研究揭示，跨域创新网络连通性分别从破坏速度和破坏烈度两方面对网络结构和功能的抗毁能力产生显著影响（陈伟等，2015）。由此可知，连通性保障整个跨域创新网络的重要抓手是，充分利用网络的便捷沟通功能和规模碰撞效应激发出大量的创新知识，进而增强网络的知识溢出效应（高霞和陈凯华，2015）；再借助一定规模的极大子团的幂律特征来解决产学研跨域合作创新网络级联失效问题（Simeth & Cincera，2016）。因此，依据连通性优化的网络结构可以增强跨域创新网络的健壮性，有效抵御打击和级联破坏（Morone & Makse，2015）。

综上所述，跨域创新网络的极大连通性保障了资源互补和知识传递，网络结构上表现出极大子团中的节点占网络全部节点的适度比例，这一比例能够保障知识溢出对合作创新的贡献，也能激发合作动力。

四、跨域创新网络的演化原理

网络连通性就是跨域创新网络中的创新主体与其他创新主体之间所产生的交互连接，创新网络中的极大子团将网络中的大部分主体包含在内，极大子团随着主体的增加会逐渐趋于稳定，子团内的主体可以共享资源、技术以及知识，从而提高主体的技术创新能力，当跨域创新网络形成极大子团时，创新网络中的创新主体之间是相互连通的，即网络连通性。跨域创新网络是一个复杂的网络系统，通过主体之间的相互连通，主体可以调整产业结构使其更加稳定，同时还提高了主体之间的相互交流，促进资源共享，从而提高创新主体的技术能力以及创新效率。而网络连通性不断面临着创新主体内外部环境的不确定性和相关风险的威胁，还受到自身网络主体自由进出的随机性，导致交互连通的不稳定。跨域创新网络主体间交互关联的多样性造就了多地域产学研合作创新的复杂适应性。从多网络交互连通的视角来研究跨域创新网络的演化，需要综合考虑微观（主体角色）和宏观（区域差异）两方面因素的影响，从主体自身属性、网络位置和子网特征对跨域创新网络连通性进行研究。

近年来，大量用以表征网络拓扑特征的统计指标被创建和应用，包括节点聚类（Node Clustering）、节点中心性（Node Centrality）、网络模块性（Network Modularity）、相邻节点相关性（Correlation between Degrees of Neighboring Nodes）、节点重要性（Measures of Node Importance）以及社群结构识别和提取（Identification and Extraction of Community Structures）方法（Havlin et al.，2015）。然而，跨域创新网络一直以来的研究难点在于拓扑结构调研。直接调研网络拓扑形态必须先判别各

个主体之间是否存在交互关联，以及可能的邻接主体，并制定、检验对应标准（付韬等，2017）。此类大规模的调研很难刻画真实全貌，也常遭遇受访对象的抵触，导致调研结果所呈现的网络拓扑结构不尽如人意，因此已有研究多以合作专利来确定产学研跨域合作创新网络的交互关联（Choudhury & Haas，2018；Guan & Liu，2016；王京和高长元，2014）。

跨域合作创新网络的主体进入网络诱导机制可以描述为：主体需要外部知识，寻求稳定的互惠伙伴，帮助其降低研发机会成本和弥补知识缺陷，保障研发合作和技术传播的连通性（Briscoe & Rogan，2016；宋晶和孙永磊，2016）。与单一网络的增点、加边或重连等成长机制略有不同的是，随机交互网络往往基于已知的拓扑结构，应用度分布和网络模块性，刻画网络动力演化过程中的结构变迁（Havlin et al.，2015）。在社会系统范畴内，通过改变结构特性、关系网络和规范体系，最终促进不同功能组织和异质性资源的有效整合（沈江和柳洲，2016）。因此，拓扑基础网络的知识交互结构是产学研合作创新网络交互连通性生成机制的基础。

网络主体间的耦合互动可分为子网内和子网间交互，子网络内部主体间交互会因为地域邻近和相似性而变得更加容易，子网间交互则受到主体地位和资源禀赋等因素影响而变得不确定（Ahuja，2000）。但是子网间的交互能够极大地促进原本非直接相关的主体建立联系，加强主体间的连通性，使两侧信息资源得以交流互动（Mcnerney et al.，2013）。然而，在高度密集（绝大部分合作创新网络的创新主体都在极大子团中）的网络结构下合作其结果并不理想（Briscoe & Rogan，2016）。因此，随机交互网络耦合互动机制是，确定连通的最小集合，通过最小化网络子团和由基础网络确定的交互形式，构建出多网连通的极大子团，以保障知识在极大子团中有效传递和利用（Morone & Makse，2015）。跨域创新网络交互连通性生成机制的精髓在于，随机交互的耦合互动使得大量先前被幂律效应忽略的弱连接节点出现在极大子团中。

第二节　跨域创新网络演化的动因分析

跨域创新合作是当前全球科学技术发展的主要特征，系统微观要素之间的相互依存、相互作用是其运行的动力。大多数的研究者是从静态的视角对区域创新的动因进行研究，这些研究往往是以区域创新的特征为基础，即网络特征、系统特征以及生态系统特征。韩宝龙和李琳（2011）在研究区域创新动力时，基于动力来源的地理空间距离和得到方式的视角给出了动力的六种类型，主要分为有偿性动力和外部性动力两个方面和区域内、邻近区域间、飞地三个维度。邱国栋和马鹤丹（2011）从创新主体的角度将区域产业创新的驱动力分为六种，包括政府扶持、企业、科研机构、产业孵化器、创业板市场和风险投资公司，六种驱动力会推动区域创新网络的发展。衡孝庆和章进（2013）在研究区域创新的推动力时将其分为内部推动力和外部推动力。内部推动力主要是指企业自身的需求等；外部推动力则包含政府政策的扶持以及其他公司的竞争等。和金生等（2014）以创新主体的知识属性为研究视角将区域创新的推动力分为五种，包含技术创新人才、中介机制、创新主体、创新平台以及创新网络特征。

跨域创新网络最关注的问题是企业、高校以及科研院所等创新主体之间的互相联系。影响区域创新发展的因素包含断裂的主体联系、主体间的技术锁定以及薄弱的组织结构。针对跨域创新推动力的研究需要从动态的角度进行分析，对跨域创新网络中的每个主体进行分析，而不是将跨域创新网络看成一个整体来分析，跨域合作创新中创新主体之间的联系、主体之间的学习能力和创新与内外部环境之间的互动都是推动多区域创新发展的要素。

一、主体适应性

跨域创新网络的多主体中，企业占据着重要的地位，是跨域创新网络中的核心主体。企业在发展过程中为了提高自身利益，增加其竞争能力，会不断地进行创新，寻找新的技术，在寻找的过程中会有新的创新意愿产生，但是针对新的创新意愿，企业在资金、人才以及技术方面会有需求，为了满足自身的需求，企业会与本地域或邻近地域相关的高校和科研院所进行合作，以此来满足自身的需求，同时将创新需求转化为真正的创新行为。企业将其创新行为转化为创新产出，提高企业的效益，由于政府政策的扶持以及创新环境的影响，企业将得到的利润进行再分配，一部分支持原有的创新技术，而另一部分则会投入新的创新需求中去，扩大企业本身的组织结构，以此轮回，企业会不断地产生创新行为，创新网络也在不断地扩大，以满足自身发展的创新要素需求，同时也将增加与之合作的其他创新主体的创新产出。由此可知，跨域创新网络演化的推动力是企业本身的创新需求，它是跨域创新网络中的主要创新主体，企业在增加自身创新产出的同时也会增加相应的创新需求，即企业自强效应，企业在发展过程中会适应时代的发展以提高自身的竞争力。

二、主体间耦合性关联

跨域创新网络主体之间的相互联系形成了跨域创新系统，跨域创新系统绩效的提高离不开产学研多主体之间的相互合作。在跨域创新系统中，创新主体是网路中的节点，主体之间可以共享知识、资源和技术，相互学习，同时提高创新主体的创新绩效，加强跨域创新网络的稳定性，主体间的耦合性关联在跨域创新网络形成的过程中具有很大的推动作用。主体之间的相互关联及其内外界环境的相互影响使得跨域创新网络不断地扩大并持续稳定地向前发展。

跨域合作创新主要是多个区域企业、高校以及科研机构之间的相互合作，即产学研跨域合作创新，产学研跨域合作创新中的创新主体具有典型的耦合性关联特征，产学研之间的合作创新可以极大地降低创新成本，包括转化成本、交易成本、谈判成本以及搜寻成本，减少本地域的竞争损耗。产学研跨域合作创新还可以实现资源、知识以及技术共享，创新主体之间可以取长补短，实现资源在局部和全局的合理配置，并提高主体的创新能力；产学研跨域合作创新中的创新主体既是独立的主体，彼此之间又相互关联，企业、高校以及科研院所之间的相互合作能产生“1+1>2”的创新绩效，实现多区域创新的协同效应。

三、异质性与同质性

跨域创新网络创新主体创新要素的缺乏是跨域合作创新的推动力，跨域合作可以将创新主体各自的资源进行整合，优势互补，进而提高多区域合作创新绩效。跨域合作创新可以打破地域和空间的限制，创新主体之间的合作可以极大提高和扩大技术创新能力，满足其自身的发展需求。一般跨域合作创新的主体属于相同行业，这样创新主体之间的合作目标才一致，才能达到技术创新能力的提高。因此，跨域创新中的创新主体在合作过程中表现出创新要素异质性和产业行业同质性特点。

（1）创新要素区域异质性。最早的企业、高校以及科研机构之间的合作是在同一区域中进行的，它们之间的相互合作形成了跨域创新网络，创新主体之间的合作可以实现资源的合理配置，提高创新绩效。当同一区域的主体合作不再满足自身需求时，企业、高校以及科研机构之间的合作反而不会提高创新主体的技术创新能力和创新绩效，合作不再使资源得到最大化利用，主体会跨区域寻求满足自身需求的其他主体进行合作，进而形成跨区域合作。跨区域合作可以打破地域和空间的限制，创新主体之间可以共享资源、技术和知识，达到资源的有效利用，提高主体的技术创新能力以及行业的竞争力，主体之间取长补短，企业对创新要素的需求得到满足，同时也提高主体之间的创新成果并实现产业化，取得多个区域内市场的创新效益。

（2）创新主体产业同质性。随着经济的发展和科技的进步，企业、高校以及科研机构之间的合作不再是基于地理界线内进行合作创新，多个创新主体的产业和行业之间的划分越来越细致，跨域产学研合作创新正在向着明晰化和细致化的方向发展。企业、高校以及科研机构之间的合作会在相同的产业内寻求合作伙伴，以便达到资源共享，实现技术创新能力的提高。为了寻求更优质的创新要素，创新主体还会跨区域寻求合作对象，打破地域和空间的限制，为产学研合作提供新的创新途径，同时可以实现资源的有效配置、优势互补，并能带动多区域创新绩效的提高。在跨域创新合作过程中，创新主体产业同质性直接为跨域创新网络中的产业子网和学研子网的生成和发展奠定了基础，也是角色和地域等多个角度来探讨跨域创新网络演化问题的现实基础。

第三节　跨域创新网络演化的机制

一、时间演化与空间演化

（一）跨域创新网络时间演化

跨域创新网络随时间动态演进的过程通常被视为是依据生命周期理论而划分的网络演化阶段，其反映了产学研合作的不同行为模式。我国学者以 1985~2004 年高等院校与企业联合申请专利为研究样本，基于面板数据研究知识流动网络，分析区域网络密度和交互性特征及其演变，揭示了网络随时间发展呈现出不同的特征（洪伟，2010）。刘凤朝等（2011）基于 1985~2009 年中国高校与其他各个创新主体所构成的产学研合作创新网络，探讨了这类高校产学研合作创新网络的演化，显示整体网络呈明显的阶段特征，其中不同类型的高校演化路径不尽相同，不同区域内的高校专利合作呈现不同的空间分布。一些学者基于1985~2011年中国制造装备产业合作申请的发明与实用新型两类专利构建相应的合作网络以分析网络的演化趋势，结果显示，在时间演化方面，我国装备制造业产学研合作创新网络规模逐年扩大，但紧密度较低；产业网络规模远低于产学研网络规模（赵爽，2013）。

我国跨域创新网络的演化过程也呈现出阶段性特征。在产学研跨域合作初期，为数不多的创新主体通过技术研发合作建立了较为密切的联系，整体网络呈现出节点少、联系松散的特征。随着时间的推移，新进入跨域创新网络的主体，彼此之间会寻求合作机会，但是这些创新主体也会优先选择与在本地域网络中已经存在的主体结成合作关系，逐步利用合作主体的跨区域合作关联寻求域外合作机遇，从而更加顺利地进入跨域创新网络。同时，跨域创新网络中的核心主体有时也会审视自身发展状况和外部环境变化，从而有选择地中断与其他创新主体的合作，从事自主研发并退出跨域创新网络。伴随上述过程，新进入跨域创新网络主体的数量往往超越已中断合作的创新主体，整体上跨域创新网络的节点不断增多，合作创新主体的联系逐渐增强，规模不断扩大。在相关创新政策的推动下，网络规模迅速扩大，各个主体的创新能力大幅提升，合作创新主体间联系更加频繁，跨域创新网络也进入了快速发展时期，并在不受巨大环境变化的影响下，最终会趋于平衡状态。

（二）跨域创新网络空间演化

跨域创新网络空间演化史从国家、区域、行业等不同层面，在网络拓扑结构、网络规模、网络密度、网络关系强度等方面，运用网络科学（复杂网络、社会网络）分析方法刻画多主体跨域合作创新网络结构演化规律。

我国学者在跨域创新网络空间演化领域做出了诸多有价值的研究。李文静（2015）基于2000~2013年广东省校企联合申请的发明专利探索了广东省域校企合作网络特征，发现省域创新网络中的创新主体以龙头企业和国内著名院校为主，中小企业和省内普通高校较少，其中合作创新的领域集中在电子通信行业。此外，相比较企业，网络中的高校数量有限，并且多与国有企业合作且较为松散，合作的技术领域也较为分散，跨域创新联结规模与层次均较低。高霞和陈凯华（2015）基于SIPO专利数据库以我国1985~2010年ICT产业即信息通信技术产业的合作申请专利为研究对象，分析该领域产学研合作创新网络的小世界性和无标度性演化，并且揭示出ICT产业产学研合作创新网络的规模不断扩大、复杂性增强，具有明显的小世界性和无标度性。袁剑锋等（2017）基于1985~2013年SIPO专利数据库所有联合申请专利为研究样本，从网络密度、网络聚类系数、网络结构熵以及网络中心性四个方面刻画了网络结构特性并基于此研究了网络的演化特征，研究认为以2000年为节点，之前的产学研合作创新网络关系松散，之后呈现无标度和群聚性的“双重”结构特征。同时又从权重结构的视角探究了我国产学研合作创新网络的关系分布和结构演化，发现产学研合作创新网络分布不均衡、合作质量较低。产学研合作创新网络中具有强关系的主体间合作广度差异性逐渐降低、合作强度异质性逐渐增强，“富人俱乐部”网络的现象逐渐减少。一些学者基于2007年7月至2016年6月京津冀地区的联合申请发明专利构建跨域创新网络，分析网络拓扑结构的时空演化情况，同时探索了该地区专利合作的主要模式与特征，从而发现京津冀的专利合作以企业间合作为主。从时间角度演化看，京津、京冀在电网、石油等行业，产学研专利网络随时间演化呈现星形网络形态；从拓扑空间结构演化看，京冀不同城市间专利合作与空间地理距离不存在明显的正向相关性（唐恒等，2017）。此外，跨域创新网络平均路径、聚类系数和节点度的特征及其演化过程的研究说明，产学研合作创新网络呈现无标度网络的特性，同时网络中的节点中心度呈幂律分布的特征（张瑜等，2013）。从网络结构异质性以及整体网络结构特征来看，跨域创新网络随着跨域合作频率增加，导致网络呈“去中心化”的特征，创新网络创新主体之间存在异质性。这就为利用跨域创新网络指标分析跨域创新网络演化奠定了良好的基础。

二、跨域创新网络演化的结构特征

（一）平均最短路径长度的作用

跨域创新网络的平均最短路径长度衡量的是网络节点间发生联系所需要经过的“路程”远近问题。在跨域创新网络中回答的则是创新主体之间进行产品、技术、知识以及其他各类信息交流所需经过的“路程”长短。在这里“路程”的概念更多倾向于发生联系的难易程度以及成本问题。需要强调的是，跨域创新网络平均最短路径长度也是衡量主体之间相互合作难易程度的重要指标。

通常情况下，人们普遍认为平均最短路径长度越小，则跨域创新网络节点（行为主体）间的资源沟通越容易，成本越低。但是就平均最短路径长度对创新网络中资源的影响来说，平均最短路径长度如果过小，则节点间争夺资源就越发激烈，不利于创新资源的利用。多个地域创新网络平均最短路径长度过小会造成地域与地域之间竞争压力过大，以及创新技术的同质性。因此，适宜的平均最短路径长度可以使得创新资源在跨域创新网络中得到最好的利用，也能使跨域创新资源的差异性显著，突出跨域创新网络资源协调互补的优势。

（二）聚集程度的作用

聚集程度刻画了跨域创新网络的联结密度，同时反映了网络的连通性与传递性。一个聚集程度高的创新网络，意味着联结密度高，主体节点之间联系紧密。就整个跨域创新网络而言，一个聚集程度高的创新网络其节点之间的彼此联结稠密，资源在整个网络范围内可以得到广泛流动，资源整合的范围也随着节点之间联结的增多得到扩大。因为每一条联结的存在都使网络社会关系资本增加。这样资源整合在多点之间进行，相对于聚集程度较低的网络结构具有更高的资源整合效率。一般情况下，研究者认为密度高的网络结构，更利于成员之间的流动和协调，能够使网络成员得到更多的社会支持。Coleman（1988）认为密集网络（Dense Network）能够促进信任与合作，进而便于企业获得更多精练的、高质量的信息和默认知识。由于网络成员之间关系密切，彼此之间长期合作或有经济上的往来，节点之间的连接强度往往以强联结为特征。这种强联结的关系特征使成员之间形成一种高度内聚性的网络结构，有利于创新集团成员之间彼此信任。虽然高密度网络有利于资源以及高质量信息与知识的流动整合，但这种高内聚性、以强关系为主的网络特征造成网络内资源的同质性较高，而异质性相对较低。所以聚集程度过大，会导致所有的主体从事相同的行业，引起技术、资源趋同，失去了多样化，主体间无法凸显竞争优势，导致跨域创新网络资源整合的效率受到不同程度的抑制，主体在趋同的资源下“创新疲惫”，导致资源不能扩张，因此，适度的聚集程度会使跨域创新网络的资源得到很好的利用。

（三）度分布对创新资源利用率的影响

度分布从整体上反映了跨域创新网络中每个节点与其他节点联系数量的分布情况，又称为顶点度。从单个节点来看，顶点度的概念与网络中心度（Centrality）的概念类似，它们都反映了联结数量的多少以及其在网络中的影响与重要程度。根据社会资本理论，跨域创新网络中节点的大小取决于其社会联结的多少，每个联结代表了各类资源的获取渠道。就单个节点的发展来说，节点总是趋向于复制其社会联系，从关系稀疏地带向关系稠密地带移动，以获取更多的社会资本。度分布决定了跨域创新网络中某一节点与其他主体联结的多寡，进而决定其在网络中的位置及其影响。如拥有顶点度较大即作为网络中心的节点相较于较为孤立的节点来说资源获取方面更具有优势。顶点优势能够帮助创新主体在跨域创新网络中获得核心地位。度分布越大，拥有的跨域合作连接的优先级就越高，这符合无标度网络的特性。而处于结构空洞位置的节点相对于其他在关系稠密地带的节点则具有更多获取新信息和新资源的机会及优势。占据结构空洞的主体能够获取来自多方面的重复信息，并成为信息的集散中心。处于跨域创新网络中的中介节点将原来没有联系的多个主体联结在一起，占据了网络中的关键路径，可以决定各种资源的流动方向，从而对资源进行整合。

三、跨域创新网络演化机制分析

（一）平均最短路径长度对跨域创新的影响

跨域创新网络的平均最短路径长度是衡量网络节点（主体）之间创新知识传递联系的“路程”远近变量。平均最短路径长度对创新知识传播效果的影响可以从以下三个方面进行讨论：一是网络平均最短路径长度影响节点（主体）之间通信的难易程度。平均最短路径长度越长，创新知识从一个节点抵达另一个节点的路程也就越长，随着距离的增加通信难度就越高，距离越短通信则越容易。二是平均最短路径长度直接影响创新知识传播失真率的高低。平均最短路径长度越短，创新知识传播失真率就越低，因为在长距离传播过程中会造成知识的信息丢失。三是平均最短路径长度影响外部信息的干扰程度。传播距离过长，外部信息干扰程度也就越强，短距离传播可以抵抗外部其他信息的干扰。此外，平均最短距离长度越短，说明创新主体与另外一个区域的创新主体开展合作的成本就越低。

（二）聚集程度对跨域创新的影响

跨域创新网络聚集程度刻画了网络节点（主体）的联结密度，是创新知识在网络中共享与传播环境优劣的体现。聚集程度对创新知识传播效果的影响体现在以下三个方面：一是聚集程度能够表明多个区域创新知识共享载体的分布密度。聚集程度越高，表明跨域创新主体越多，创新知识载体越多，区域创新知识总量也就越多，创新知识共享载体分布密度就越高；反之，创新知识共享载体分布密度越低。二是聚集程度决定创新知识在区域多个主体间的传播速率。跨域创新网络聚集程度较高，区域创新主体分布密集，创新知识在区域多个主体间传播速度则越快，有利于区域知识共享；反之，创新知识在区域多个主体间传播速度慢。三是聚集程度影响隐性知识的传播效果。隐性知识传播主要依靠人的因素，高聚集程度下创新网络主体相互之间分布紧密，人才流动频繁，在便利的沟通环境下，隐性知识传播效果最佳；分散的节点分布导致人才交流不畅，不利于隐性知识传播。

（三）度分布对跨域创新的影响

度分布从整体上反映了跨域创新网络中每个节点与其他节点联系数量的分布情况；也反映了同一地域网络与其他地域网络创新主体之间的合作创新情况。度分布对创新知识传播效果的影响体现在以下三个方面：一是度分布能够衡量创新知识传播路径的多少。度分布所衡量的顶点度的大小描述了与节点相连的节点数量，也意味着创新知识能够传播的路径的多少，显然度分布数值越大，创新知识传播路径越多。二是度分布是标识节点获取知识优势的测度，体现在处于空洞位置的节点具有获取创新知识的优势，独立节点无法接受外界创新知识的传递，因此不具有获取创新知识的优势。三是度分布所描绘的顶点状况影响创新知识传播路径和机制。节点要取得最佳的创新知识传播效果，必然要优先选择度分布大的节点进行传播，然后依次选择度分布稍小的节点进行传播。

综上所述，跨域创新网络通过最短路径长度、聚集程度和度分布对创新资源的创造和利用、创新知识传播产生影响。

（四）模型构建

跨域创新网络结构通过创新网络中主体利用资源、吸收知识的数量和质量来影响网络中创新主体及各个区域的创新绩效（因为创新能力更生动地描述演化过程中创新绩效的综合效果，因此本书中以下称之为创新能力）。在此过程中，存在着两个假想条件：条件一是跨域创新网络中创新主体尽可能地减少吸收对创新活动具有负面影响的创新资源和知识，即减少创新贬值（折旧）；条件二是限制主体间过度频繁联系，避免过度密集的网络结构，从而减弱创新趋同作用。依据跨域创新网络创新能力资源、知识二维特性及跨域创新网络结构中平均最短路径长度、聚集程度和度分布特征量的影响作用，本书构造了跨域创新网络“RK-MAD”模型，以此来评价跨域创新网络演化的创新效果，即创新能力随着跨域创新网络结构的演化而变化。RK 分别代表创新资源和创新知识两个维度，MAD 是上述创新网络结构的三个测度变量。

RK-MAD 模型刻画的是跨域创新网络从事跨域创新活动每一时刻的创新能力值。跨域创新网络结构演化影响跨域创新网络创新能力。一方面，通过结构的改变影响跨域创新网络中创新资源利用效果和创新知识传播效果进而对创新活动效果进行影响，最终作用于跨域创新网络创新能力；另一方面，跨域创新网络创新能力的改变也会迫使网络节点（创新主体）适应环境而改变行为，从而推动跨域创新网络的演化和网络结构发生形态改变。其中跨域创新网络结构的改变，本书采用平均最短路径长度、聚集程度和度分布来刻画，创新资源利用效果和知识传播效果共同影响创新活动效果，创新活动效果也同时作用于跨域创新网络创新资源利用与知识传播能力。创新资源利用效果与创新知识传播效果之间有着一种隐性的相互作用关系，这主要是因为创新资源的利用是为了使创新主体更好地吸收知识从事创新活动，同时创新知识传播也是为了使创新主体更好地利用资源提高创新效果。

上述模型数学表达式如式（4-1）所示：

$$\ln C_t = \alpha \sum_{i=1}^{n} \ln L_{it} + \beta \sum_{i=1}^{n} \ln R_{i,\ t-1} + \gamma \sum_{i=1}^{n} \ln K_{i,\ t-1} + \omega M_t + \delta A_t + \theta D_t + \varepsilon_t \tag{4-1}$$

式中，i 代表单个创新主体；t 代表创新活动时间；C_t 代表 t 时刻跨域合作创新的创新能力；L_{it} 代表 t 时刻主体 i 从事创新活动产生的效果；$R_{i,t-1}$代表 i 主体在 t-1 时刻所利用资源在创新活动中产生的效果；$K_{i,t-1}$ 代表 i 主体在 t-1 时刻所吸收的知识在创新活动中产生的效果。α 是创新活动的影响系数，β 是创新资源利用效果系数，γ 是传播效果系数，ω 是平均最短路径长度，δ 是聚集程度，θ 是度分布的影响系数，ε_t 是创新损益及意外影响参数。M_t 是创新网络 t 时刻平均最短路径长度；A_t 是创新网络 t 时刻聚集程度；D_t 是跨域创新网络 t 时刻度分布。假设单个主体在时刻 t=0 时，资源、知识存储为 0，即 $R_{i0}=0$，$K_{i0}=0$。λ 代表着资源知识的贬值（折旧）率，即前一创新阶段的资源、知识可以顺利传播和利用到后一阶段的比率。如果 $\lambda=1$ 时，则说明所有知识无损耗的传播和利用到下一个阶段。如式（4-2）所示：

$$R_{it}=\lambda_i R_{i,t-1}+C_{it}，K_{it}=\lambda_i K_{i,t-1}+C_{it}；0\leqslant\lambda\leqslant1 \tag{4-2}$$

（五）仿真分析

跨域创新网络的环境（空间）是一个相对有限的三维结构，被规则的结构框架包围，类似 Manhattan 矩阵。创新时间步长为 t，t=0，1，2，…。参与创新的主体数量 i={1，2，…，n}，n≤∞。创新技术领域 j∈{1，2，…}。

每一个创新主体在跨域创新网络中视为一个节点，因此从空间出发节点 i 的位置可以被标度为（x_i，y_i，z_i），则 i 的结构属性为 {d_i，k_i^n，p_i}，d_i 表示节点 i 在跨域创新网络空间中距中心的相对距离（这个中心只作为参考点，并无实际意义），k_i^n 表示与节点 i 直接相连的节点个数，n 为与节点 i 直接相连的节点个数。p_i 为节点 i 拥有的节点度。那么采用几何平均法来估计两个节点间的最短距离，如式（4-3）所示：

$$l=\sqrt{|(d_{i1}/d_{i2})^2-(d_{i2}/d_{i1})^2|} \tag{4-3}$$

根据综述部分，我们可以知道跨域创新网络结构平均最短路径长度、聚集程度与度分布状况。

因为跨域创新网络中的创新主体可以选择只在本地域创新网络内从事创新活动，或者与其他地域的创新主体进行合作，还可以独立创新。主体 i 在每一时刻 t 的网络属性为 {$d_{i,t}$，$k_{i,t}^n$，$p_{i,t}$}，从资源利用与知识传播来看，主体创新机制为 $a_{i,t}$ 包括“独立创新—共享传播”“合作创新—共享传播”“独立创新—从属传播”和“合作创新—从属传播”，即 $a_{i,t}\in\{'IS','CS','IH','CH'\}$。

1. 环境

跨域创新网络的环境是一个（X×Y×Z）的三维空间，可以用跨域创新网络平均最短路径长度、聚集程度和度分布进行度量。跨域创新网络内部充斥着丰富的资源（包括知识、劳动力、技术等），创新主体可以通过不同的资源利用机制获取利润、引入新资源。因此，它是一个正反馈的过程，一方面主体消耗资源来获取利润，维持自身生存；另一方面创新主体不断地向环境中引入新资源。

2. 行为主体

跨域创新网络的创新主体包括五类，即政府、企业、高校和研究机构、中介机构、金融和投资机构。其中，政府将根据经济发展的需要、资源利用情况，为主体提供基金、税收减免等费用支持，同时它的政策导向影响创新主体行为。

企业、高校和科研机构都具有两类属性，即经济属性和技术属性。一般来说，企业在经济实力上占据优势，高校和科研机构在技术实力上占据优势。中介机构是各创新主体进行技术交流的平台，它们有助于提高合作效率并且降低创新主体的搜索成本。金融和投资机构会根据跨域创新网络中创新资源的情况向不同的技术创新主体投资并获取利益。

模型中的主体存在于跨域创新网络中，受整体和各个区域网络结构的影响。创新主体会感知环境结构的变化，其创新资源的利用机制由跨域创新网络的网络结构决定。因为创新资源具有共享性和流动性，所以创新主体间的交互作用随着创新资源的利用展开。创新主体拥有一组动态属性，具体如下：

创新资源利用率（U）——衡量跨域创新网络中主体将创新资源转化为创新收益的能力，数值上等于创新资源有效转化量与总量的比值（0≤U≤1）。

创新知识传播效应（T）——衡量跨域创新网络中主体将流动的创新知识转化为创新收益的能力，数值上等于创新知识有效转化量与总量的比值（0≤T≤1）。

演化过程中的网络结构状况（MAD）——M 代表平均最短路径长度，A 代表聚集程度，D 代表度分布。其中，创新主体选用何种创新资源的利用机制取决于网络结构状况，即 M，A，D 的取值。

创新资源量（R）——主体对创新资源的拥有量。

创新知识拥有量（K）——主体对创新知识的拥有量。

创新收益（I）——对跨域创新网络中主体利用创新资源进行创新活动的成果或收益的衡量，通常称之为创新绩效。当主体的创新资源利用率为 0 时，创新主体将无法进行创新活动，该创新主体将退出跨域创新网络。

3. 行为规则

行为规则描述的是跨域创新网络中的创新主体对创新资源的利用，本书以主体的创新收益为衡量标准。我们假设由创新资源直接或间接转化为创新主体的创新收益，创新收益越多，则创新主体对创新资源的利用率就越高。创新主体根据跨域创新网络结构的变化选择不同的创新资源利用方式。

（1）创新资源的利用机制。第一，独立创新机制。独立创新机制指主体独立开发和利用资源获得创新收益。创新主体在资源库中随机抽取一定比例的资源作为创新基础，被选中的资源（粗体且右上方带'标记）的个数记为 Num，它们组成了跨域创新网络中创新主体的创新资源库，如式（4-4）所示。

$$\left\{\begin{pmatrix} D_i^{j} \\ \overline{U}_j^{(M,A,D)} \\ U_i^{j,R_k} \\ E_i^{j,R_k} \end{pmatrix}\begin{pmatrix} \mathbf{D_i^{j+1}} \\ \mathbf{\overline{U}_{j+1}^{(M,A,D)}} \\ \mathbf{U_i^{j+1,R_k}} \\ \mathbf{E_i^{j+1,R_k}} \end{pmatrix}'\begin{pmatrix} \mathbf{D_i^{j+2}} \\ \mathbf{\overline{U}_{j+2}^{(M,A,D)}} \\ \mathbf{U_i^{j+2,R_k}} \\ \mathbf{E_i^{j+2,R_k}} \end{pmatrix}' \cdots \begin{pmatrix} D_i^{j+b-1} \\ \overline{U}_{j+b-1}^{(M,A,D)} \\ U_i^{j+b-1,R_k} \\ E_i^{j+b-1,R_k} \end{pmatrix}\begin{pmatrix} \mathbf{D_i^{j+b}} \\ \mathbf{\overline{U}_{j+b}^{(M,A,D)}} \\ \mathbf{U_i^{j+b,R_k}} \\ \mathbf{E_i^{j+b,R_k}} \end{pmatrix}'\begin{pmatrix} \mathbf{D_i^{j+b+1}} \\ \mathbf{\overline{U}_{j+b+1}^{(M,A,D)}} \\ \mathbf{U_i^{j+b+1,R_k}} \\ \mathbf{E_i^{j+b+1,R_k}} \end{pmatrix}' \cdots \begin{pmatrix} \mathbf{D_i^{n-1}} \\ \mathbf{\overline{U}_{n-1}^{(M,A,D)}} \\ \mathbf{U_i^{n-1,R_k}} \\ \mathbf{E_i^{n-1,R_k}} \end{pmatrix}'\begin{pmatrix} D_i^{n} \\ \overline{U}_n^{(M,A,D)} \\ U_i^{n,R_k} \\ E_i^{n,R_k} \end{pmatrix}\right\}$$

$$\Rightarrow\left\{\begin{pmatrix} D_i^{j+1} \\ \overline{U}_{j+1}^{(M,A,D)} \\ U_i^{j+1,R_k} \\ E_i^{j+1,R_k} \end{pmatrix}\begin{pmatrix} D_i^{j+2} \\ \overline{U}_{j+2}^{(M,A,D)} \\ U_i^{j+2,R_k} \\ E_i^{j+2,R_k} \end{pmatrix}\begin{pmatrix} D_i^{j+b} \\ \overline{U}_{j+b}^{(M,A,D)} \\ U_i^{j+b,R_k} \\ E_i^{j+b,R_k} \end{pmatrix}\begin{pmatrix} D_i^{j+b+1} \\ \overline{U}_{j+b+1}^{(M,A,D)} \\ U_i^{j+b+1,R_k} \\ E_i^{j+b+1,R_k} \end{pmatrix}\begin{pmatrix} D_i^{n-1} \\ \overline{U}_{n-1}^{(M,A,D)} \\ U_i^{n-1,R_k} \\ E_i^{n-1,R_k} \end{pmatrix}\right\} \tag{4-4}$$

被选中的创新资源将会提高创新主体资源利用率，从而提高创新收益，没被选中的创新资源利用率水平将会降低，当创新资源利用率值降为 0 时，该项资源将被忽视，如式（4-5）所示。这就反映了现实中跨域创新网络中的创新主体不是对任何资源都加以开发利用，而是选择其利用率高且能够带来创新收益的创新资源。随着创新主体对创新资源开发利用的经验积累，利用率会逐步提高，提高幅度是随机的。

$$\left\{\begin{pmatrix} D_i^{j} \\ \overline{U}_j^{(M,A,D)} \\ U_i^{j,R_k} \\ 0.1 \end{pmatrix}\begin{pmatrix} D_i^{j+1} \\ \overline{U}_{j+1}^{(M,A,D)} \\ U_i^{j+1,R_k} \\ \mathbf{0.3} \end{pmatrix}'\begin{pmatrix} D_i^{j+2} \\ \overline{U}_{j+2}^{(M,A,D)} \\ U_i^{j+2,R_k} \\ \mathbf{0.5} \end{pmatrix}' \cdots \begin{pmatrix} D_i^{j+b-1} \\ \overline{U}_{j+b-1}^{(M,A,D)} \\ U_i^{j+b-1,R_k} \\ 0.2 \end{pmatrix}\begin{pmatrix} D_i^{j+b} \\ \overline{U}_{j+b}^{(M,A,D)} \\ U_i^{j+b,R_k} \\ \mathbf{0.5} \end{pmatrix}'\begin{pmatrix} D_i^{j+b+1} \\ \overline{U}_{j+b+1}^{(M,A,D)} \\ U_i^{j+b+1,R_k} \\ \mathbf{0.6} \end{pmatrix}' \cdots \begin{pmatrix} D_i^{n-1} \\ \overline{U}_{n-1}^{(M,A,D)} \\ U_i^{n-1,R_k} \\ 0.2 \end{pmatrix}\begin{pmatrix} D_i^{n} \\ \overline{U}_n^{(M,A,D)} \\ U_i^{n,R_k} \\ \mathbf{0.1} \end{pmatrix}'\right\}$$

$$\left\{\begin{pmatrix} D_i^j \\ \overline{U}_j^{(M,A,D)} \\ U_i^{j,R_k} \\ 0 \end{pmatrix}\begin{pmatrix} D_i^{j+1} \\ \overline{U}_{j+1}^{(M,A,D)} \\ U_i^{j+1,R_k} \\ \mathbf{0.4} \end{pmatrix}\begin{pmatrix} D_i^{j+2} \\ \overline{U}_{j+2}^{(M,A,D)} \\ U_i^{j+2,R_k} \\ \mathbf{0.5} \end{pmatrix}' \cdots \begin{pmatrix} D_i^{j+b-1} \\ \overline{U}_{j+b-1}^{(M,A,D)} \\ U_i^{j+b-1,R_k} \\ 0.2 \end{pmatrix}\begin{pmatrix} D_i^{j+b} \\ \overline{U}_{j+b}^{(M,A,D)} \\ U_i^{j+b,R_k} \\ \mathbf{0.6} \end{pmatrix}'\begin{pmatrix} D_i^{j+b+1} \\ \overline{U}_{j+b+1}^{(M,A,D)} \\ U_i^{j+b+1,R_k} \\ \mathbf{0.8} \end{pmatrix}' \cdots \begin{pmatrix} D_i^{n-1} \\ \overline{U}_{n-1}^{(M,A,D)} \\ U_i^{n-1,R_k} \\ 0.1 \end{pmatrix}\begin{pmatrix} D_i^{n} \\ \overline{U}_{n}^{(M,A,D)} \\ U_i^{n,R_k} \\ \mathbf{0.2} \end{pmatrix}'\right\} \tag{4-5}$$

将创新主体独立创新后的创新资源利用率能力 U 与跨域创新网络中相应资源平均利用率 $\overline{U}$ 水平进行对比，如果 U 高于 $\overline{U}$，计算平均差别，记为 d_1，同时 $\overline{U}$ 提高到与 U 相同的水平，即数值表现为 E，这体现了主体与环境的共同进化；如果 $\overline{U}$ 高于 U，平均差别记为 d_2，根据两者的差别来计算技术创新的适应度（转化系数）Adaptive，再根据适应度来计算创新收益 I：

$$I = \sum_{j=1}^{n} \text{Adaptive} \times M_j \times Q_j^{A,\ C,\ D} \tag{4-6}$$

式中，$\text{Adaptive} = 1 + d_1 - d_2$，$M_j$ 为主体拥有的不同领域创新资源量，Q_j 为主体在跨域创新网络结构下不同领域创新资源的比例。

第二，合作创新机制。合作创新机制是指跨域创新网络中的创新主体与其他创新主体合作利用共同创新资源获取创新收益。每个主体都可以选择合作或者不合作，主体会趋向选择创新资源利用率较高的主体进行合作。这也符合创新网络无标度（富者越富）特性。当两个创新主体确立合作关系时，他们会分别从自己所拥有的创新资源中选择若干资源组成联合创新资源库，原则是选择与创新活动关系密切的创新资源。两个主体都从创新活动中提高创新资源利用能力，即提高创新资源利用率，具体过程如式（4-7）所示。

创新主体 1：

$$\left\{\begin{pmatrix} D_1^j \\ \overline{U}_j^{(M,A,D)} \\ U_1^{j,R_k} \\ 0.1 \end{pmatrix}\begin{pmatrix} D_1^{j+1} \\ \overline{U}_{j+1}^{(M,A,D)} \\ U_1^{j+1,R_k} \\ \mathbf{0.3} \end{pmatrix}\begin{pmatrix} D_1^{j+2} \\ \overline{U}_{j+2}^{(M,A,D)} \\ U_1^{j+2,R_k} \\ \mathbf{0.5} \end{pmatrix}' \cdots \begin{pmatrix} D_1^{j+b-1} \\ \overline{U}_{j+b-1}^{(M,A,D)} \\ U_1^{j+b-1,R_k} \\ 0.2 \end{pmatrix}\begin{pmatrix} D_1^{j+b} \\ \overline{U}_{j+b}^{(M,A,D)} \\ U_1^{j+b,R_k} \\ \mathbf{0.5} \end{pmatrix}'\begin{pmatrix} D_1^{j+b+1} \\ \overline{U}_{j+b+1}^{(M,A,D)} \\ U_1^{j+b+1,R_k} \\ \mathbf{0.6} \end{pmatrix}' \cdots$$

$$\left.\begin{pmatrix} D_1^{n-1} \\ \overline{U}_{n-1}^{(M,A,D)} \\ U_1^{n-1,R_k} \\ 0.2 \end{pmatrix}\begin{pmatrix} D_1^{n} \\ \overline{U}_{n}^{(M,A,D)} \\ U_1^{n,R_k} \\ \mathbf{0.1} \end{pmatrix}'\right\}$$

创新主体 2：

$$\left\{\begin{pmatrix} D_2^{j+3} \\ \overline{U}_{j+3}^{(M,A,D)} \\ U_2^{j+3,R_k} \\ \mathbf{0.2} \end{pmatrix}'\begin{pmatrix} D_2^{j+4} \\ \overline{U}_{j+4}^{(M,A,D)} \\ U_2^{j+4,R_k} \\ 0.3 \end{pmatrix}\begin{pmatrix} D_2^{j+5} \\ \overline{U}_{j+5}^{(M,A,D)} \\ U_2^{j+5,R_k} \\ \mathbf{0.3} \end{pmatrix}' \cdots \begin{pmatrix} D_2^{j+b-1} \\ \overline{U}_{j+b-1}^{(M,A,D)} \\ U_2^{j+b-1,R_k} \\ 0.4 \end{pmatrix}\begin{pmatrix} D_2^{j+b} \\ \overline{U}_{j+b}^{(M,A,D)} \\ U_2^{j+b,R_k} \\ \mathbf{0.4} \end{pmatrix}'\begin{pmatrix} D_2^{j+b+1} \\ \overline{U}_{j+b+1}^{(M,A,D)} \\ U_2^{j+b+1,R_k} \\ \mathbf{0.7} \end{pmatrix}' \cdots\right.$$

$$\left.\begin{pmatrix} D_2^{n+1} \\ \overline{U}_{n+1}^{(M,A,D)} \\ U_2^{n+1,R_k} \\ 0.5 \end{pmatrix}\begin{pmatrix} D_2^{n+2} \\ \overline{U}_{n+2}^{(M,A,D)} \\ U_2^{n+2,R_k} \\ \mathbf{0.1} \end{pmatrix}'\right\}$$

创新资源库：

$$\left\{\begin{pmatrix} D_1^{j+1} \\ \overline{U}_{j+1}^{(M,A,D)} \\ U_1^{j+1,R_k} \\ 0.3 \end{pmatrix}\begin{pmatrix} D_1^{j+2} \\ \overline{U}_{j+2}^{(M,A,D)} \\ U_1^{j+2,R_k} \\ 0.5 \end{pmatrix}\begin{pmatrix} D_2^{j+3} \\ \overline{U}_{j+3}^{(M,A,D)} \\ U_2^{j+3,R_k} \\ 0.3 \end{pmatrix}\begin{pmatrix} D_2^{j+5} \\ \overline{U}_{j+5}^{(M,A,D)} \\ U_2^{j+5,R_k} \\ 0.4 \end{pmatrix}\begin{pmatrix} D_{1(2)}^{j+b} \\ \overline{U}_{j+b}^{(M,A,D)} \\ U_2^{j+b,R_k} \\ 0.6 \end{pmatrix}\begin{pmatrix} D_{1(2)}^{j+b+1} \\ \overline{U}_{j+b+1}^{(M,A,D)} \\ U_2^{j+b+1,R_k} \\ 0.8 \end{pmatrix}\begin{pmatrix} D_1^{n} \\ \overline{U}_{n}^{(M,A,D)} \\ U_1^{n,R_k} \\ 0.2 \end{pmatrix}\begin{pmatrix} D_2^{n+2} \\ \overline{U}_{n+2}^{(M,A,D)} \\ U_2^{n+2,R_k} \\ 0.2 \end{pmatrix}\right\}$$

（4-7）

在合作创新之后，跨域创新网络中的创新主体 1 和创新主体 2 拥有的创新资源的变化如式（4-8）所示。

创新主体 1：

$$\left\{\begin{pmatrix} D_1^{j} \\ \overline{U}_{j}^{(M,A,D)} \\ U_1^{j,R_k} \\ 0.1 \end{pmatrix}\begin{pmatrix} D_1^{j+1} \\ \overline{U}_{j+1}^{(M,A,D)} \\ U_1^{j+1,R_k} \\ 0.3 \end{pmatrix}\begin{pmatrix} D_1^{j+2} \\ \overline{U}_{j+2}^{(M,A,D)} \\ U_1^{j+2,R_k} \\ 0.5 \end{pmatrix}\begin{pmatrix} D_1^{j+4} \\ \overline{U}_{j+4}^{(M,A,D)} \\ U_1^{j+4,R_k} \\ 0.1 \end{pmatrix}\begin{pmatrix} D_1^{j+5} \\ \overline{U}_{j+5}^{(M,A,D)} \\ U_1^{j+5,R_k} \\ 0.1 \end{pmatrix} \cdots\right.$$

$$\left.\begin{pmatrix} D_1^{j+b-1} \\ \overline{U}_{j+b-1}^{(M,A,D)} \\ U_1^{j+b-1,R_k} \\ 0.2 \end{pmatrix}\begin{pmatrix} D_1^{j+b} \\ \overline{U}_{j+b}^{(M,A,D)} \\ U_1^{j+b,R_k} \\ 0.6 \end{pmatrix}\begin{pmatrix} D_1^{j+b+1} \\ \overline{U}_{j+b+1}^{(M,A,D)} \\ U_1^{j+b+1,R_k} \\ 0.7 \end{pmatrix}\cdots\begin{pmatrix} D_1^{n-1} \\ \overline{U}_{n-1}^{(M,A,D)} \\ U_1^{n-1,R_k} \\ 0.2 \end{pmatrix}\begin{pmatrix} D_1^{n} \\ \overline{U}_{n}^{(M,A,D)} \\ U_1^{n,R_k} \\ 0.2 \end{pmatrix}\begin{pmatrix} D_1^{n+2} \\ \overline{U}_{n+2}^{(M,A,D)} \\ U_1^{n+2,R_k} \\ 0.1 \end{pmatrix}\right\}$$

创新主体 2：

$$\left\{\begin{pmatrix} D_2^{j+1} \\ \overline{U}_{j+1}^{(M,A,D)} \\ U_2^{j+1,R_k} \\ 0.1 \end{pmatrix}\begin{pmatrix} D_2^{j+2} \\ \overline{U}_{j+2}^{(M,A,D)} \\ U_2^{j+2,R_k} \\ 0.1 \end{pmatrix}\begin{pmatrix} D_2^{j+3} \\ \overline{U}_{j+3}^{(M,A,D)} \\ U_2^{j+3,R_k} \\ 0.2 \end{pmatrix}\begin{pmatrix} D_2^{j+4} \\ \overline{U}_{j+4}^{(M,A,D)} \\ U_2^{j+4,R_k} \\ 0.4 \end{pmatrix}\begin{pmatrix} D_2^{j+5} \\ \overline{U}_{j+5}^{(M,A,D)} \\ U_2^{j+5,R_k} \\ 0.4 \end{pmatrix}\cdots\right.$$

$$\left.\begin{pmatrix} D_2^{j+b-1} \\ \overline{U}_{j+b-1}^{(M,A,D)} \\ U_2^{j+b-1,R_k} \\ 0.4 \end{pmatrix}\begin{pmatrix} D_2^{j+b} \\ \overline{U}_{j+b}^{(M,A,D)} \\ U_2^{j+b,R_k} \\ 0.5 \end{pmatrix}\begin{pmatrix} D_2^{j+b+1} \\ \overline{U}_{j+b+1}^{(M,A,D)} \\ U_2^{j+b+1,R_k} \\ 0.8 \end{pmatrix}\cdots\begin{pmatrix} D_2^{n} \\ \overline{U}_{n}^{(M,A,D)} \\ U_2^{n,R_k} \\ 0.1 \end{pmatrix}\begin{pmatrix} D_2^{n+1} \\ \overline{U}_{n+1}^{(M,A,D)} \\ U_2^{n+1,R_k} \\ 0.5 \end{pmatrix}\begin{pmatrix} D_2^{n+2} \\ \overline{U}_{n+2}^{(M,A,D)} \\ U_2^{n+2,R_k} \\ 0.2 \end{pmatrix}\right\} \quad (4-8)$$

如果两个创新主体能连续多次（一般为两次以上）合作成功，则形成固定网络，从而作为一个整体来进行创新活动。它们还可以再寻找新的合作伙伴，形成联盟，从而形成更大的跨域创新网络子组或子网。这种合作创新关系并不稳定。当技术研发失败，固定网络的资金可能小于零，平均技术能力低于整体平均技术能力水平的时候，合作关系就会解散。

合作创新完成后要对创新收益进行分配。首先确定创新主体投入资源量，如式（4-9）所示。

$$\text{Mount} = \sum_{j=1}^{n} M_j \times Q_j^{A,\ C,\ D} \quad (4-9)$$

式中，M_j 为创新主体在不同领域拥有的创新资源量，Q_j 为创新主体在跨域创新网络结构下拥有不同领域创新资源的比例。

这里假设一个单位创新资源通过合作研发可以产生 λ 倍的创新资源量，则双方创新收益和为：

$$I' = \omega \times (M_1 + M_2) \times \lambda \quad (4-10)$$

式中，ω 为合作风险度（取值在 0~1 之间），当 $\omega<\frac{1}{\lambda}$时，亏损；当 $\omega=\frac{1}{\lambda}$时，不亏不赚；当 $\omega>\frac{1}{\lambda}$时，盈利；M_1 和 M_2 是双方各自的投资总量。通过式

（4-10）可得出双方各自的创新收益：

$$I_{1(2)}=\frac{M_1(M_2)}{M_1+M_2}\times I' \tag{4-11}$$

式中，$I_{1(2)}$ 表示各自的创新收益。

（2）创新知识的传播方式。第一，共享传播方式。共享传播方式是指多个跨域创新网络中的创新主体之间相互开放自身创新知识和协同取得创新收益的方式。每个主体拥有各自的创新知识库，库中存放着主体积累的创新知识，并随时间或增或减。创新主体有共享意愿，他们通常趋向选择知识储量较多的主体进行知识共享，愿意共享的创新主体间会建立创新知识共享通道（即跨域创新网络中节点之间的链接）。共享创新知识的过程：创新主体分别从自身知识库中抽取创新知识进行共享，两个主体共享的创新知识进入共享知识库，原则是选择与创新活动关系密切的创新知识。共享过程中的关键是创新知识传播效应，即用来衡量主体接收到创新知识后成功吸收知识并将知识转化为创新收益的吸收效果和转化效率，以及传播过程中创新知识的抗干扰能力，具体过程见式（4-12），粗体带′标记为选中创新知识。

创新主体 1：

$$\left\{\begin{pmatrix} D_1^{j} \\ \overline{T}_{j}^{(M,A,D)} \\ T_1^{j,K_k} \\ 0.3 \end{pmatrix}\begin{pmatrix} \mathbf{D_1^{j+1}} \\ \mathbf{\overline{T}_{j+1}^{(M,A,D)}} \\ \mathbf{T_1^{j+1,K_k}} \\ \mathbf{0.8} \end{pmatrix}'\begin{pmatrix} \mathbf{D_1^{j+2}} \\ \mathbf{\overline{T}_{j+2}^{(M,A,D)}} \\ \mathbf{T_1^{j+2,K_k}} \\ \mathbf{0.9} \end{pmatrix}' \cdots \begin{pmatrix} D_1^{j+b-1} \\ \overline{T}_{j+b-1}^{(M,A,D)} \\ T_1^{j+b-1,K_k} \\ 0.5 \end{pmatrix}\begin{pmatrix} \mathbf{D_1^{j+b}} \\ \mathbf{\overline{T}_{j+b}^{(M,A,D)}} \\ \mathbf{T_1^{j+b,K_k}} \\ \mathbf{0.9} \end{pmatrix}'\begin{pmatrix} \mathbf{D_1^{j+b+1}} \\ \mathbf{\overline{T}_{j+b+1}^{(M,A,D)}} \\ \mathbf{T_1^{j+b+1,K_k}} \\ \mathbf{0.7} \end{pmatrix}' \cdots \right.$$

$$\left.\begin{pmatrix} D_1^{n-1} \\ \overline{T}_{n-1}^{(M,A,D)} \\ T_1^{n-1,K_k} \\ 0.6 \end{pmatrix}\begin{pmatrix} \mathbf{D_1^{n}} \\ \mathbf{\overline{T}_{n}^{(M,A,D)}} \\ \mathbf{T_1^{n,K_k}} \\ \mathbf{0.9} \end{pmatrix}'\right\}$$

创新主体 2：

$$\left\{\begin{pmatrix} D_2^{j+3} \\ \overline{T}_{j+3}^{(M,A,D)} \\ T_2^{j+3,K_k} \\ 0.2 \end{pmatrix}\begin{pmatrix} \mathbf{D_2^{j+4}} \\ \mathbf{\overline{T}_{j+4}^{(M,A,D)}} \\ \mathbf{T_2^{j+4,K_k}} \\ \mathbf{0.5} \end{pmatrix}'\begin{pmatrix} \mathbf{D_2^{j+5}} \\ \mathbf{\overline{T}_{j+5}^{(M,A,D)}} \\ \mathbf{T_2^{j+5,K_k}} \\ \mathbf{0.6} \end{pmatrix}' \cdots \begin{pmatrix} D_2^{j+b-1} \\ \overline{T}_{j+b-1}^{(M,A,D)} \\ T_2^{j+b-1,K_k} \\ 0.4 \end{pmatrix}\begin{pmatrix} \mathbf{D_2^{j+b}} \\ \mathbf{\overline{T}_{j+b}^{(M,A,D)}} \\ \mathbf{T_2^{j+b,K_k}} \\ \mathbf{0.8} \end{pmatrix}'\begin{pmatrix} \mathbf{D_2^{j+b+1}} \\ \mathbf{\overline{T}_{j+b+1}^{(M,A,D)}} \\ \mathbf{T_2^{j+b+1,K_k}} \\ \mathbf{0.7} \end{pmatrix}' \cdots \right.$$

$$\left.\begin{pmatrix} D_2^{n+1} \\ \overline{T}_{n+1}^{(M,A,D)} \\ T_2^{n+1,K_k} \\ 0.5 \end{pmatrix}\begin{pmatrix} \mathbf{D_2^{n+2}} \\ \overline{\mathbf{T}}_{\mathbf{n+2}}^{\mathbf{(M,A,D)}} \\ \mathbf{T_2^{n+2,K_k}} \\ \mathbf{0.9} \end{pmatrix}'\right\}$$

创新资源库：

$$\left\{\begin{pmatrix} D_1^{j+1} \\ \overline{T}_{j+1}^{(M,A,D)} \\ T_1^{j+1,K_k} \\ 0.8 \end{pmatrix}\begin{pmatrix} D_1^{j+2} \\ \overline{T}_{j+2}^{(M,A,D)} \\ T_1^{j+2,K_k} \\ 0.9 \end{pmatrix}\begin{pmatrix} D_2^{j+4} \\ \overline{T}_{j+4}^{(M,A,D)} \\ T_2^{j+4,K_k} \\ 0.5 \end{pmatrix}\begin{pmatrix} D_2^{j+5} \\ \overline{T}_{j+5}^{(M,A,D)} \\ T_2^{j+5,K_k} \\ 0.6 \end{pmatrix}\begin{pmatrix} D_{1(2)}^{j+b} \\ \overline{T}_{j+b}^{(M,A,D)} \\ T_2^{j+b,K_k} \\ 0.9 \end{pmatrix}\begin{pmatrix} D_{1(2)}^{j+b+1} \\ \overline{T}_{j+b+1}^{(M,A,D)} \\ T_2^{j+b+1,K_k} \\ 0.7 \end{pmatrix}\begin{pmatrix} D_1^{n} \\ \overline{T}_{n}^{(M,A,D)} \\ T_1^{n,K_k} \\ 0.9 \end{pmatrix}\begin{pmatrix} D_2^{n+2} \\ \overline{U}_{n+2}^{(M,A,D)} \\ T_2^{n+2,K_k} \\ 0.9 \end{pmatrix}\right\} \tag{4-12}$$

第二，从属传播方式。从属传播方式是指跨域创新网络中，创新知识从一个核心创新主体向其从属子主体间传播，从而使子主体获得创新收益的方式。核心创新主体拥有创新知识库，库中存放着其积累的创新知识，并随时间或增或减。核心企业通过并购方式发展其他子企业形成知识传播通道，即跨域创新网络节点之间的链接。其过程如下：核心创新主体从自身知识库中抽取创新知识传播给子主体，选取的创新知识进入子主体的创新知识库，原则是选择与子主体创新活动关系密切的创新知识。子主体创新知识转化收益的大小直接和子主体传播效应相关，具体过程见式（4-13），粗体带′标记为选中创新知识。

核心主体：

$$\left\{\begin{pmatrix} D_1^{j} \\ \overline{T}_{j}^{(M,A,D)} \\ T_1^{j,K_k} \\ 0.4 \end{pmatrix}\begin{pmatrix} \mathbf{D_1^{j+1}} \\ \overline{\mathbf{T}}_{\mathbf{j+1}}^{\mathbf{(M,A,D)}} \\ \mathbf{T_1^{j+1,K_k}} \\ \mathbf{0.8} \end{pmatrix}'\begin{pmatrix} D_1^{j+2} \\ \overline{T}_{j+2}^{(M,A,D)} \\ T_1^{j+2,K_k} \\ 0.7 \end{pmatrix}\cdots\begin{pmatrix} D_1^{j+b-1} \\ \overline{T}_{j+b-1}^{(M,A,D)} \\ T_1^{j+b-1,K_k} \\ 0.5 \end{pmatrix}\begin{pmatrix} \mathbf{D_1^{j+b}} \\ \overline{\mathbf{T}}_{\mathbf{j+b}}^{\mathbf{(M,A,D)}} \\ \mathbf{T_1^{j+b,K_k}} \\ \mathbf{0.9} \end{pmatrix}'\begin{pmatrix} D_1^{j+b+1} \\ \overline{T}_{j+b+1}^{(M,A,D)} \\ T_1^{j+b+1,K_k} \\ 0.6 \end{pmatrix}\cdots\right.$$

$$\left.\begin{pmatrix} D_1^{n-1} \\ \overline{T}_{n-1}^{(M,A,D)} \\ T_1^{n-1,K_k} \\ 0.7 \end{pmatrix}\begin{pmatrix} \mathbf{D_1^{n}} \\ \overline{\mathbf{T}}_{\mathbf{n}}^{\mathbf{(M,A,D)}} \\ \mathbf{T_1^{n,K_k}} \\ \mathbf{0.8} \end{pmatrix}'\right\}$$

子主体：

$$\left\{\begin{pmatrix} D_2^{j} \\ \overline{T}_j^{(M,A,D)} \\ T_2^{j,K_k} \\ 0.4 \end{pmatrix}\begin{pmatrix} \mathbf{D_1^{j+1}} \\ \overline{\mathbf{T}}_{\mathbf{j+1}}^{(\mathbf{M,A,D})} \\ \mathbf{T_1^{j+1,K_k}} \\ \mathbf{0.8} \end{pmatrix}'\begin{pmatrix} D_2^{j+2} \\ \overline{T}_{j+2}^{(M,A,D)} \\ T_2^{j+2,K_k} \\ 0.8 \end{pmatrix}\cdots\begin{pmatrix} D_2^{j+b-1} \\ \overline{T}_{j+b-1}^{(M,A,D)} \\ T_2^{j+b-1,K_k} \\ 0.4 \end{pmatrix}\begin{pmatrix} \mathbf{D_1^{j+b}} \\ \overline{\mathbf{T}}_{\mathbf{j+b}}^{(\mathbf{M,A,D})} \\ \mathbf{T_1^{j+b,K_k}} \\ \mathbf{0.9} \end{pmatrix}'\begin{pmatrix} D_2^{j+b+1} \\ \overline{T}_{j+b+1}^{(M,A,D)} \\ T_2^{j+b+1,K_k} \\ 0.7 \end{pmatrix}\cdots\begin{pmatrix} D_2^{n-1} \\ \overline{T}_{n-1}^{(M,A,D)} \\ T_2^{n-1,K_k} \\ 0.5 \end{pmatrix}\begin{pmatrix} \mathbf{D_1^{n}} \\ \overline{\mathbf{T}}_{\mathbf{n}}^{(\mathbf{M,A,D})} \\ \mathbf{T_1^{n,K_k}} \\ \mathbf{0.8} \end{pmatrix}'\right\} \tag{4-13}$$

4. 仿真分析与结果

接下来研究所采用的模拟过程，运用芝加哥大学社会科学计算实验室开发研制的 REPAST 仿真平台，运用 JAVA 语言编写程序。主要参数的初始值如下：平均最短路径长度为 10.0，聚集程度为 0.325，度分布为 2.6，中介数目为 5，企业数目为 200，大学和科研院所为 30，金融机构为 48，其他参数均为默认值，这里就不一一列出，如图 4-1 所示。

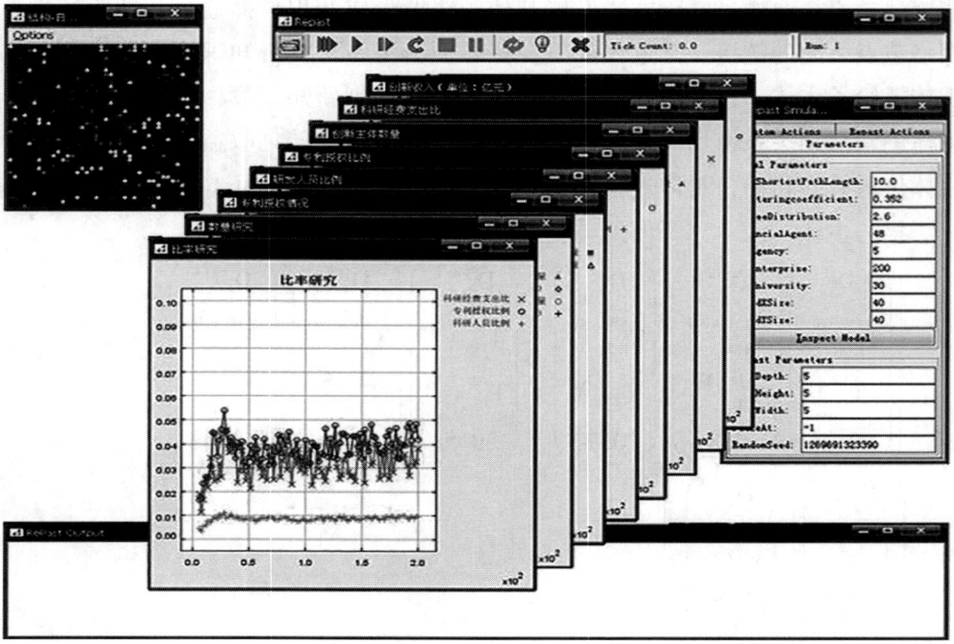

图 4-1　REPAST 仿真平台

第一，仿真运行结果展示。本仿真模型采用步长作为仿真时钟的度量单位，当步长达到200时，系统的演化呈现稳定状态，企业数目、创新收入均达到一定的规模，仿真停止。仿真模型运行结果如图4-2所示。

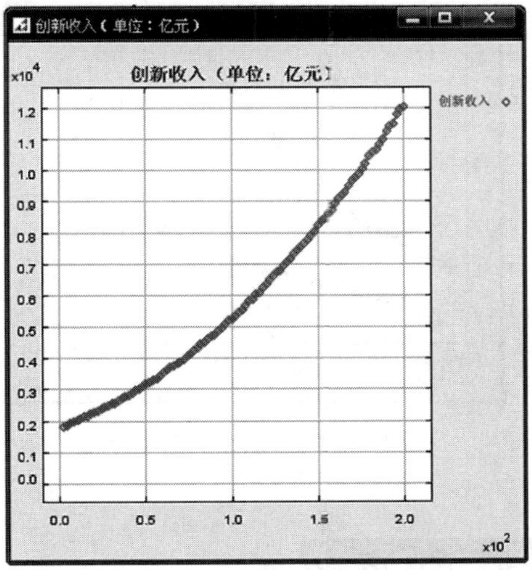

（a）创新收入仿真结果

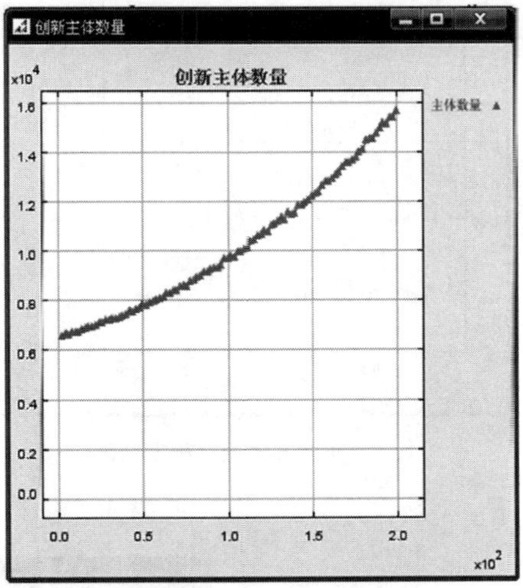

（b）创新主体数量仿真结果

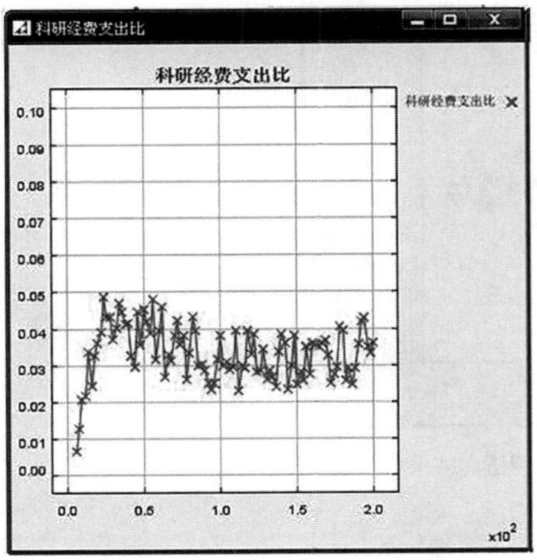

（c）科研经费支出比仿真结果

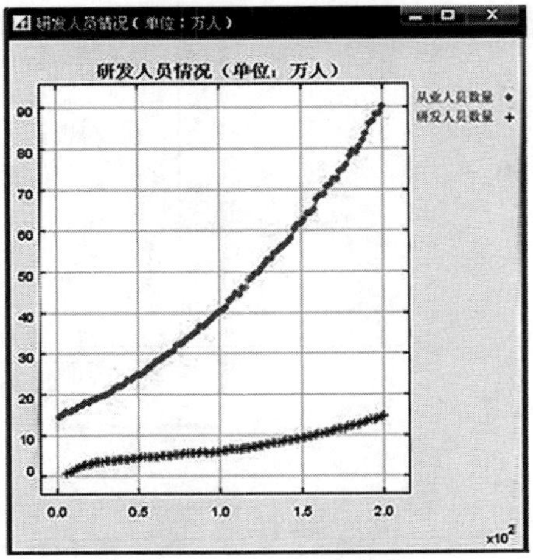

（d）研发人员情况仿真结果

图4-2　仿真结果

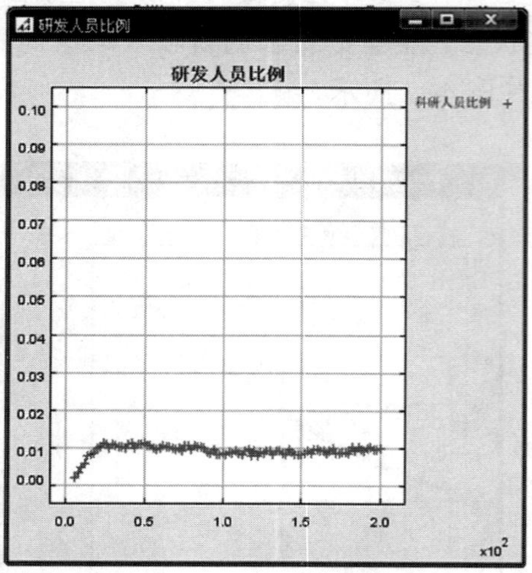

（e）研发人员比例仿真结果

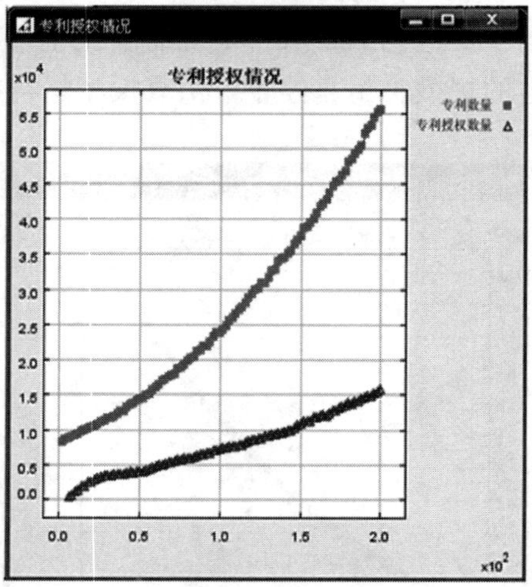

（f）专利授权情况仿真结果

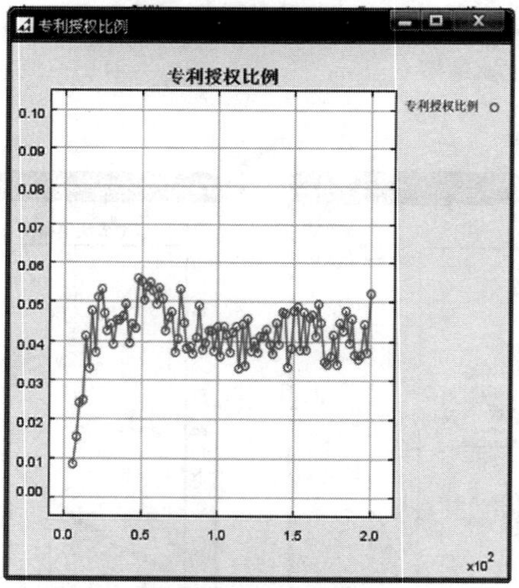

（g）专利授权比例仿真结果

图 4-2　仿真结果（续）

对于创新收益来说，跨域创新网络演化开始时创新主体创新资源利用能力不高以及创新知识的传播效应弱导致创新收入增长比较缓慢。后期随着创新资源和创新知识向创新成果不断转化，经验的不断积累和技术的不断成熟促进了创新收益逐渐增长，使得创新收入增加速度变快。

由于创新资源和创新知识不断转化为创新收益，创新资源利用能力和创新知识的传播效应不断提高，跨域创新网络中参与创新的主体数量不断增加。特别是在跨域创新网络演化的初始阶段，由于创新资源利用能力不高以及创新知识传播效应差，致使网络中的主体参与数增长缓慢。但是，随着创新资源的持续转化，带动跨域创新网络中创新资源利用能力和创新知识传播效应逐渐提高，网络整体自主能力也随之提高，因此参与创新的主体数目不断增加。

创新初始阶段政府投入科研经费支持创新活动，科研经费的支出占创新收益的比例随着跨域创新网络创新活动增加而提高。随着创新资源利用能力的稳定，网络中创新资源转化技术已经达到成熟，再增加科研投入也无法从根本上提高创新资源利用能力，因此科研经费与创新收入比在 0.3~0.6 震荡。

研发人员随着创新活动的需要不断增加。跨域创新网络演化初始阶段，由于创新人才的稀缺，研发人员的增长速度很快。随着创新活动的进行，对研发人员的需求逐渐趋于稳定，研发人员数量的增长速度减缓。后期为了突破现有水平，提升整体创新能力，需要补充一批研发人员从事技术研发创新活动。因此，研发人员数量快速增长。研发人员占从业人员比率在 0.2 上下波动，波动区间为 0.16~0.21。

专利授权数量的增长趋势随着专利申请数量的增加而增加。跨域创新网络演化前期由于技术匮乏和创新活动的需要，专利的授权数量增长迅速。中期阶段，技术的稳定和专利创新难度加大，专利授权数量缓慢增长。后期阶段，创新需求逐渐强烈，为适应跨域创新网络的发展，主体加大创新投入，专利授权数量增长迅速。专利授权数量占专利申请数量的比率在 0.3~0.5 波动。

第二，仿真比较分析。为了便于更加直观地看出跨域创新网络演化过程中结构对创新能力的影响，本书的研究比较了三组参数下跨域创新网络创新能力数值，它们分别代表当平均最短路径长度、聚集程度和度分布为 21.0、0.352、2.6，12.5、0.57、6.3 以及 8.0、0.93、15.6 时创新主体数量、创新收入、专利授权数量、科研人员数量以及科研经费支出比、专利授权比例和研发人员比例情况，如图 4-3 所示。

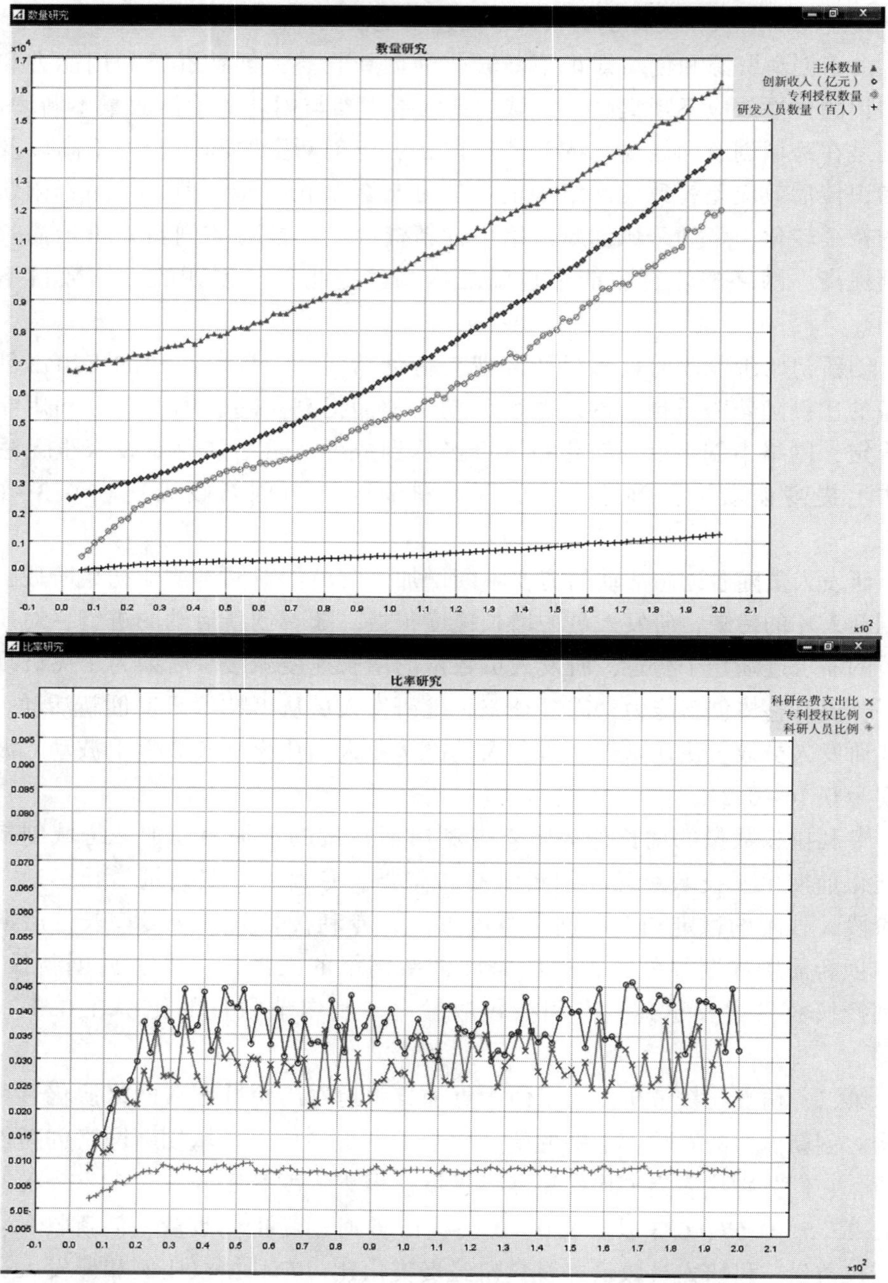

（a）结构 1：平均路径长度 21、聚集程度 0.325、度分布 2.6

图 4-3　多参数仿真比较

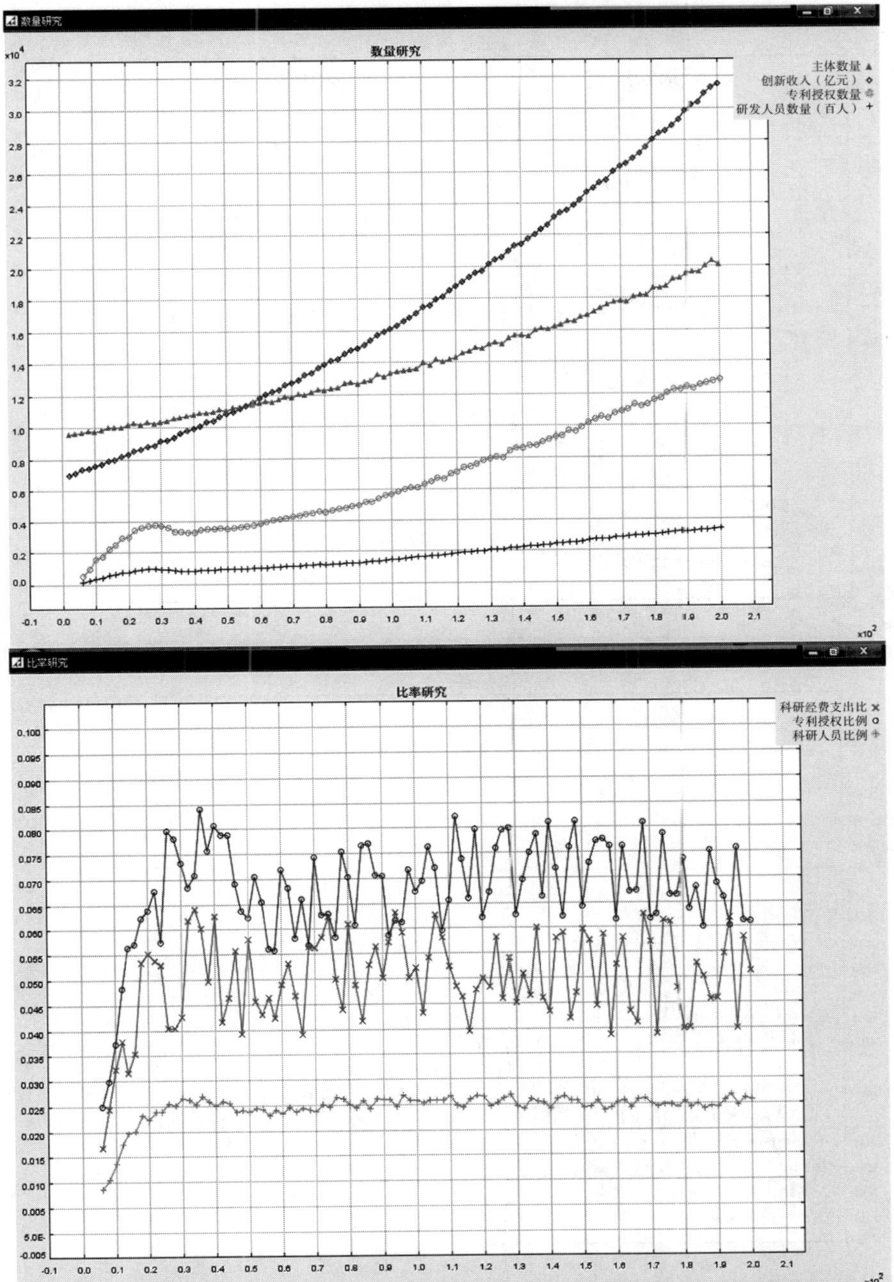

（b）结构 2：平均路径长度 12.5、聚集程度 0.57、度分布 6.3

图 4-3　多参数仿真比较（续）

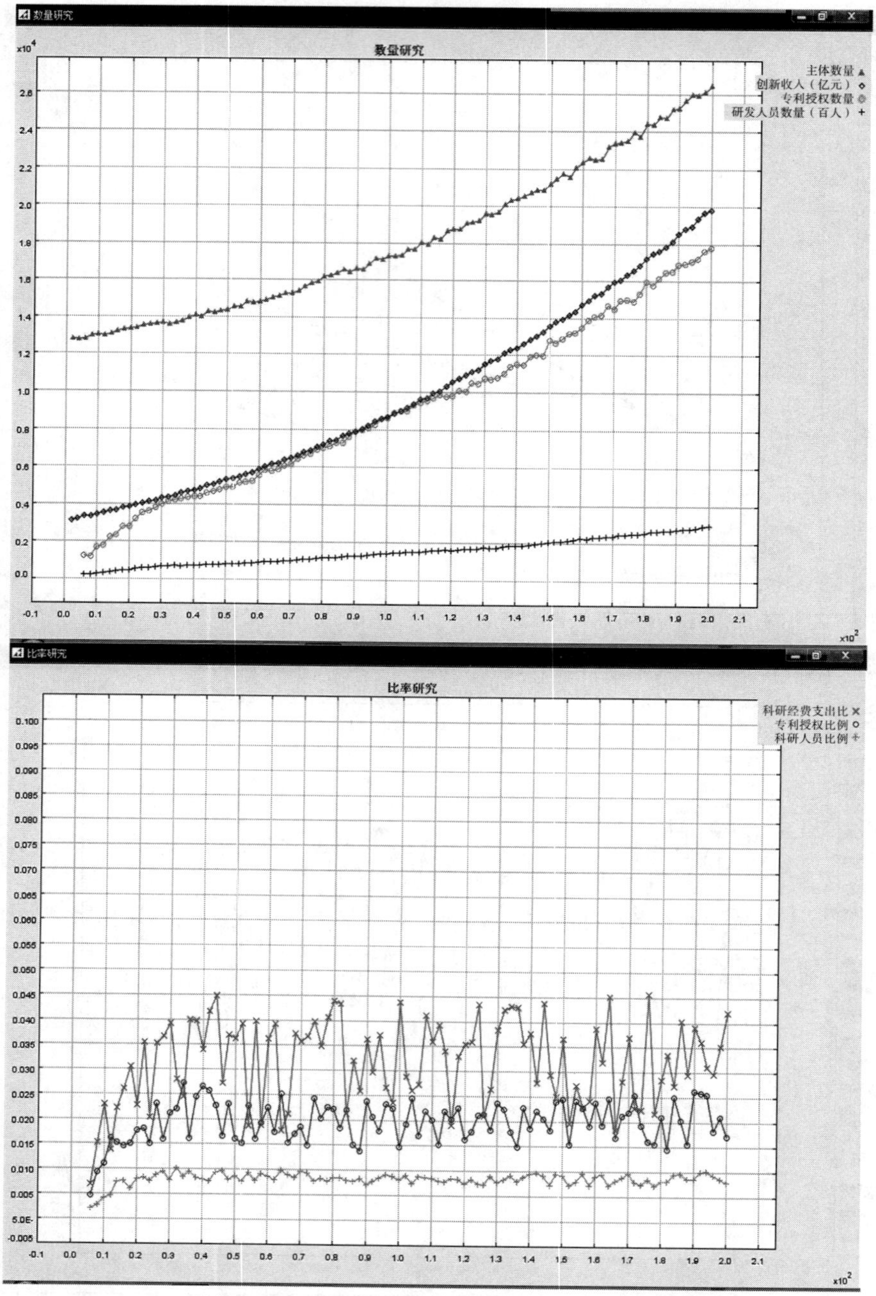

（c）结构3：平均路径长度8.0、聚集程度0.93、度分布1.56

图4-3　多参数仿真比较（续）

资料来源：https：//www.renrendoc.com/d-28353176.html。

当平均最短路径长度越大时，表明一个创新主体与另一个创新主体沟通越困难，沟通成本越高，创新主体因此倾向于选择独立创新；相反，如果跨域创新网络中平均最短路径长度越小，创新主体间沟通越容易，沟通成本越小，主体倾向于选择合作创新。当聚集程度越高时，创新主体间联系越紧密，合作概率越高，主体间倾向于合作创新；当聚集程度越低时，创新主体间相去甚远，主体更倾向于独立创新。当网络中度分布较高时，与创新主体相联系的其他主体越多，沟通越紧密，因此合作创新的概率大大提高，创新主体倾向于合作创新；度分布较低时，创新主体成为了单一节点，对外沟通渠道很少，更倾向于独立创新。

由图 4-3 的多参数仿真结果中可以看出演化在一定范围内随着平均最短路径长度的减小、聚集程度的增大和度分布的提高，创新主体数量增加，创新收入增多，专利授权数量增多，研发人员数量也同时增多。此外，科研经费支持比例提高，专利授权比例加大，研发人员比例也得到提升。通过减小平均最短路径长度、提升聚集程度和加大度分布，跨域创新网络创新能力可以得到加强。

当平均最短路径长度在 12.4～12.7，聚集程度在 0.57～0.60，度分布在 6.3～6.6，跨域创新网络的创新能力达到峰值。其中，科研经费比例达到最高，在 0.40～0.65 波动；专利授权比例达到最高，在 0.60～0.85 波动；研发人员比例在 0.25 上下波动。在这一结构下，小世界特性凸显，创新主体间的合作创新与独立创新并行，创新主体不会因为结构过于紧密导致过度效仿、竞争过激而创新趋同，主体创新活跃性最强，创新资源利用能力和创新知识传播效应得到了最大的发挥。

当平均最短路径长度在 8.0 以下，聚集程度在 0.9～1.0，度分布在 15 以上时，跨域创新网络的创新能力反而不高。虽然科研投入比例加大，但是专利授权比例和科研人员比例仍然很低。过度紧密的结构降低了创新主体的创新活跃度，束缚了主体的创新思维。这是因为过度聚集使创新主体技术趋同，创新资源利用水平出现了难以突破的瓶颈，创新知识在区域完全共享，主体可以选择已有的成熟模式发展，主体失去了创新动力，导致跨域创新网络的创新能力变弱。

第五章

京津冀跨域创新网络协同效应

第一节　京津冀跨域创新网络的多网络协同效应

一、跨域创新网络的多网络研究基础

网络科学被广泛认为是跨域创新网络多网络研究的基石。互联网科技的飞速发展和复杂性科学研究的逐渐深入，使得网络科学的范围不断扩大，不仅包含数理统计学、物理学、计算机科学，还包括管理学、经济学以及社会学等学科。随着对互联网、电力网络、石油网络、供应链网络等大型网络的管理（应急管理）需要，很多国家的高等院校都设立了网络科学研究实验室，并将网络科学的研究提升到了战略层面。网络科学（在学科成立之初被称为复杂网络理论）的主要研究目的是网络演化的性质分析、网络演化相关拓扑结构的探索、网络在演化过程中的动力学特征以及网络主体之间的作用关系，以物理统计方法和图论为研究基础。目前针对现有的研究，网络科学的研究对象主要包括随机网络、小世界网络和无标度网络，以及它们的拓扑结构、特性、连通机制、动力学机制等。近年来，通过应用网络科学理论，可以对复杂系统进行更深入的研究，发现了整体网络内部存在多个子组网络（也有学者称之为子团、子网），并归纳出交互和相依两类典型的多网络连通关系，通过数理模型揭示了多网络渗流连通的规律，为今后多网络的研究奠定了理论基础。

书中前文说明了渗流理论也被称为渗流连通性、交互连通性（Berkowitz，1995），是一类复杂网络动力学机制，在多网络模型研究中经常被应用（Gao et al.，2011）。多网络模型则为本书对京津冀跨域创新网络交互连通性的剖析提供了有力的工具，此类模型的出现源于现实中大多数网络并非单独存在，它们往往作为巨大的系统的组件共同出现，而单一结构的网络模型（诸如 ER 随机网络和无标度网络）很难完美地刻画各子网络之间的关联和相互影响。多网络模型中最具代表性的模型包括相依网络模型和交互网络模型。其中，相依网络模型近年来被众多学者讨论，该模型强调现实世界中的网络往往两两相依，一个网络中某些节点出现问题将导致另一网络中部分节点无法正常运行，进而引发相继故障，在该模型中，网络连接也通常被划分为相依连接和连通性连接。

而交互网络内部只存在连通性连接一种，该模型使用多度分布来描述各子网络结点的连接态势，并且应用生成函数方法计算部分主要多网络结构连通性指标的估计值。Fu 等（2017）将该模型的研究对象从无向交互网络拓展到有向交互网络，Li 和 Zhang（2015）则将该模型应用于研究高校子网和企业子网所组成的校企合作研发交互网络的连通性问题，而本书接下来的研究也将应用该模型来剖析京津冀角色和地域等子网的连通性问题。

研究者们在研究跨域创新网络时，通常都是将企业作为主要的研究对象，认为跨域创新网络中企业占主导地位，主要研究创新主体之间的异质性和同质性，以及影响网络创新绩效的影响因素。跨域创新网络中的创新主体在合作创新中可以弥补自身的不足。创新主体之间的资源知识共享以及技术交流可以提高合作主体彼此间的创新能力，从而达到“1+1>2”的双赢效果。跨域创新网络是一个复杂的创新系统，里面包含多种多样的主体，而网络中存在的主体又具有极大的不稳定性和复杂性。Verspagen 和 Duysters（2004）在研究创新合作的过程中，以复杂网络理论为研究基础，其研究发现，跨域创新网络的拓扑图显示该创新网络属于“小世界网络”，其网络中的聚集系数相较来说更高，平均距离更短，这些都说明了该跨域创新网络或其子网络具有“小世界网络”的特征。张文春（2011）分析了高新技术集群产业的创新网络结构，以复杂网络理论为研究视角，研究了该创新网络中的集聚系数、度分布以及平均距离等相关特征指标，通过分析集中特征指标可以确认高新技术集群产业的网络模式，为以后该区域合作创新提供了发展的方向以及应对措施。曾宇星（2005）研究了跨域创新网络的创新效率以及合作创新网络的稳定性，以“小世界网络”为研究视角，建立合作创新网络的小世界网络模型，并以此为基础，对合作创新的创新绩效进行模拟，以便为以后的发展提供有力的支持。彭盾（2010）研究了中国基因工程制药企业创新网络的演化机理，基因工程制药企业属于高新技术企业，而高新技术企业创新网络包含复杂型、散装型和完全连通型三种网络结构，高新技术企业合作网络在演化的过程中会受到内外部因素的影响。陈雄辉等（2010）以广东的合作创新网络为研究对象，对广东的区域创新能力进行评价，该研究运用复杂网络理论，而广东区域创新网络创新能力指标体系的构建正是基于此理论，主要对广东合作创新网络中的平均距离、度分析以及聚集系数三个指标进行分析，通过分析三个指标为广东的区域创新网络发展提供积极有效的对策建议，从而提高广东区域创新能力。

二、跨域创新网络的多网络协同效应

（一）跨域创新网络的多网络中心性效应

在跨域创新网络中，创新主体之间的相互连通往往是通过一个或者几个主体进行连接，当主体之间的创新要素需求一致时，以一个主体为中心会有多个主体进行连接，此时就形成了跨域创新网络的中心性特征，它是网络结构的主要表现特征，体现了创新网络中资源交换的特性。创新网络中创新主体与其他主体之间联系越紧密，表明主体的中心程度越大，其获得资源、技术和知识的程度也就越高。在对创新网络创新主体的研究中，研究者们更加关注的是位于中心点的主体，位于中心点的创新主体与其他主体之间的联系会更加紧密，可以将更多的资源整合在一起，从而提高创新效率。

当跨域创新网络中的创新主体位于中心位置时，它会将更多的资源、知识和技术整合在一起，合理有效配置资源，以提高技术创新能力，这就是创新网络的中心性效应。具有中心性效应的创新主体在跨域创新网络中的地位是很重要的，其能够加强主体之间的联系，其他主体的合作都会经过中心主体进行联系，具有中心性效应的创新主体可以把控和影响网络的发展，加强创新主体之间的合作，使跨域创新网络更加稳定。跨域创新网络中具有中心性效应的创新主体整合了网络中的大部分资源和信息，其他主体与中心主体之间的交流变得更加频繁，加强了资源和知识在创新主体之间的流动，从而使其他创新主体获得更多的创新要素，提高技术创新能力。

（二）跨域创新网络的多网络集聚效应

跨域创新网络具有开放性，创新主体可以自由地出入网络，即断绝与区域内、外其他主体的合作创新关系。创新网络中的创新主体也可以与外界进行自由的沟通，创新主体之间可以共享资源、技术和信息，主体之间取长补短，从而优化自身的资源结构，提高资源储存量。因此，跨域创新网络在发展过程中具有集聚效应。随着全球经济的发展和科学技术的进步，创新主体之间的联系也越来越紧密，在网络内部紧密联系的同时，也需要加强与外部环境的交流，了解外部环境发展的现状，以便及时调整发展方向，进而提高主体的创新能力和创新绩效。创新主体与外部环境的交流可以扩大自身的技术范围，实现多方面创新，增加新产品的产出，以此提高主体的竞争能力。

跨域创新网络的多网络集聚效应是指整体网络和子网络中的创新主体对知识、资源、服务和技术的共享。跨域创新网络中企业的规模有大有小，小企业在进入跨域创新网络之前，其资金、技术以及人才资源不如大企业，进入创新网络后，小企业可以共享大企业的资源，进而提高自身的技术创新能力。例如，美国的“硅谷”，企业的地点如果选择在硅谷就要承受所在地域的高昂成本，但是在硅谷可以享受到先进的资源、技术和知识，提供了企业所需要的创新要素，可以促进企业快速成长，从而变得更具有竞争力。

（三）跨域创新网络的多网络邻近性效应

邻近性是指创新主体之间相互联系的距离，区域创新网络的邻近性包括三种类型，即地理邻近、关系邻近和认知邻近。跨域创新网络的形成首要考虑的因素是空间距离的远近，许多著名的学者通过对跨域（多区域）创新网络的地理邻近性的研究，证实了距离越近，跨域创新网络的绩效就会越高，反之则越低。针对地理邻近性的研究，部分学者基于实证研究的视角对地理邻近性与创新网络创新绩效的关系进行了研究。Almeida 和 Kogut（1999）实证研究了美国半导体产业的创新网络，研究发现地理邻近性有利于创新网络中创新主体之间的技术交流和资源共享。韩宝龙等（2010）实证研究了我国 53 个高新技术区，研究结果显示地理邻近性与区域中的创新绩效呈现正相关关系。

地理邻近性确实对于跨域创新网络创新绩效具有积极的推动作用，但是，过分的地理邻近对创新绩效会产生反向作用，它会阻碍知识的传播以及产生，所以在研究地域邻近的同时也需要考虑跨域创新网络中的关系邻近性对创新绩效的影响。许多研究发现，关系邻近性与创新绩效为正向相关，Fornahl 等（2011）基于产品和工艺创新的视角，对关系邻近性与创新绩效的关系进行了研究，研究发现创新主体之间的关系邻近对创新绩效有正向影响作用。Cantner 和 Graf（2006）实证研究了德国耶拿地区关系邻近与创新绩效的关系，结果同样显示关系邻近促进了区域创新网络的创新绩效。

跨域创新网络中创新主体之间的联系除了需要考虑地理邻近性和关系邻近性，还需要考虑创新主体的认知邻近性，如果跨域创新网络中创新主体在知识体系和技术方面存在差异，创新主体之间的联系则会降低，创新主体具有相同的认知，则可以促进主体之间的知识交流，提高技术创新能力。相反，过分的认知邻近会阻碍新技术的产生。苏灿等（2021）实证研究了上海浦东集成电路产业跨域创新网络，研究发现认知邻近可以提高创新网络的创新绩效，但是过分的认知邻近会阻碍跨域创新网络的发展。

第二节　京津冀跨域创新网络的多网络嵌入式协同演化模型

一、跨域创新网络的多网络嵌入式协同演化模式

中国正处于转型经济重要机遇之期，在“万众创新、大众创业”号召下，新兴技术创业企业如雨后春笋般出现。伴随企业规模拓展、技术深化、市场占有等需求的增加，这些企业面临着技术创新的外部性挑战。“孤胆创业”模式在知识交互频繁、技术壁垒重重的今天，已经给企业带来了发展困境。学术界总结为“高创新动机”和“低创新条件”之间的矛盾（尹俣潇等，2019）。

跨域创新网络的多网络嵌入式协同演化是创新主体在多个区域内进行嵌入式合作创新的一系列活动对整个跨域创新网络特征、结构、功能等的影响。嵌入式合作创新模式的提出能够在一定程度上突破“孤独创业”的困境，借助跨域创新网络的技术创新溢出效应，企业得以保持市场竞争力。正如资源基础理论所强调的，企业技术创新合作的目的是协同合作主体的优势资源，全局配置，互补互惠，实现“1+1>2”的共赢过程。

整体网络视角下，合作创新的嵌入过程已被学术界和实践界广泛关注。单一视角下嵌入机制在于突破合作主体资源获取、利用和转化过程。然而，随着关键创新技术研发活动的加强，和非关键技术部门的逐步剥离，跨域创新网络在技术上和关系上展示了区别于传统供应关系的多网络特征。简言之，创新主体需要跨越依赖“技术突变—技术转让”的外围技术交易网络，积极寻求机遇进入产业分工当中从事技术合作研发，逐渐嵌入跨域创新网络核心位置。

在产业组织理论的基础上，跨域创新网络多个子网内与子网间在整网关联上的资源流动，被越来越多的学者强调。随着学者们开始对创新网络位置与资源分配、知识溢出、跨域合作、创新绩效等问题的深入研究，网络嵌入性开始进入学术界的视野。Granovetter（1992）、Gulati 和 Sytch（2007）认为网络嵌入

性是社会结构与经济活动的相互作用，跨域创新网络主体的理性行为受到子网内与子网间主体交互关系的影响，从而影响创新网络整网属性。关系嵌入模式和结构嵌入模式是典型的产学研跨域创新网络的多网嵌入模式。关系嵌入模式主要是以直接合作为核心的创新主体间交易关系问题，其研究主要关注关系的内涵、方向、强度及稳定性。结构嵌入模式所关注的是跨域创新网络中关联主体网络位置与资源禀赋关联，其主要研究方面为跨域创新网络整网与子网在网络中的分布、网络密度、网络规模和渗流效应等。

（一）多网络关系嵌入模式

Polanyi（1944）最早提出了“关系嵌入”的概念，Granovetter（1992）从网络视角定义了关系嵌入性，强调了关系嵌入关注于合作双方的相互信任和利益承诺，关系嵌入性是一类建立在网络连接关系基础上的“二元交易”，突破了传统的经验学习，进而更加关注信息共享、信息处理、合作信任等。

关系嵌入对于创新主体来说，鼓励其与跨域创新网络中其他主体互动，构成强（弱）连接的关系网络，吸收、配置和转化网络中的资源，通过连接突破子网束缚，占据跨域创新网络核心位置，加强创新核心圈联系，在互惠互利的基础上，实现企业发展。

已有研究显示，如果创新主体之间和与其他创新主体之间的联系较为密切时，这些企业相互学习的意愿会显著增强（冯增田和郝斌，2014）。在跨域创新网络发展初期，关系嵌入不仅可以增强创新主体对创新创业认知、机遇的把握度、敏感度，也有利于创新主体在技术研发过程中提升其对员工、客户的管理能力（李志远和王雪方，2015）。在很大程度上整体形成一个交互激励的知识网络，以共享、合作为基础呈现开放性、互动性的网络体系（单标安等，2015）。Gulati 和 Sytch（2007）揭示了网络中关系嵌入的三个重要因素，它们分别是和谐行动、信任承诺、信息互享的质量与宽度。

关系嵌入描述了创新主体之间交互关系的性质或质量，反映了嵌入关系网络中多主体创新（合作、集聚、资源整合）行为受到子网及其整个网络影响和决定的特性。从系统生成论视角出发，可知这类复杂系统要经历“生”和“成”两个阶段方可出现（刘国巍和曹霞，2018）。同时，关系嵌入也是基于互惠关系预期而产生的双向关系，这类关系的强弱有其划分的依据。强联结是指创新主体之间深层次的交互联系，即更深的感情深度、关系密度、互动频度、互惠交易广度等；反之，则为弱联结。随着关系嵌入的研究深入，学者们在强弱联结与企业知识获取的作用关系上持有不同观点（万元和李永周，2014）。早期学者普遍认为嵌入性的弱联结更有利于获取知识信息，而 Uzzi （1997） 则认为强联结更能推进网络条件下企业的信息交换和知识传递。

现有研究表明，创新主体嵌入在跨域创新网络中有利于它们获取新知识，而且关系嵌入与跨域创新网络知识共享效率间的关系研究一直是领域内的热点话题。有学者指出创新主体内部的知识传递依赖其正式和非正式的网络连接（O'Berry，2007）。创新主体为了构建自主的关系嵌入网络，往往会增加信息共享成本，从而推动创新绩效的提高（Naif Marouf，2007）。关系嵌入的稳定性对探索性知识共享和利用性知识共享具有调节作用（Im & Rai，2008）。国内学者也对此进行了广泛的研究。如常西银和孙遇春（2018）通过对上海多家典型的企业网络协同创新的合作运行状况进行调查，剖析了创新网络协同与主体间知识扩散共享的交互作用关系，并发现了两者的双向循环促进机制。吴晓波和韦影（2005）调研了浙江重点医药企业，发现了关系嵌入性有助于创新主体提升信息共享渠道和吸收能力。应洪斌和沈瑶（2009）认为，网络特性和关联特性能显著提升知识的互动与转移效果。从复杂网络的异质性特点来说，创新网络中多主体的关系嵌入影响着知识共享模式，网络集聚、耦合和结构洞等也在其中发挥着重要作用（廖开际等，2011；王嵩等，2010）。

综上所述，关系嵌入维度影响着知识共享的过程，关系嵌入程度左右资源吸收和利用的效果，从而使跨域创新网络中的创新主体协调趋向于技术创新的理性行为。然而，即使关系嵌入在传递信息、共享知识方面具有优势，但是如果创新主体不能形成对跨域创新网络关系的辨别能力，选择适合的行为方式，知识和资源也无用于主体创新绩效。主体在跨域创新网络中通过关系嵌入后，可通过整合优化网络资源、交换优质信息、探寻占据技术创新核心位置的途径，在核心技术层保持优势发展，带动合作伙伴共同成长。创新主体从跨域创新网络中获取资源和知识，有利于主体生存和成长。因此，关系嵌入的广度和深度对主体在网络中的生存状况、创新绩效，都需要通过适应性创新行为将知识转化，形成核心技术，最终转化为创新收益。

（二）多网络结构嵌入模式

结构嵌入的理论基础来源于网络科学、管理学、经济学中的社会网络分析，其研究视角更多关注于网络主体间交互联系的总体性结构，它一方面强调网络的整体功能和结构；另一方面关注主体（网络节点）在不同层级网络中的结构位置（范群林等，2010）。结构嵌入性研究的重点是网络结构特征对企业行为和绩效的影响（Hagedoorn，2006）。测度指标一般由节点度、中介中心度、结构洞等网络参数构成。

跨域创新网络中主体的创新行为往往受到网络相邻主体和网络环境因素的影响，为了协调资源禀赋以适应环境，创新主体之间会依赖共赢互惠目的而结成合作伙伴关系。合作的形式和抽象拓扑是网络结构嵌入的基础。多网络视域下的网络嵌入性一般是指跨域创新网络主体的创新行为嵌入在整个网络或其子网中，受多网络、多主体之间相互关系以及整个网络结构的影响，这种互动影响实现了跨主体、超网络的知识、信息等资源的传播和共享，促进了技术创新的扩散。

近年来，学者们针对结构嵌入性如何作用于创新能力进行了大量的研究，主要集中于企业、集群和区域三个层次，并构建了单一和多个区域的创新网络结构嵌入性评价指标体系，该体系以节点度、中心度、异质性等网络特征测度为主要指标，分析体系指标对创新能力的影响过程和机理。姜博等（2019）应用ISCNFI指数测度模型和基于产出距离函数的超越对数前沿分析方法，对2006~2015年省际装备制造业的7个子行业面板数据进行了装备制造业产业融合程度及创新效率变化情况的分析，揭示了结构嵌入性强化了资源利用率和合作创新效率。林少疆等（2016）以335家高新技术企业为样本，应用结构方程模型，分析了创新网络结构嵌入性对协同创新能力的影响，并基于共生理论，检验共生行为在创新网络结构嵌入性与协同创新能力间的中介作用。上述研究表明，跨域创新网络结构嵌入性的网络规模、网络异质性、网络开放度三个维度与协同创新能力、资源互补之间存在显著的正相关。

部分学者也提出，从知识传播效果来看，知识共享的广度和深度取决于网络的结构嵌入维度。因此，跨域创新网络多主体需要通过结构嵌入占据创新核心位置以此来获取前沿技术知识和资源，打破原有局部聚集的创新小群体壁垒。党兴华和常红锦（2013）认为，创新网络结构嵌入主要关注于创新主体的知识获取能力及其在网络中的位置，这类嵌入性可以从网络规模、位置等方面加以衡量。

也有学者站在整体网络视角强调，结构嵌入性就是网络的整体结构，表征了主体在创新网络中的位置和地位，主要有网络密度和网络中心性两个子维度，结构嵌入性在获取网内主体技术创新的信息和价值性资源方面尤为重要（孟迪云，2018）。侯仁勇等（2019）在嵌入式创新背景下，以武汉东湖高新区生物医药领域知识网络为研究对象，揭示出主体创新活动受到知识网络中知识元和协同网络中合作关系的双重影响。其从网络结构视角研究知识网络嵌入和协同网络嵌入对主体创新绩效的影响，构建了协同网络模型，分析出中心度和结构洞对于企业创新绩效的影响。

综上所述，就跨域创新网络复杂多层次多结构性而言，网络结构嵌入模式的应用，可以为主体在创新网络子网内、子网间、整网内的不同维度，创造信息、知识流动和传播的最佳“位置”，从而提升创新主体的创新能力和技术优势。反之，就会导致主体技术创新行为受限，主体创新活动孤立而分散，形成创新壁垒。网络结构嵌入性为显性知识、隐性知识的传播、吸收和利用创造了外部条件，主体利用嵌入关系分配资源，实现互惠均衡，提高知识和资源溢出效率，有利于隐性知识的获取和吸收，促进技术创新扩散，提升协同创新能力。因此，在跨域创新网络中，拥有较好的网络结构嵌入性的主体会表现出更好的创新活力。

二、跨域创新网络的多网络嵌入式协同演化模型构建

(一) 模型依据

资源依赖理论认为，产学研跨域合作创新嵌入在直接或间接合作关系以及外部环境中，其成败受到主体间以及外部资源供给状况的影响。由于创新主体对资金、技术、管理等资源的争夺，网络合作创新往往名存实亡，解决办法则在于促进主体积极寻求外部资源供给（孙彪，2017）。因此，资源禀赋是跨域创新网络中创新主体角色定位和随机交互的基础。有关网络能力的相关研究表明，从知识资源、网络位置、网络权力和组织间信任来看，变革主体与其他网络主体的关系、外部网络价值和机遇的探索和识别、信息和资源的获取是网络主体随机交互的动机（宋晶和孙永磊，2016）。复杂适应系统理论强调了技术创新过程的合作本质，揭示出合作结果是改变主体在网络中的位置，而产生创新的结果是网络中所有的主体都随机地重新定位，即主体不同的选择策略会连接不同的合作伙伴（尹智刚等，2016）。因此，随机连接重构和跨域资源整合是创新主体跨域合作创新交互的内容。复杂网络理论为上述过程的讨论提供了连通性研究方法。连通性研究的重要作用是评价创新主体跨域合作交互的网络重构过程，计算出现巨大节点集群（极大子团）的临界概率，超过临界概率则极大子团扩展到整个网络。Newman 等（2000）、Leicht 和 D'Souza（2009）、Cohen（2010）先后基于渗流连通性提出单一网络和多网络连通机制的生成函数模型，用来研究网络健壮性。生成函数模型（Newman et al.，2002）通过估算极大子团比例来解释多网连通性，其最具贡献之处为将数量巨大的节点度分布概率之和等价转换成节点度分布概率乘积，方便了导数运算求取均值，为跨域创新网络中创新主体合作的随机交互过程分析提供了模型基础。

本书这部分的研究旨在追求：第一，拓展复杂网络渗流连通性的研究，建立随机交互过程，在既定跨域创新网络结构下加入随机连接概率，表征动态的随机交互生成过程，强调幂律特征基础上的网络自由重构。第二，引入多网络研究视角，验证跨域创新网络存在的连通阈值的相变点，在实证关系基础上，指出保护哪类主体更加有利于创新主体跨域合作创新和跨域创新网络的整体高效运行。

（二）基本假设

首先，跨域创新网络的网络结构方面，由于主体基于角色定位选择合作对象的策略存在差异，但基础网络资源禀赋依然符合幂律特征，网络拓扑形态具有小世界或无标度特性，同时，随机交互过程网络结构变化受到不同层次网络内部连接概率和外部连接概率的影响。

其次，跨域创新网络的网络生成过程，多个交互网络中的任意一个网络能够应用联合度分布进行描述，子网内连接概率和子网间连接概率描述单一网络交互和多网络交互状态。生成过程由随机节点开始通过节点对外连接概率和边展示交互连通过程。

再次，跨域创新网络的网络失效机制，当遇到合作创新风险、创新不确定性、竞争破坏等诱因，使跨域创新网络中的合作失去功能（连接消失），失效会通过交互关联在整个连通网络传播，产生级联过程，伴随网内与网间的二分过程，其中假设失效过程无新主体进出。

最后，跨域创新网络的合作创新功能，网络中创新主体自身具有角色定位、资源禀赋和连接概率，功能随地域和角色不同有所差异，反映在不同的连接概率上。当跨域创新网络失效，连接概率为零，则合作迟滞甚至失败，网络合作创新功能失效。

（三）交互网络模式设计

l 个相互关联的网络中的任一网络 μ 都可以用联合度分布 $\{p^{\mu}_{k_1k_2\cdots k_l}\}$ 来描

述，$p^{\mu}_{k_1k_2\cdots k_l}$ 是所有 μ 网中节点的连接概率，即有 k_1 个节点连接网络 1、有 k_2 个节点连接网络 2……有 k_l 个节点连接网络 l。因此，任一网络联合度分布的生成函数为：

$$G_{\mu}(x_1\cdots x_l)=\sum_{k_1=0,\ k_2=0}^{\infty}p^{\mu}_{k_1\cdots k_l}x_1^{k_1}\cdots x_l^{k_l} \tag{5-1}$$

首先，使用 $p^{\nu\mu}_{k_1\cdots k_l}$ 表示随机选择网络 μ 中的一个节点并由此节点连接网络 ν 中节点的边的概率，此时网络 μ 中总度数为 $k_{\mu}+1$（ν 网中有 k_{μ} 个节点连接网络 μ，再加上网络 μ 与网络 ν 之间的 1 条）。那么，多个网络之间联合度分布的生成函数为：

$$\begin{aligned}G_{\nu\mu}(x)&=\sum_{k_1,\ \cdots,\ k_l=0}^{\infty}p^{\nu\mu}_{k_1\cdots k_l}x_1^{k_1}\cdots x_l^{k_l}\\&=\sum_{k_1,\ \cdots,\ k_l=0}^{\infty}\frac{p^{\nu}_{k_1\cdots(k_{\mu}+1)\cdots k_l}(k_{\mu}+1)}{\sum\limits_{j_1,\ \cdots,\ j_l=0}^{\infty}p^{\nu}_{j_1\cdots(j_{\mu}+1)\cdots j_l}(j_{\mu}+1)}x_1^{k_1}\cdots x_l^{k_l}\end{aligned} \tag{5-2}$$

其次，计算网络连通性即极大子团规模。网络演化过程中，网络连接状态由分散到集聚子团，直至出现多个子团互相连接形成极大子团。当极大子团规模达到一定程度，以至于能够忽略网络中的闭环连接时，利用生成函数可以比较精确估算平均极大子团规模。关键是通过随机选取一个节点测算其属于极大子团的概率，找到极大子团产生的阈值 P_c。令 $H_{\nu\mu}$（$x_1\cdots x_l$）为随机抽取一条边连接网络 μ 和网络 ν 并属于极大子团的生成函数，图 5-1 展示了这一生成函数的计算过程。

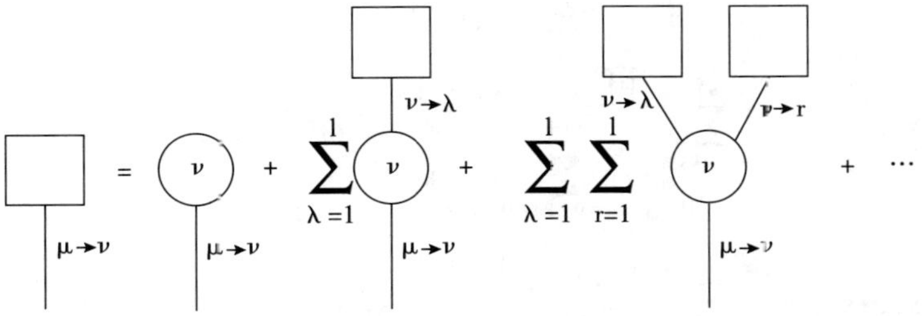

图 5-1 极大子团规模的生成函数

因此，通过克罗内克函数（Kronecker Delta）对网内和网间连接的判定可得随机节点所导向的连通子团规模的生成函数：

$$H_{\nu\mu}(x)=x_{\nu}\sum_{k_1\cdots k_l=0}^{\infty}p^{\nu\mu}_{k_1\cdots k_l}H_{1\nu}(x)^{k_1}\cdots H_{l\nu}(x)^{k_l} \tag{5-3}$$

因此，通过运用导数的方法来计算随机抽取网络 υ 中的节点，网络 μ 中有多少节点是和网络 υ 有联系，并且有联系的点同时存在于极大子团中。下面用 $\langle S_\upsilon \rangle_\mu$ 代表上述极大子团规模，有：

$$\begin{aligned}\langle S_\nu \rangle_\mu &= \frac{\partial}{\partial x_\mu} H_\nu(x) \bigg|_{x=1} \\ &= \delta_{\nu\mu} G_\nu [H_{1\nu}(1), \cdots, H_{l\nu}(1)] + \sum_{\lambda=1}^{l} G_\nu'^{\lambda} [H_{1\nu}(1), \cdots, H_{l\nu}(1)] H_{\lambda\nu}'^{\mu}(1) \\ &= \delta_{\nu\mu} + \sum_{\lambda=1}^{l} G_\nu'^{\lambda}(1) H_{\lambda\nu}'^{\mu}(1)\end{aligned} \tag{5-4}$$

$H_{\gamma\nu}'^{\mu}$（1）描述了由网络 ν 节点发出的边经过网络 λ 节点到达网络 μ 中属于极大子团的节点数，$G_\nu'^{\lambda}$ 代表由网络 ν 节点发出的到达网络 λ 节点的平均度数。

最后，令 S_υ 表示网络 ν 节点属于极大子团的比例，S_υ 满足如下关系：

$$1 - S_\nu = \sum_{k_1 \cdots k_l = 0}^{\infty} p_{k_1, \cdots, k_l}^{\nu} u_{1\nu}^{k_1} \cdots u_{l\nu}^{k_l} = G_\nu(u_{1\nu}, \cdots, u_{l\nu}) \tag{5-5}$$

其中，$u_{\upsilon\mu}$ 是网络 μ 到网络 υ 边的两端节点不属于极大子团的概率，且 $u_{\upsilon\mu} = G_{\upsilon\mu}$（$u_{1\upsilon}$，…，$u_{l\upsilon}$）。

（四）多网络交互连通模型构建

根据式（5-2），本书研究构造了跨域创新网络中创新主体跨域合作创新的连通性生成函数：

$$\begin{cases} G_{11}(x_1, x_2) = \sum\limits_{k_1=0, k_2=0}^{\infty} \dfrac{P_{(k_1+1)k_2}^{1}(k_1+1)}{\sum\limits_{k_1=0, k_2=0}^{\infty} P_{k_1k_2}^{1} k_1} x_1^{k_1} x_2^{k_2} \\ G_{12}(x_1, x_2) = \sum\limits_{k_1=0, k_2=0}^{\infty} \dfrac{P_{(k_2+1)k_1}^{1}(k_2+1)}{\sum\limits_{k_1=0, k_2=0}^{\infty} P_{k_1k_2}^{1} k_2} x_1^{k_1} x_2^{k_2} \\ G_{21}(x_1, x_2) = \sum\limits_{k_1=0, k_2=0}^{\infty} \dfrac{P_{(k_1+1)k_2}^{2}(k_1+1)}{\sum\limits_{k_1=0, k_2=0}^{\infty} P_{k_1k_2}^{2} k_1} x_1^{k_1} x_2^{k_2} \\ G_{22}(x_1, x_2) = \sum\limits_{k_1=0, k_2=0}^{\infty} \dfrac{P_{(k_2+1)k_1}^{2}(k_2+1)}{\sum\limits_{k_1=0, k_2=0}^{\infty} P_{k_1k_2}^{2} k_2} x_1^{k_1} x_2^{k_2} \end{cases} \tag{5-6}$$

两类主体联合度分布生成函数为：

$$\begin{cases}G_1(x_1, x_2)=\sum\limits_{k_1=0, k_2=0}^{\infty}P^1_{k_1k_2}x_1^{k_1}x_2^{k2}\\G_2(x_1, x_2)=\sum\limits_{k_1=0, k_2=0}^{\infty}P^2_{k_1k_2}x_1^{k_1}x_2^{k2}\end{cases}\tag{5-7}$$

产学研合作创新极大子团规模的生成函数体现出了合作意愿和可持续性。令 $H_{\lambda\mu}(x_1, x_2)^{k_1}+H_{\lambda\mu}(x_1, x_2)^0$ 为全概率联合度分布的子团生成函数。根据式（5-3）对极大子团 $H_{\lambda\mu}(x_1, x_2)$ 进行测量，那么，随机选择网络 μ 到网络 υ 边，这些边所连接节点属于极大子团的生成函数为：

$$H_{\upsilon\mu}(x_1, x_2)=x_\upsilon\sum_{k_1=0, k_2=0}^{\infty}P^{\upsilon\mu}_{k_1k_2}[H_{1\upsilon}(x_1, x_2)^{k_1}+1, H_{\lambda\upsilon}(x_1, x_2)^{k_\lambda}+1]\tag{5-8}$$

因此，由上述生成函数公式可推导出随机选择网络 υ 节点和 μ~υ（网络 μ 到网络 υ 的）边来估算极大子团规模的生成函数为：

$$H_{\upsilon\mu}(x_1, x_2)=x_\upsilon G_\upsilon[H_{1\upsilon}(x_1, x_2)+1, H_{\lambda\upsilon}(x_1, x_2)^{k_\lambda}+1]\tag{5-9}$$

则跨域创新网络中的企业、高校和科研院所等二元创新主体合作创新的极大子团生成函数为：

$$\begin{cases}H_{11}(x_1, x_2)=x_1G_{11}[H_{11}(x_1, x_2)+1, H_{21}(x_1, x_2)+1]\\H_{12}(x_1, x_2)=x_1G_{12}[H_{11}(x_1, x_2)+1, H_{21}(x_1, x_2)+1]\\H_{21}(x_1, x_2)=x_2G_{21}[H_{12}(x_1, x_2)+1, H_{22}(x_1, x_2)+1]\\H_{22}(x_1, x_2)=x_2G_{22}[H_{12}(x_1, x_2)+1, H_{22}(x_1, x_2)+1]\end{cases}\tag{5-10}$$

代入生成函数可进一步通过偏微分方程计算多网络极大子团规模，网络产生极大子团的阈值为：

$$\begin{cases}G'^1_{11}(1, 1)\geqslant 1\vee G'^2_{22}(1, 1)\geqslant 1\vee G'^2_{11}(1, 1)\geqslant 1\vee G'^1_{22}(1, 1)\geqslant 1\\G'^1_{12}(1, 1)G'^2_{21}(1, 1)>1\vee G'^2_{12}(1, 1)G'^1_{21}(1, 1)>1\end{cases}\tag{5-11}$$

依据式（5-5）可推算出企业子网和高校、科研院所子网在区域跨域创新网络中各自和交互连通的极大子团的比例，

$$\begin{cases}S_1=1-u_1\\S_2=1-u_2\end{cases}\tag{5-12}$$

式中，$u_1=G_1(1+u_{11}, 1+u_{21})$、$u_2=G_2(1+u_{12}, 1+u_{22})$，且 $u_{11}=G_{11}(1+u_{11}, 1+u_{21})$、$u_{12}=G_{12}(1+u_{11}, 1+u_{21})$、$u_{21}=G_{21}(1+u_{12}, 1+u_{22})$、$u_{22}=G_{22}(1+u_{12}, 1+u_{22})$。更多子网连通性可由式（5-2）至式（5-5）推得。

（五）多网络嵌入式协同演化模型构建

现实中，跨域创新网络的创新主体在进行合作创新活动时，合作关联并不是牢固可靠的，由于存在各种风险，网络连接具有一定的脆弱性，需要对原有生成函数进行拓展。上一节的模型形成的稳定子组中，随着多网络协同的演化发展，创新主体有一定的概率嵌入其他创新主体的合作关系中，成为跨域创新网络的一个子组。假设跨域创新网络中企业主体、高校和科研院所主体彼此信任的连接概率为 ω，则 ω_μ （ω_ν） 和 $\omega_{\nu\mu}$ 分别以网内连接概率 ω_1 和网间连接概率 ω_2 表示。根据式（5-2），本书构造了跨域创新网络创新主体合作创新嵌入式协同演化的连通性生成函数：

$$\begin{cases} G_{11}(\omega_1 \cdot x_1,\ \omega_2 \cdot x_2) = \sum\limits_{k_1=0,\ k_2=0}^{\infty} \dfrac{p^1_{(k_1+1)k_2}(k_1+1)}{\sum\limits_{k_1=0,\ k_2=0}^{\infty} p^1_{k_1k_2}k_1}(\omega_1 \cdot x_1)^{k_1}(\omega_2 \cdot x_2)^{k_2} \\ G_{12}(\omega_1 \cdot x_1,\ \omega_2 \cdot x_2) = \sum\limits_{k_1=0,\ k_2=0}^{\infty} \dfrac{p^1_{k_1(k_2+1)}(k_2+1)}{\sum\limits_{k_1=0,\ k_2=0}^{\infty} p^1_{k_1k_2}k_2}(\omega_1 \cdot x_1)^{k_1}(\omega_2 \cdot x_2)^{k_2} \\ G_{21}(\omega_1 \cdot x_1,\ \omega_2 \cdot x_2) = \sum\limits_{k_1=0,\ k_2=0}^{\infty} \dfrac{p^2_{(k_1+1)k_2}(k_1+1)}{\sum\limits_{k_1=0,\ k_2=0}^{\infty} p^2_{k_1k_2}k_1}(\omega_1 \cdot x_1)^{k_1}(\omega_2 \cdot x_2)^{k_2} \\ G_{22}(\omega_1 \cdot x_1,\ \omega_2 \cdot x_2) = \sum\limits_{k_1=0,\ k_2=0}^{\infty} \dfrac{p^2_{k_1(k_2+1)}(k_2+1)}{\sum\limits_{k_1=0,\ k_2=0}^{\infty} p^2_{k_1k_2}k_2}(\omega_1 \cdot x_1)^{k_1}(\omega_2 \cdot x_2)^{k_2} \end{cases} \tag{5-13}$$

两类主体联合度分布生成函数为：

$$\begin{cases} G_1(\omega_1 \cdot x_1,\ \omega_2 \cdot x_2) = \sum\limits_{k_1=0,\ k_2=0}^{\infty} p^1_{k_1k_2}(\omega_1 \cdot x_1)^{k_1}(\omega_2 \cdot x_2)^{k_2} \\ G_2(\omega_1 \cdot x_1,\ \omega_2 \cdot x_2) = \sum\limits_{k_1=0,\ k_2=0}^{\infty} p^2_{k_1k_2}(\omega_1 \cdot x_1)^{k_1}(\omega_2 \cdot x_2)^{k_2} \end{cases} \tag{5-14}$$

如图 5-2 所示，跨域创新网络创新主体合作创新嵌入式协同演化的生成函数体现出了合作意愿和可持续性协同演化过程。令 $\omega_{\lambda\mu}H_{\lambda\mu}(x_1,\ x_2)^{k_1}+(1-\omega_{\lambda\mu})H_{\lambda\mu}(x_1,\ x_2)^0$ 为全概率联合度分布的子团生成函数。根据式（5-3）对 $H_{\lambda\mu}(x_1,$

x_2）的极大子团进行测量，那么，随机选择网络 μ 到网络 υ 边，这些边所连接节点属于极大子团的生成函数为：

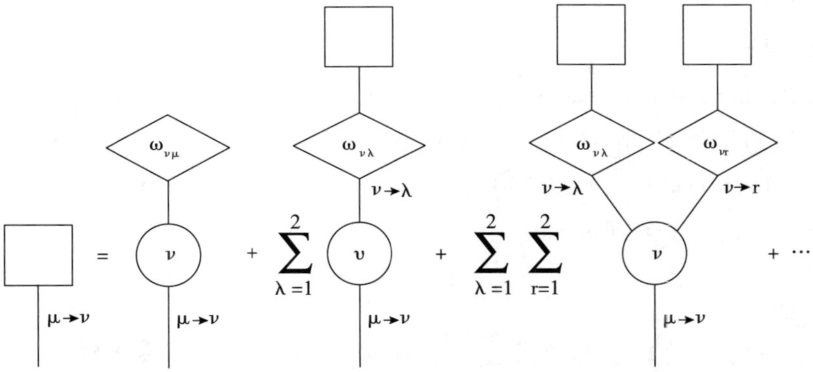

图 5-2 跨域创新网络的多网络嵌入式协同演化生成函数

$$H_{\nu\mu}(x_1, x_2) = x_\nu \sum_{k_1=0,\ k_2=0}^{\infty} p_{k_1k_2}^{\nu\mu}[\omega_{1\nu}H_{1\nu}(x_1, x_2)^{k_1} + 1 - \omega_{1\nu},\ \omega_{\lambda\nu}H_{1\nu}(x_1, x_2)^{k_\lambda} + 1 - \omega_{\lambda\nu}] \tag{5-15}$$

当 $\mu=\lambda$ 时，有 $\omega_{\mu\nu}=\omega_1$ 或 $\omega_{\mu\nu}=\omega_2$。因此，由上述生成函数公式可推导出随机选择网络 υ 节点和 $\mu\sim\nu$ 边来估算极大子团规模的生成函数为：

$$H_\nu(x_1, x_2) = x_\nu G_\nu[\omega_{1\nu}H_{1\nu}(x_1, x_2) + 1 - \omega_{1\nu},\ \omega_{\lambda\nu}H_{\lambda\nu}(x_1, x_2) + 1 - \omega_{\lambda\nu}] \tag{5-16}$$

则跨域创新网络中的企业、高校和科研院所二元创新主体合作创新的极大子团生成函数为：

$$\begin{cases} H_{11}(x_1, x_2) = x_1G_{11}[\omega_1H_{11}(x_1, x_2) + 1 - \omega_1,\ \omega_2H_{21}(x_1, x_2) + 1 - \omega_2] \\ H_{12}(x_1, x_2) = x_1G_{12}[\omega_1H_{11}(x_1, x_2) + 1 - \omega_1,\ \omega_2H_{21}(x_1, x_2) + 1 - \omega_2] \\ H_{21}(x_1, x_2) = x_2G_{21}[\omega_2H_{12}(x_1, x_2) + 1 - \omega_2,\ \omega_1H_{22}(x_1, x_2) + 1 - \omega_1] \\ H_{22}(x_1, x_2) = x_2G_{22}[\omega_2H_{12}(x_1, x_2) + 1 - \omega_2,\ \omega_1H_{22}(x_1, x_2) + 1 - \omega_1] \end{cases} \tag{5-17}$$

代入生成函数可进一步通过偏微分方程计算多网络极大子团规模，网络产生极大子团的阈值为：

$$\begin{cases} \omega_1G_{11}'^{1}(1, 1) \geqslant 1 \vee \omega_1G_{22}'^{2}(1, 1) \geqslant 1 \vee \omega_1G_{11}'^{2}(1, 1) \geqslant 1 \vee \omega_1G_{22}'^{1}(1, 1) \geqslant 1 \\ {\omega_2}^2G_{12}'^{1}(1, 1)G_{21}'^{2}(1, 1) > 1 \vee {\omega_2}^2G_{12}'^{2}(1, 1)G_{21}'^{1}(1, 1) > 1 \end{cases} \tag{5-18}$$

依据式（5-5）可得跨域创新网络企业子网、高校和科研院所子网各自和交互的极大子团的比例，

$$\begin{cases} S_1 = 1 - u_1 \\ S_2 = 1 - u_2 \end{cases} \tag{5-19}$$

式中，$u_1 = G_1(1-\omega_1+\omega_1 \cdot u_{11},\ 1-\omega_2+\omega_2 \cdot u_{21})$、$u_2 = G_2(1-\omega_2+\omega_2 \cdot u_{12},\ 1-\omega_1+\omega_1 \cdot u_{22})$，且有 $u_{11} = G_{11}(1-\omega_1+\omega_1 \cdot u_{11},\ 1-\omega_2+\omega_2 \cdot u_{21})$、$u_{12} = G_{12}(1-\omega_1+\omega_1 \cdot u_{11},\ 1-\omega_2+\omega_2 \cdot u_{21})$、$u_{21} = G_{21}(1-\omega_2+\omega_2 \cdot u_{12},\ 1-\omega_1+\omega_1 \cdot u_{22})$、$u_{22} = G_{22}(1-\omega_2+\omega_2 \cdot u_{12},\ 1-\omega_1+\omega_1 \cdot u_{22})$。

第三节 京津冀跨域创新网络的多网络嵌入式协同演化实证研究

一、京津冀跨域创新网络的多网络连通性分析

（一）数据来源

合作创新关系可依据科技论文、科学专著、研究报告和专利共同申请量等来衡量，然而多个区域的产学研合作绩效更注重科技转化的经济效益。企业与高校、科研院所合作申请专利是知识产出与应用需求匹配的经济效益生成过程，并且专利具有信息规范化特点和经济属性。因此，本书这部分研究选择产学研跨域联合申请专利作为网络节点（创新主体）之间关联的依据。以京津冀生物医药行业以及电子信息行业的企业、高校、科研院所构成的跨域创新网络为研究对象。之所以选择这两个行业是因为它们都属于高新技术企业，并且这两个行业更倾向于与高校、科研院所合作。高新技术企业对于一个国家经济的发展、产业的升级具有很强的带动作用，而高新技术企业高效率整合创新网络内外部资源、知识和技术，提高企业技术创新能力，已经成为促进高新技术产业进行跨域合作创新的重要推动力。

本部分研究通过沪深证券交易所公布的生物医药企业以及电子信息企业的年度报告、新三板企业年度报告、国家知识产权局专利检索与服务系统，检索2009~2017年生物医药企业以及电子信息企业和大学、科研院所合作关系。按

创新主体隶属地域不同，本节将实证研究的 131 个创新主体添加北京市、河北省、天津市 3 个地域标签，区分成 3 个地域跨域创新网络。按企业、高校、研究院所角色性质不同，分别标记为产业主体（企业及所属子企业）和学研主体（高校与科研院所）。

（二）连通性分析

应用上一节的跨域创新网络的多网络嵌入式协同演化模型对样本跨域创新网络进行计算。拓扑京津冀生物医药以及电子信息产业跨域创新网络的多网络嵌入式协同演化过程。此时网络包含产业（S_1）和学研（S_2）子网，连接概率均为 100%，如表 5-1 和表 5-2 所示。

表 5-1　京津冀生物医药产学研创新网络连通性计算

年份	G'^1_{11}	G'^2_{11}	G'^1_{12}	G'^2_{12}	G'^1_{21}	G'^2_{21}	G'^1_{22}	G'^2_{22}
2009	0.718	0.000	0.000	0.000	1.875	1.375	0.786	1.000
2011	0.568	0.062	0.125	0.150	0.789	1.237	1.146	1.366
2013	0.991	0.090	0.250	0.350	0.789	1.184	1.125	0.800
2015	1.267	0.075	0.214	0.095	0.923	1.000	0.619	1.238
2017	0.303	0.121	0.258	0.065	0.667	0.200	0.194	1.484

表 5-2　京津冀电子信息产学研创新网络连通性计算

年份	G'^1_{11}	G'^2_{11}	G'^1_{12}	G'^2_{12}	G'^1_{21}	G'^2_{21}	G'^1_{22}	G'^2_{22}
2009	1.820	0.373	1.012	0.302	0.500	2.375	0.207	5.717
2011	2.742	0.520	1.613	0.288	0.429	3.286	0.289	7.459
2013	4.210	1.379	4.275	1.200	2.000	2.600	0.650	3.200
2015	5.853	2.337	3.828	1.379	3.000	4.643	1.140	5.439
2017	3.889	1.204	3.023	0.930	2.000	4.000	0.909	3.182

计算可得生物医药行业产学研创新网络 2009~2017 年是不连通的，电子信息行业 2009~2013 年是不连通的，2014~2018 年创新网络是连通的。这说明京津冀生物医药行业跨域创新网络从最初的分散型结构，围绕几家大型医药企业形成核心创新网络，逐步发展到多地域、多主体合作创新，形成跨域创新网络。从表 5-1 数值上看，对于京津冀生物医药行业跨域创新网络来说，学研主体（高校和科研院所）跨域与产业主体（企业）合作创新的行为从不活跃到活跃，

产业主体之间的合作在单一地域内一直较为活跃。

对于京津冀电子信息行业跨域创新网络而言，产业主体异地跨域合作创新从不活跃到活跃，特别是京津冀协同发展规划纲要出台后，活跃程度大幅提升。学研主体跨域与产业主体合作创新的行为也在《京津冀协同发展规划纲要》出台后一直保持活跃，程度逐渐增强。这说明了京津冀跨域创新网络的多网络嵌入式协同作用十分明显，整个过程开始是由地域龙头企业组成的核心创新网络为网络主干，后期逐渐进入新企业、大学和科研院所，嵌入原来的核心创新网络中，并随着结构嵌入的发展，关系嵌入的不断深入，一些跨域合作十分稳固，形成了局部子网，子网又在结构和关系嵌入的影响下，进一步发展为新的创新网络，当若干新的创新网络中的创新主体彼此间联系紧密，京津冀跨域创新网络嵌入式协同演化就会达到高度连通，创新的溢出效应变得显著。

二、京津冀跨域创新网络的多网络嵌入式协同演化分析

（一）研究数据

本节多网络嵌入式协同演化研究以京津冀生物医药行业的企业、高校、科研院所构成的产学研合作创新网络为研究对象。之所以选择生物医药行业，是因为这一新兴产业专利数量较多，并且专利产出需经历实验、临床、对比、验证等过程，要求企业必须具有很高的研发水平，加之生物医药行业的企业更倾向于与高校、科研院所合作。

通过沪深证券交易所公布的生物医药企业年度报告、新三板企业年度报告、国家知识产权局专利检索与服务系统，检索十年时间段生物医药企业和大学、科研院所合作关系，取均值形成截面数据（因新三板企业年报仅披露 1~2 年而无法形成面板数据）拓扑出 110 家企业和 21 所高校、科研院所组成的京津冀生物医药产学研合作创新网络。

（二）多网络拓扑结构

此节研究仍然按照创新主体隶属地域不同，选取的 131 个创新主体添加北京市、河北省、天津市 3 个地域标签，区分成 3 个地域产学研合作创新网络。按企业、高校、研究院所角色性质不同，分别标记为产业主体和学研主体。如图 5-3（a）所示，少量单一节点存在，京津冀三地创新主体关联度较高，反映

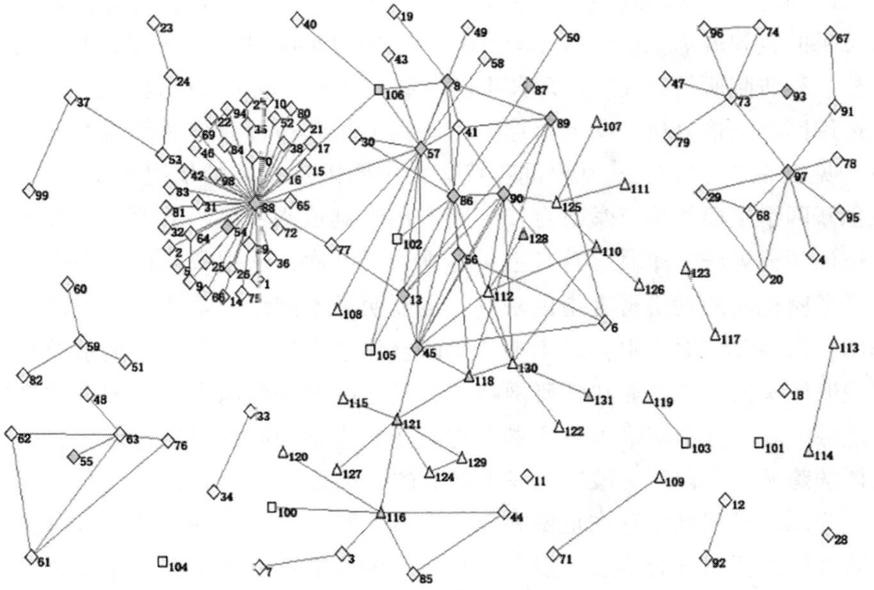

（a）跨域合作创新网络的整网连通性

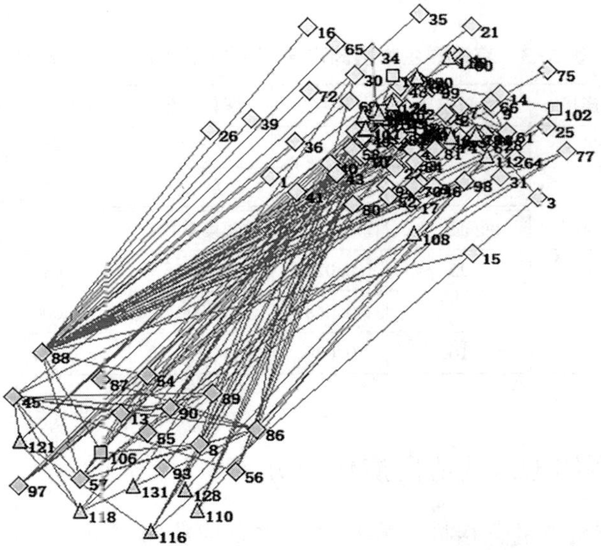

（b）学研类创新主体的中介作用

图 5-3　京津冀生物医药行业跨域创新网络拓扑图

注：菱形节点隶属北京市、矩形节点隶属河北省、三角形节点隶属天津市，图 5-3（b）下方为研发网络，上方为产业网络。

出生物医药行业产学研跨域合作创新网络的整网连通性较好，这也正是连通性分析结果的直观展示。图 5-3（b）揭示了学研类创新主体的重要中介作用，由于高校、科研院所的存在，京津冀不同地域的企业形成了有机整体。

运用网络结构分析，此节计算了京津冀生物医药行业跨域创新网络的主要参数（见表 5-3）。首先，从网间连接数大于网内连接数的情况可知：一方面，跨域创新网络主要依赖产学研合作创新产出专利成果；另一方面，地域上北京市合作创新成果居京津冀之首且占主导地位。其次，从用来描述网络中各个节点关联紧密程度的网络密度指标来看，也证明样本网络中学研创新主体具有中介作用；京津冀三地之中，天津市产学研合作紧密程度最高。聚集系数和平均距离说明样本网络中产业和学研网络具有较小的平均距离和中等程度的聚集系数；地域上看，样本网络中河北省生物医药合作创新频率相对较低，有依赖京津主体的跨域合作创新。最后，基于度数的标准化中间中心势（简称标准化中心势）显示，学研网络存在重要的合作创新关联性，即某些高校、科研院所是产学研合作创新网络的核心节点，具有较高的度数；地域上看，样本数据说明北京在京津冀跨域创新网络中占主导作用。

表 5-3　京津冀生物医药产学研合作创新网络结构参数

分类	网内连接	网间连接	密度	聚集系数	平均距离	标准化中心势
产业网络	76	93	0.007	0.510	1.414	0.001
学研网络	54	93	0.124	0.426	2.252	0.145
分类	网内连接	网间连接	密度	聚集系数	平均距离	标准化中心势
北京网络	224	22	0.023	0.522	2.688	0.334
河北网络	2	9	0.048	0.000	1.000	0.000
天津网络	42	16	0.070	0.296	3.284	0.275

（三）多网络嵌入式协同演化分析

应用前一节构造的连接概率模型对样本京津冀跨域创新网络进行计算。首先，应用式（5-10）~式（5-12）计算产业网络与学研网络原始连通性。此时网络包含产业（S_1）和学研（S_2）子网，连接概率均为 100%，得 $G_{11}'^{1}(1,1)=0.789$、$G_{11}'^{2}(1,1)=0.684$、$G_{12}'^{1}(1,1)=0.559$、$G_{12}'^{2}(1,1)=0.925$、$G_{21}'^{1}(1,1)=17.312$、$G_{21}'^{2}(1,1)=2.978$、$G_{22}'^{1}(1,1)=5.130$ 和 $G_{22}'^{2}(1,1)=3.741$，计算可得

$G_{12}'^{1}$(1，1) $G_{21}'^{2}$(1，1)= 1.665>1 和 $G_{12}'^{2}$(1，1) $G_{21}'^{1}$(1，1)= 16.014>1，满足式（5-11）的连通阈值条件，因此该网络是连通的。其次，推广至京津冀生物医药产业跨域创新网络原始地域连通性评价。此时网络包含 3 个子网，连接概率为 100%，按京津冀地域整理数据并使用 Mathematica7.0 计算可得，$G_{11}'^{1}$(1，1，1)= 9.196、$G_{11}'^{2}$(1，1，1)= 0.371、$G_{11}'^{3}$(1，1，1)= 0.330、$G_{12}'^{1}$(1，1，1)= 11.857、$G_{12}'^{2}$(1，1，1)= 0.571、$G_{12}'^{3}$(1，1，1)= 0.857、$G_{13}'^{1}$(1，1，1)= 4.933、$G_{13}'^{2}$(1，1，1)= 0.400、$G_{13}'^{3}$(1，1，1)= 0.933、$G_{21}'^{1}$(1，1，1)= 2.000、$G_{21}'^{2}$(1，1，1)= 0.429、$G_{22}'^{1}$(1，1，1)= 1.500、$G_{31}'^{1}$(1，1，1)= 1.333、$G_{31}'^{2}$(1，1，1)= 0.200、$G_{31}'^{3}$(1，1，1)= 2.667、$G_{32}'^{1}$(1，1，1)= 1.500、$G_{32}'^{3}$(1，1，1)= 1.000、$G_{33}'^{1}$(1，1，1)= 0.952、$G_{33}'^{2}$(1，1，1)= 0.048、$G_{33}'^{3}$(1，1，1)= 1.952，以及 $G_{21}'^{3}$(1，1，1)= $G_{22}'^{2}$(1，1，1)= $G_{22}'^{3}$(1，1，1)= $G_{23}'^{1}$(1，1，1)= $G_{23}'^{2}$(1，1，1)= $G_{23}'^{3}$(1，1，1)= $G_{32}'^{2}$(1，1，1)= 0，也满足连通阈值条件，样本显示地域上京津冀生物医药产业跨域创新网络目前是连通的。

基于实际样本的拓扑结构，本节研究考察了基于嵌入概率的京津冀生物医药产业跨域创新网络的多网络嵌入式协同演化效果（整个跨域创新网络的连通程度）。对于产业和学研网络，如模型部分所示，ω_1 为产业网络或学研网络子网嵌入概率、ω_2 为产学研网络间嵌入概率，由本节所述连通阈值可知：京津冀生物医药产业跨域创新网络整体嵌入临界条件近似为 $\omega_1 \geqslant 0.2$、$\omega_2 \geqslant 0.25$，对网络进行不同嵌入概率的数值计算与仿真模拟。仿真模拟过程为按嵌入概率随机重新连接产业和学研网络，仿真 50 次去极值并取平均结果。结果如表 5-4 所示，产业网络在较大嵌入概率下，网络演化的连通性增长相对缓慢，而学研网络的增长则相对迅速；随着嵌入概率增加，京津冀生物医药产业跨域创新网络之间连接呈 Logistic 趋势增长，增长速率先变快、后变慢，而且从综合效应来看，增加学研网络嵌入概率相比增加产业网络嵌入概率，对于整个京津冀生物医药产业跨域创新网络的协同效果要更加显著。为了进一步分析上述综合效应，首先，通过网间演化的嵌入临界概率观测网络演化协同效果随网内嵌入概率的变化。可见，增加学研网络的网内嵌入概率使网络连通性显著增加，而增加产业网络的网内嵌入概率则收效甚微。其次，通过网内连接的连通临界概率，观测京津冀生物医药产业跨域创新网络的协同效果随网间嵌入概率的变化。结果显示，产业网络和学研网络的网间连接对网络连通性作用相差不大（见图 5-4）。因此，学研网络的内外连通对于整个京津冀跨域创新网络至关重要。

表 5-4　产学研合作创新网络子网连通性计算与模拟结果

不连通	$\omega_1=0.1$，$\omega_2=0.1$				$\omega_1=0.2$，$\omega_2=0.2$			
	$H_1'^1(1, 1)$	$H_1'^2(1, 1)$	$H_2'^1(1, 1)$	$H_2'^2(1, 1)$	$H_1'^1(1, 1)$	$H_1'^2(1, 1)$	$H_2'^1(1, 1)$	$H_2'^2(1, 1)$
计算结果（H）	1.3072	0.1636	0.8607	1.5265	5.3504	3.2863	17.2479	7.3657
仿真结果（H'）	1.3105	0.1650	0.8725	1.5175	5.2890	3.3020	17.2525	7.3895
连通	$\omega_1=0.3$，$\omega_2=0.3$		$\omega_1=0.4$，$\omega_2=0.4$		$\omega_1=0.5$，$\omega_2=0.5$		$\omega_1=0.6$，$\omega_2=0.6$	
	S_1	S_2	S_1	S_2	S_1	S_2	S_1	S_2
计算结果（S）	0.0716	0.1652	0.1561	0.3066	0.2574	0.4373	0.3701	0.5553
仿真结果（S'）	0.0715	0.1674	0.1577	0.3105	0.2593	0.4418	0.3747	0.5612
连通	$\omega_1=0,7$，$\omega_2=0.7$		$\omega_1=0.8$，$\omega_2=0.8$		$\omega_1=0.9$，$\omega_2=0.9$		$\omega_1=1$，$\omega_2=1$	
	S_1	S_2	S_1	S_2	S_1	S_2	S_1	S_2
计算结果（S）	0.4879	0.6597	0.6056	0.7498	0.7178	0.8205	0.8231	0.8847
仿真结果（S'）	0.4919	0.6608	0.6102	0.7553	0.7215	0.8296	0.8465	0.8992

注：仿真中先移除节点间关联，以相应概率随机重连，计算连通性，取 50 次平均结果，仿真误差约为 2%。

京津冀跨域创新网络往往具有跨地域性。因此，从地域定位和功能差异研究网络连通保障策略是十分必要的。利用式（5-6）和式（5-19）可求解出京津冀生物医药行业合作创新网络的连通性临界条件为：子网内嵌入概率 $\omega_1 \geq 0.11[1-G'^1_{11}(1, 1, 1)\omega_1 \geq 0]$ 和子网间嵌入概率 $\omega_2 \geq 0.13[G'^1_{11}(1, 1, 1)G'^1_{22}(1, 1, 1)\omega^2 - G'^1_{11}(1, 1, 1)G'^1_{12}(1, 1, 1)G'^2_{12}(1, 1, 1)G'^1_{22}(1, 1, 1)\omega^4 \geq 0]$。同样对网络进行不同嵌入概率的数值计算与仿真模拟，仿真模拟过程为按嵌入概率随机连接北京、河北、天津（分别为 S_1、S_2、S_3）跨域创新网络的子网，仿真 50 次，结果如表 5-5 所示，随着嵌入概率的提升初期，网络连通性增长缓慢，较低的地域间合作对整个网络连通性作用效果不大；40%嵌入概率后整个网络连通性显著增长，天津子网连通性最高。当嵌入概率为 80%时，北京子网连通性

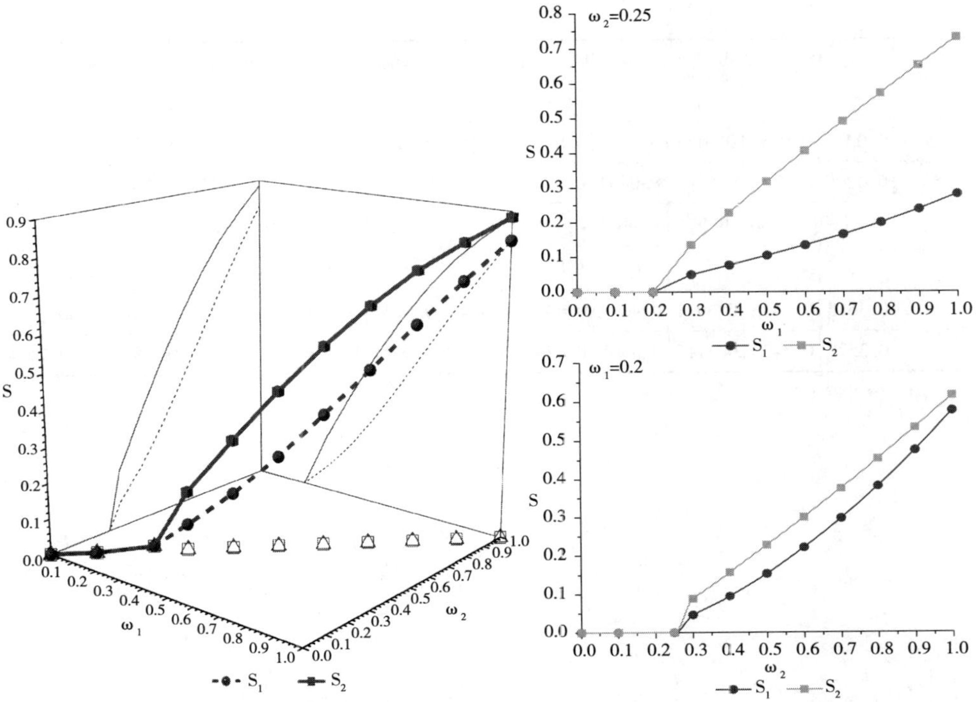

图 5-4　京津冀生物医药产业跨域创新网络嵌入概率与子网协同效应

超过天津。这就显示出，产学研合作创新网络高度连通时，拥有创新主体越多的地域受益越大，中等连通时产学研合作程度最为紧密的地域受益最大；从网内和网间嵌入概率来看，网内嵌入概率越高，创新主体越多的地域创新效果越好，网间嵌入概率越高，依赖外部合作的地域受益越大，拥有主体越多的地域承担的创新传播责任越大；网间概率低于 20%时，创新主体密集性的地域优势在北京子网凸显。京津冀生物医药产业跨域创新网络嵌入概率与地域协同效应如图 5-5 所示。

表 5-5　京津冀生物医药产业跨域创新网络地域连通性计算与模拟结果

不连通	$\omega_1=0.1$，$\omega_2=0.1$								
	$H_1'^1$ (1，1，1)	$H_1'^2$ (1，1，1)	$H_1'^3$ (1，1，1)	$H_2'^1$ (1，1，1)	$H_2'^2$ (1，1，1)	$H_2'^3$ (1，1，1)	$H_3'^1$ (1，1，1)	$H_3'^2$ (1，1，1)	$H_3'^3$ (1，1，1)
H	4.4045	0.2954	0.3243	2.0138	1.2017	0.2196	0.5873	0.0712	1.2647
H′	4.5233	0.2898	0.3315	2.1226	1.2166	0.2273	0.6784	0.0707	1.2852

续表

连通	$\omega_1=0.2$，$\omega_2=0.2$			$\omega_1=0.3$，$\omega_2=0.3$			$\omega_1=0.4$，$\omega_2=0.4$			$\omega_1=0.5$，$\omega_2=0.5$		
	S_1	S_2	S_3	S_1	S_2	S_3	S_1	S_2	S_3	S_1	S_2	S_3
S	0.0231	0.0187	0.0111	0.0759	0.0699	0.0652	0.1593	0.1505	0.1674	0.2572	0.2439	0.2810
S′	0.0205	0.0153	0.0142	0.0803	0.0776	0.0733	0.1622	0.1501	0.1719	0.2724	0.2528	0.2805
连通	$\omega_1=0.6$，$\omega_2=0.6$			$\omega_1=0.7$，$\omega_2=0.7$			$\omega_1=0.8$，$\omega_2=0.8$			$\omega_1=0.9$，$\omega_2=0.9$		
	S_1	S_2	S_3	S_1	S_2	S_3	S_1	S_2	S_3	S_1	S_2	S_3
S	0.3613	0.3415	0.3911	0.4677	0.4383	0.4949	0.5741	0.5307	0.5912	0.6785	0.6160	0.6793
S′	0.3579	0.3403	0.4117	0.5005	0.4299	0.5126	0.6004	0.5435	0.6017	0.7011	0.6210	0.7124

注：仿真误差约为5%。

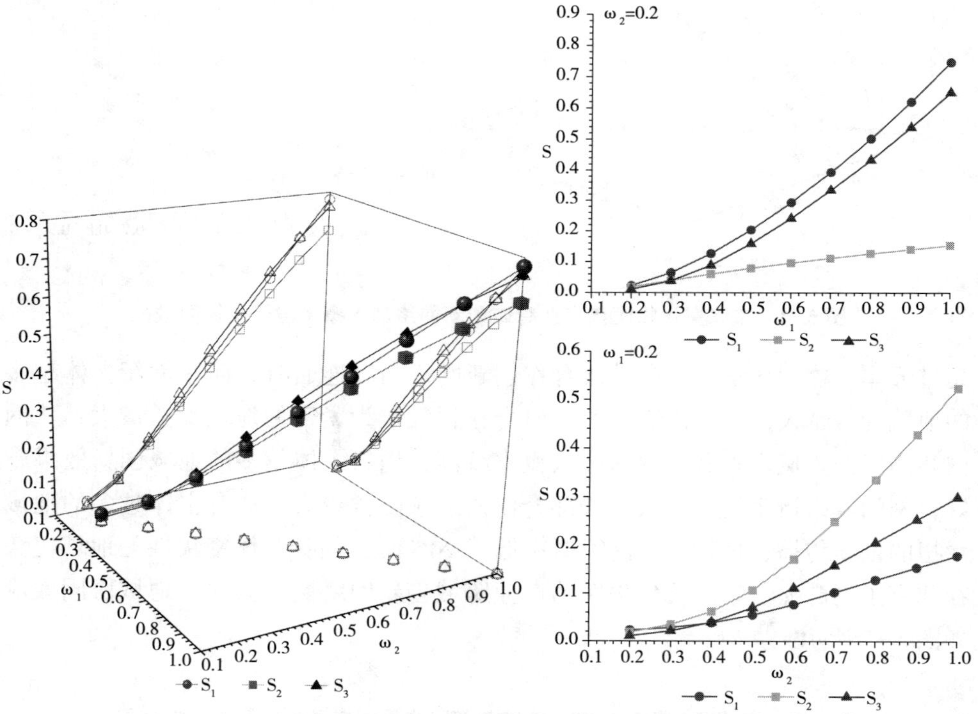

图 5-5　京津冀生物医药产业跨域创新网络嵌入概率与地域协同效应

从图 5-4 和图 5-5 中可以看出，通过固定临界条件，进行参数比较研究发现，学研网络的知识原发和中介角色特点对于跨域创新网络的多网络嵌入式协同的连通性具有突出的保障作用，平均每提升 10%的学研主体间连接比例，多网络嵌入式协同的连通性提升约 12%，是企业间效果（2.4%）的 5 倍；而企业网络则依赖于网间连接达到连通，随 10% 校企间连接比例的提升，整个跨域创新网络的多网络嵌入式协同的连通性提升约为 8%。同时，也发现河北创新子网对网间连接的重要依赖性（地域子网连通性随网间嵌入概率呈指数增长），以及北京、天津在京津冀生物医药合作创新网络中的“双塔”效应。这也为从不同主体和不同地域对产学研主体跨域合作创新进行精准调控提供了参考依据。

（四）多网络嵌入式协同演化的健壮性分析

为了更好地从角色和地域角度研究多网络嵌入式协同演化的健壮性，有必要研究跨域创新网络在蓄意和随机破坏下的效果。其中，蓄意破坏是指令京津冀跨域创新网络中节点度较高的主体失效，一般是研发核心院校或龙头企业。蓄意破坏能够最大限度地降低网络连通性，摧毁多网络协同机制。常见于研发人员流失、资金不足、供需不匹配、研发失败等。假设从京津冀生物医药行业跨域创新网络节点度数最高节点到最低节点依次开始破坏，依据本书研究中算法和子网连通的可达矩阵运算，最终可得整个京津冀生物医药产业跨域创新网络嵌入式协同的连通性，并通过破坏概率 q（q = 1−ω）进行检验（见图 5-6 左

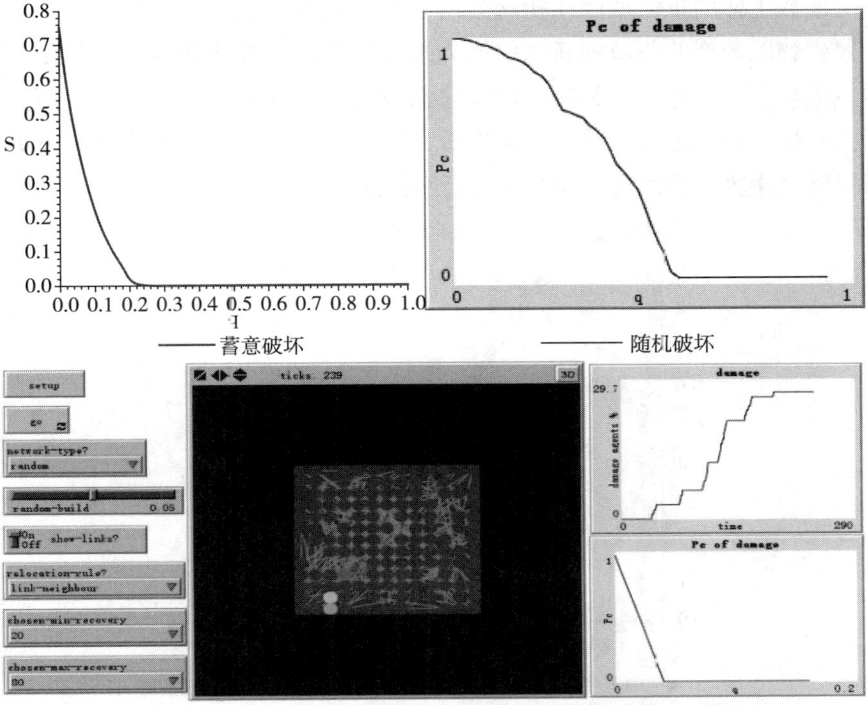

图 5-6　遭受破坏的京津冀生物医药产业跨域创新网络嵌入式协同效应

上）。本书研究针对随机破坏构造了 NetLogo 仿真模型，模型与仿真结果如图 5-6 所示。可见，蓄意破坏情况下，京津冀生物医药产业跨域创新网络迅速遭到瓦解，嵌入式协同机制逐渐失效，直至概率 q 约为 0. 22 时遭到完全破坏。相比较而言，随机破坏的速度较缓，当 q 约为 0. 65 时京津冀生物医药产业跨域创新网络嵌入式协同机制遭到完全破坏。

在有序排列创新主体的节点度数基础上，对京津冀生物医药产业跨域创新网络采取三类保护策略：一是保护较高节点度数的创新主体；二是保护中等节点度数的创新主体；三是保护较低节点度数的创新主体。假设（分类依据“帕累托法则”）节点度数较高、中等和较低的节点数量比例为 2∶3∶5。观察连通状况可知：如图 5-7 所示，保护度数较低主体的策略不能有效抵抗京津冀产学研跨域合作创新失灵，保护度数较高和中等度数主体的策略则相对有效。对于保护度数较高主体的策略在较低破坏率下会因合作主体众多而具有较高的健壮性，但随着失灵主体数量增加，特别是这类焦点主体之间的强竞争关系，以及它们与中介主体的合作失败导致大量失去依赖合作的周边主体，从而致使京津冀生物医药产业跨域创新网络嵌入式协同的连通性快速下降。相比之下，保护中等度数主体的策略虽然在初期会由于某些高度数主体的合作创新失灵造成京津冀生物医药产业跨域创新网络嵌入式协同的连通性快速降低，但是，由于这类主体与周边主体联系紧密，以及它们彼此高度的间接相关性，从而有效抵抗了大规模的合作创新失灵。综合来看，保护中等度数创新主体的策略更加有利于保障京津冀生物医药产业跨域创新网络嵌入式协同的连通性。

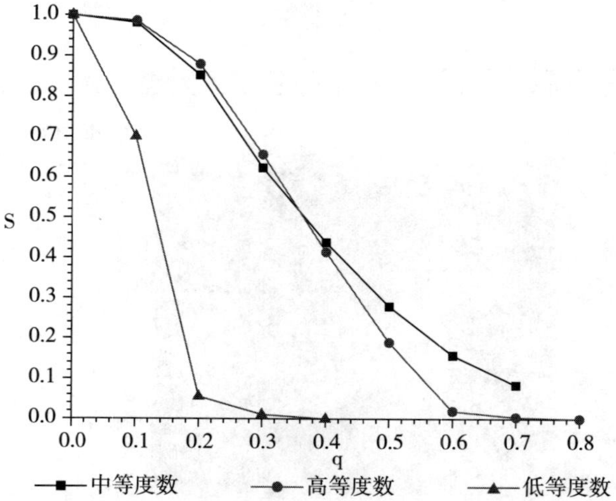

图 5-7　不同保障策略下的京津冀生物医药产业跨域创新网络嵌入式协同的连通性

本书研究通过数值仿真探讨了保护京津冀生物医药产业跨域创新网络的中等度数主体策略在不同嵌入概率下的健壮性特点。当嵌入概率大于 0.65 以上时，该策略发挥了最佳的保障作用，有利于保证京津冀生物医药产业跨域创新网络嵌入式协同的连通性（见图 5-8）。对于较低的嵌入概率，由于网络主体间连接障碍导致的稀疏合作和过度集中依赖与某些核心主体合作的聚焦行为，该策略的保障作用被削弱，从而降低整个网络的鲁棒性。

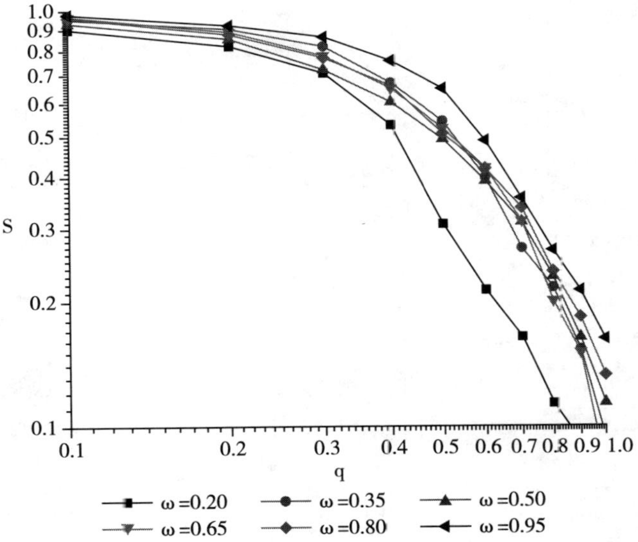

图 5-8　不同嵌入概率影响京津冀生物医药产业跨域创新网络嵌入式协同的连通性

三、京津冀跨域创新网络的多网络嵌入式协同演化效应

为了从多个行业研究京津冀跨域创新网络的多网络嵌入式协同演化效应，本书最后的研究内容为通过沪深证券交易所公布的生物医药企业以及电子信息企业的年度报告、新三板企业年度报告、国家知识产权局专利检索与服务系统，检索了 2003~2017 年 149 家生物医药以及 833 家电子信息企业和大学、科研院所之间的合作统计。Gephi 软件是当前研究复杂网络分析工具之一，其主要用于各种网络和复杂系统，研究跨域创新网络的多网络合作创新主体之间的协同效应。本节应用 Gephi 拓扑了 2003~2017 年京津冀跨域创新网络的多网络嵌入式协同演化的过程，如图 5-9 所示。

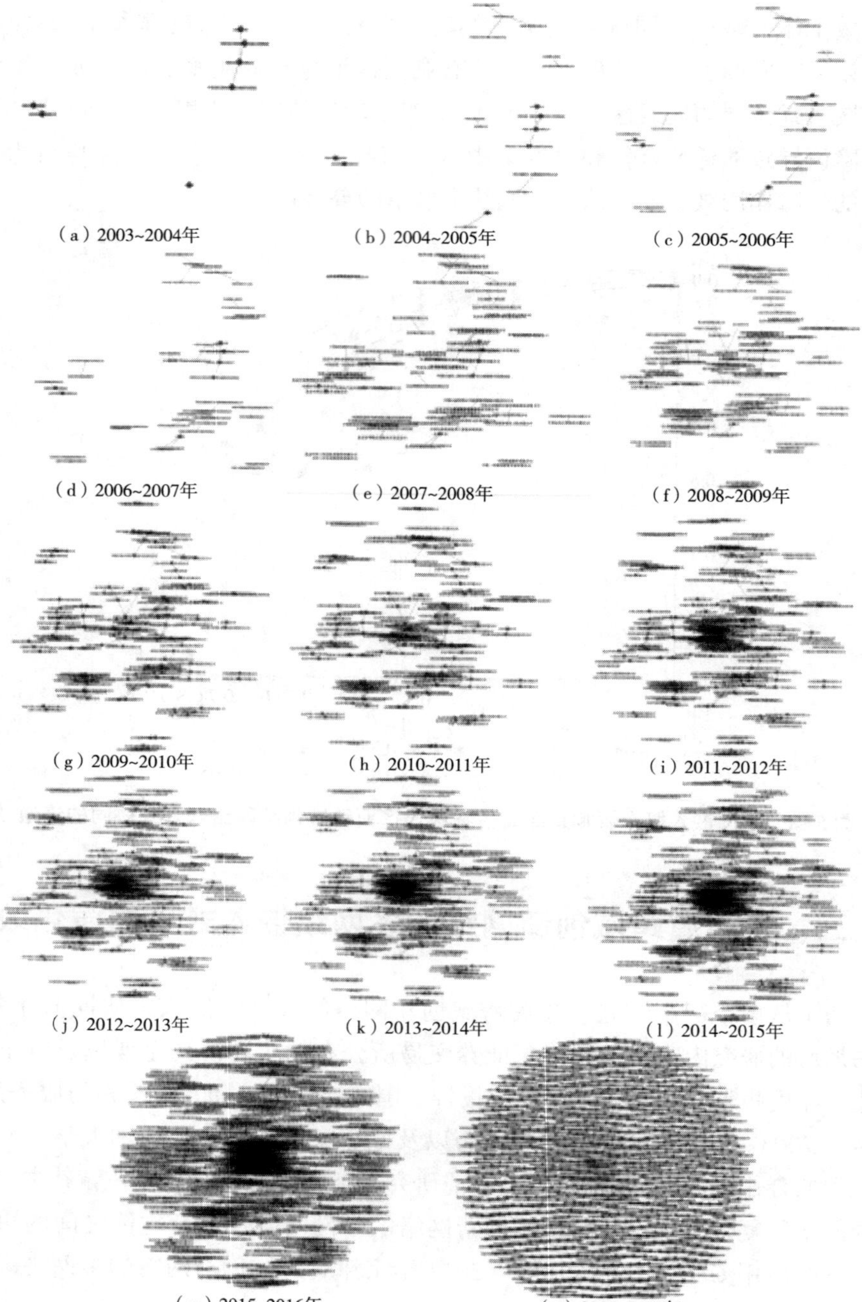

（a）2003~2004年
（b）2004~2005年
（c）2005~2006年
（d）2006~2007年
（e）2007~2008年
（f）2008~2009年
（g）2009~2010年
（h）2010~2011年
（i）2011~2012年
（j）2012~2013年
（k）2013~2014年
（l）2014~2015年
（m）2015~2016年
（n）2016~2017年

图 5-9　京津冀跨域创新网络的多网络嵌入式协同演化

京津冀跨域创新网络的创新主体之间可能相互连通，也可能不连通。以图论为相关研究视角，研究者们认为网络可以表示任何相关或不相关事物之间的关系，如把电脑、人和基因作为研究对象，并定义为网络中的节点，通过三个节点之间的相互关系组成的网络可以看出三者有着千丝万缕的关系，体现了复杂网络的复杂性，从而揭示出复杂网络具有的共同特性。鉴于此，本部分研究选取 Gephi 软件来探讨区域创新网络演化的拓扑过程。

图 5-10、图 5-11 与图 5-12 分别展示了京津冀生物医药与电子信息企业之间创新网络演化的拓扑过程，图 5-10 显示了初期京津冀跨域创新网络之间的相互联系较少，企业之间呈现散点式分布，仅有少数企业之间有创新上的联系，此时京津冀之间还未形成完整的创新网络。图 5-11 显示了中期京津冀创新网络之间的联系越来越紧密，逐渐形成了京津冀创新网络，企业之间的联系越来越多，创新子网不断扩大，企业之间的创新活力也在逐渐增加，创新网络不断完善。图 5-12 显示了京津冀创新网络已经完善，逐渐形成了相对稳定的创新网络，京津冀企业之间的联系更加紧密，企业之间的平均距离不断增加，京津冀之间逐渐形成更多的创新子团，外来企业也很难进入京津冀创新网络，京津冀逐渐形成了一个巨大的稳定的创新网络。

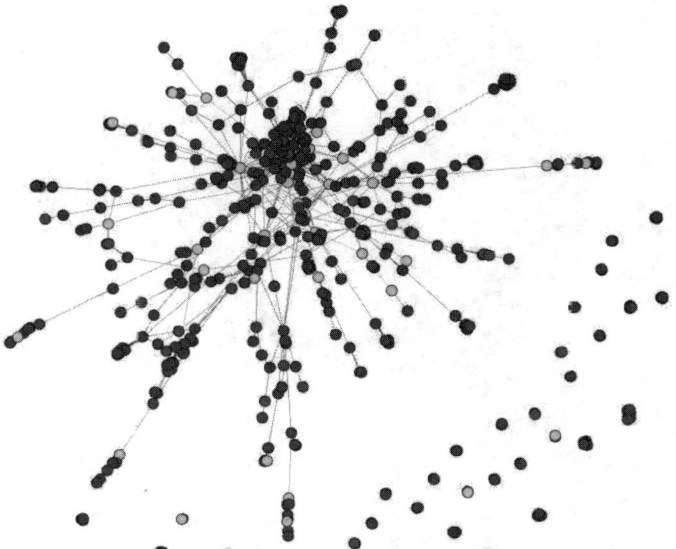

图 5-10　初期京津冀跨域创新网络的多网络嵌入式协同拓扑图

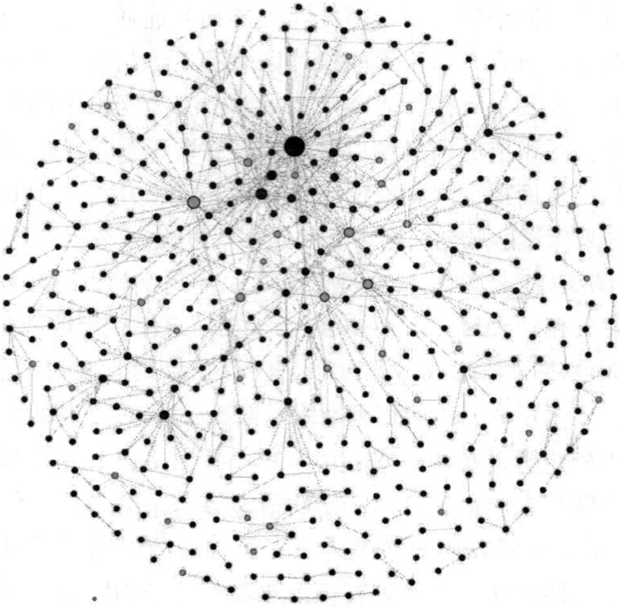

图 5-11　中期京津冀跨域创新网络的多网络嵌入式协同拓扑图

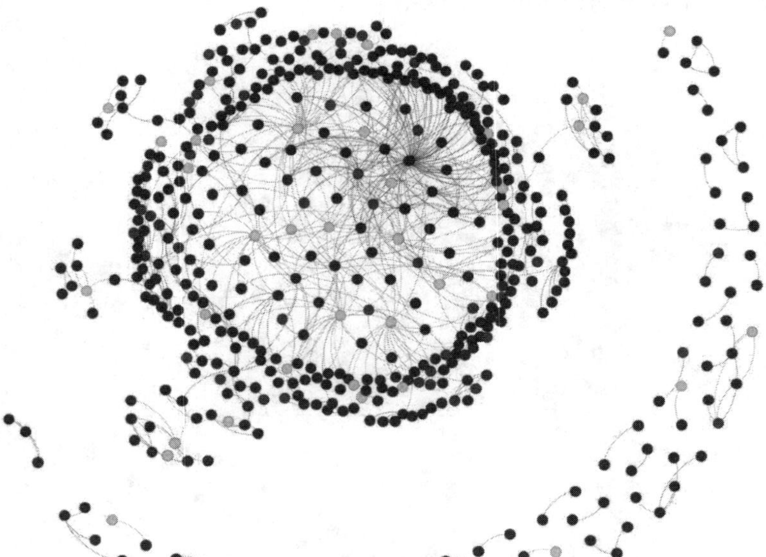

图 5-12　后期京津冀跨域创新网络的多网络嵌入式协同拓扑图

(一) 京津冀生物医药跨域创新多网络嵌入式协同演化效应

生物医药行业属于高科技产业，是国家政府大力扶持的行业，同时对此行业在安全性方面的要求也是非常高的。生物医药企业必须要提高自身的技术创新和科技研发能力，这样企业才会具有较高的竞争力。科技的进步和经济的发展使得企业不再单独进行创新，而是寻求合作伙伴形成跨域创新网络的模式来进行创新。生物医药行业的发展也不例外，生物医药行业的创新模式逐渐形成了网络化的创新。生物医药行业中的企业、高校、科研院所以及政府之间的相互合作形成了生物医药创新网络（王飞，2012）。京津冀生物医药跨域创新网络中企业、高校以及科研院所等之间的合作可以实现资源、知识以及技术的共享，满足主体自身的创新要素需求，提高技术创新能力。

基于美国食品药品监督管理局对全球高新技术产品批准数量的统计，1996 年美国食品药品监督管理局有 56 种新药被批准，而 2010 年只有 21 种，这表明生物医学产品的发展进入了停滞期（王飞，2011）。为了突破生物医药发展的停滞期，提高该行业的竞争力，企业开始跨区域与高校、科研机构进行合作，以便能够获得新的技术、知识和资源，提高自身的技术创新能力（刘凤朝等，2015）。同时生物医药企业与高校和科研院所的合作增加了科技人才，弥补了生物医药企业在人才方面的缺失，同时也将高校和科研院所的专利实现产业化。所以，生物医药企业与高校和科研院所的合作实现了共赢。但是，京津冀生物医药跨域创新网络在演化过程中由于只注重核心技术的发展，忽视了非核心技术的发展，剥离了非核心技术组件，使跨域创新网络的拓扑结构发生不断变化，同时跨域创新网络也会面临地域上的限制，因此对于京津冀生物医药跨域创新网络的多网络嵌入式协同效应的拓扑结构进行研究是非常必要的。

此部分研究将京津冀生物医药跨域创新网络中合作专利的数量为研究对象，利用 Gephi 软件，分别画出京津冀生物医药企业、大学以及研究机构 2003~2017 年合作创新网络的拓扑结构图。本小节研究了 149 个京津冀生物医药跨域创新网络中的创新主体，为更主观地描述创新主体在区域上的合作状况，本节研究分别做出了图 5-13 和图 5-14。

从图 5-13、图 5-14 可以直观地看出京津冀生物医药跨域创新网络内的企业间缺乏合作，高校和科研机构在京津冀生物医药创新网络中起到“桥梁”的作用，将企业连接起来，具有重要的地位。北京在京津冀生物医药跨域创新网络中起到重要的作用，京津冀生物医药行业趋向在各自的区域内寻找合作者，充分体现了地域邻近性对产学研合作的影响。本节研究根据统计的京津冀生物医药跨域创新网络的合作专利数据，计算度分布、平均路径长度以及平均集聚系数，对京津冀生物医药跨域创新网络的多网络嵌入式协同效应进行详细的分析。

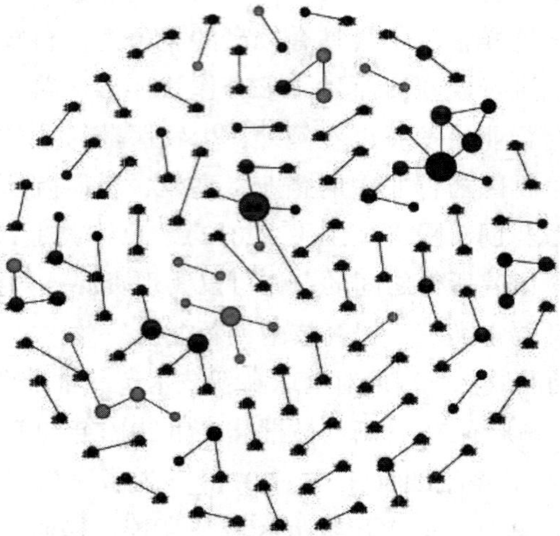

图 5-13　京津冀生物医药跨域创新网络地域多网络协同效应

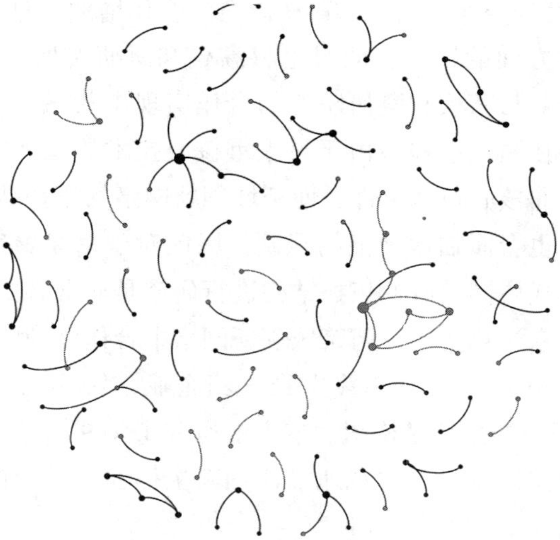

图 5-14　京津冀生物医药跨域创新网络角色多网络协同效应

利用复杂网络度分布、平均路径长度、平均聚集系数等可以评价京津冀生物医药跨域创新网络的多网络协同演化情况。

1. 度分布

与某个顶点关联的边的条数成为顶点的度，平均度表示每个节点连接边的平均数，平均度 MD 的计算为 MD=2×边/节点。

如图 5-15 所示，京津冀生物医药跨域创新网络的平均度为 1.262，通过对京津冀生物医药跨域创新网络的多网络嵌入式协同的连通性分析可知，京津冀生物医药跨域创新网络之间是不连通的，创新网络呈现“胖头瘦尾”，属于无标度网络，但是平均度在逐年增加（见表 5-6），在 2009~2018 年呈现了增长的趋势。京津冀生物医药合作创新网络的规模在逐渐地递增，网络边界逐渐地向外扩展。

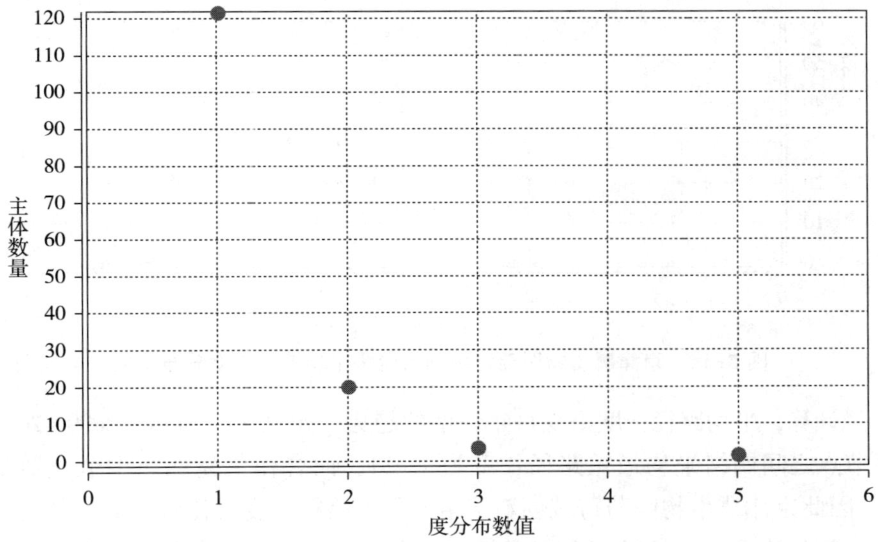

图 5-15　京津冀生物医药跨域创新网络平均度分布密度

表 5-6　京津冀生物医药跨域创新网络平均度分布密度情况

年份	2009	2010	2011	2012	2013	2014	2015	2016	2017	2018
平均度	1.000	1.000	1.000	1.000	1.000	1.000	1.029	1.106	1.220	1.262

2. 平均路径长度

在研究无向网络时，随便两个创新主体之间的最短路径的平均值就是合作创新网络的平均路径长度 L。其表达式为：$L = \frac{1}{\frac{1}{2}N(N+1)}\sum_{i \geqslant j} d_{ij}$。

在上述公式中，N 代表创新网络中的节点总数，d_{ij} 代表节点之间的距离。需要特别注意的是，该平均路径长度包含了每个节点自身到自身的距离，距离为 0。京津冀生物医药跨域创新网络的平均路径长度是对网络中节点之间的分散程度的表示，值越小表示京津冀生物医药跨域创新网络中的连接度越大。图 5-16 展示了京津冀生物医药跨域创新网络平均路径长度分布密度。

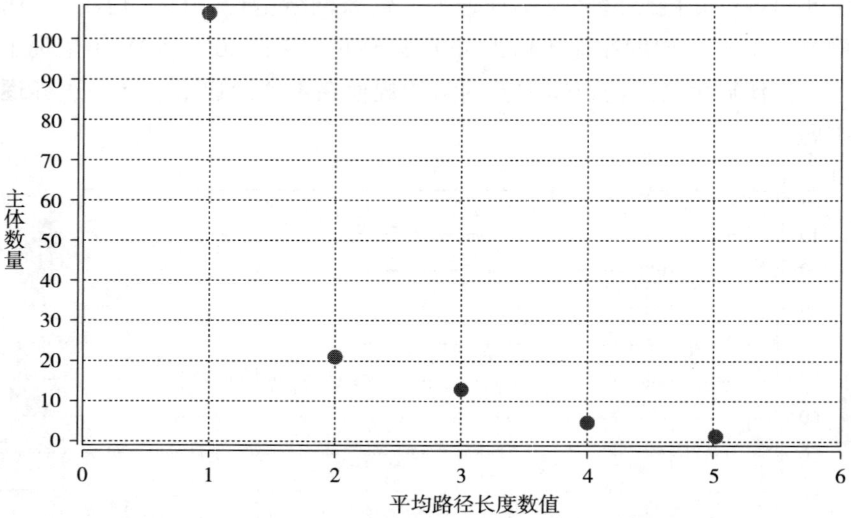

图 5-16　京津冀生物医药跨域创新网络平均路径长度分布密度

经计算，平均路径长度呈现每年递增的趋势。如表 5-7 所示，2009~2018 年两个节点之间网络平均最短路径长度为 1.431，而合作创新网络中节点数量为 118，因此京津冀生物医药跨域创新网络的平均路径长度是比较短的，任意两个节点之间的连通不会超过 2 个节点间隔，可以有效地进行资源、知识和技术的共享，有效实现节点间的连通，节点之间的联系越来越紧密。

表 5-7　京津冀生物医药跨域创新网络平均路径长度分布密度情况

年份	2009	2010	2011	2012	2013	2014	2015	2016	2017	2018
平均路径长度	1.000	1.000	1.000	1.000	1.000	1.000	1.053	1.138	1.431	1.592

3. 平均聚类系数

图 5-17 展示了京津冀生物医药跨域创新网络平均聚类系数分布密度，展示出京津冀生物医药跨域创新网络的多网络嵌入式协同演化是从松散到集聚再到松散的过程。

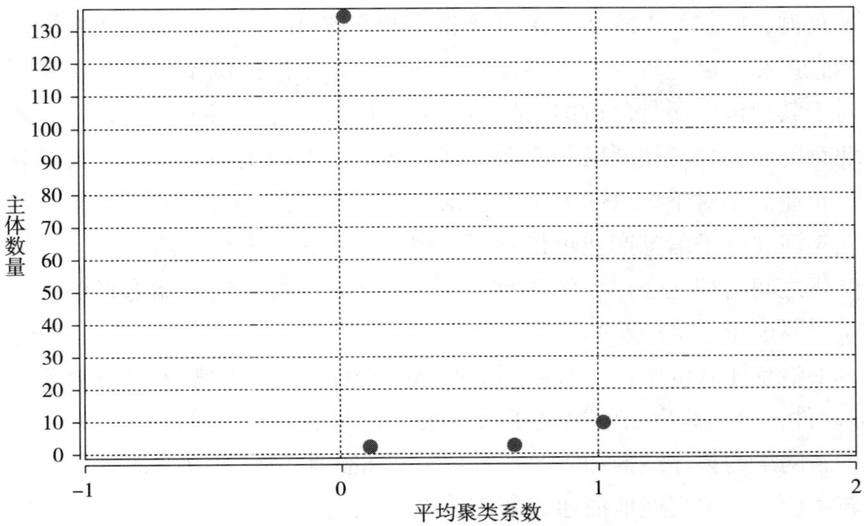

图 5–17　京津冀生物医药跨域创新网络平均聚类系数分布密度

聚类系数和平均路径长度一起，能够显示出一些节点聚类或抱团的总体迹象。如表 5–8 所示，通过计算，2018 年京津冀生物医药跨域创新网络之间的集群系数为 0. 408。但 2009～2015 年，京津冀生物医药跨域创新网络之间集群系数极小，没有紧密联系。2016 年和 2017 年平均聚集系数在 0. 61 左右，这说明京津冀生物医药跨域创新网络在协同演化的过程中呈现聚集效应，京津冀生物医药跨域创新网络之间的连接越来越紧密，但是 2018 年的聚类系数为 0. 408，相较于 2016 年和 2017 年降低了，说明京津冀生物医药企业数量在不断地增加，但是企业之间的联系却正在逐渐减少，企业之间的产出专利下降，这就需要我们加强关注，增加企业之间的合作创新，从而增加专利的产出。

表 5–8　京津冀生物医药跨域创新网络平均聚类系数分布密度情况

年份	2009	2010	2011	2012	2013	2014	2015	2016	2017	2018
平均聚集系数	0. 003	0. 005	0. 006	0. 008	0. 016	0. 021	0. 041	0. 607	0. 610	0. 408

（二）京津冀电子信息跨域创新多网络嵌入式协同演化效应

20 世纪 80 年代初，随着技术的进步和科技的发展，科技体制发生了改革，北京的高校、科研院所以及企业之间开始合作，产生了大量的高科技公司，它们聚集在北京，“中关村电子一条街”从此以后便形成了，诞生了北京电子信息产业集群，它们的出现使天津、河北等电子信息产业得到了迅速发展。中国电子信息产品的制造量在全世界排名第一，但是中国的电子信息产业在技术方面相对于其他国家还是落后的。根据相关统计来看，全国 1/3 的软件人才都聚集在北京的中关村科技园区；天津市高新技术产业园集中了天津市大部分的电子信息企业。相对于北京、天津电子信息产业的发展，河北是相对落后的，但是近几年河北电子信息产业也得到了发展。京津冀三个地区的企业、高校以及科研院所之间的相互合作，使资源可以得到共享，技术创新能力得到提高，有利于京津冀电子信息产业的发展。

本书将京津冀电子信息跨域创新网络中合作专利的数量为研究对象，利用 Gephi 软件，分别画出京津冀电子信息企业、大学以及研究机构 2003~2017 年跨域创新网络的拓扑结构图。此部分研究了 833 个京津冀电子信息创新网络中的创新主体，为更主观地描述创新主体在区域上的合作状况，本书分别做出了图 5-18 和图 5-19。

从图 5-18 和图 5-19 可以看出，电子信息产业相对生物医药产业在企业、高校和科研机构的合作上更加紧密，同样高校和科研机构在京津冀电子信息跨域创新网络中起到“桥梁”的作用，将企业连接起来；企业不仅在各自的区域内寻找合作对象，跨区域的合作也越来越多。本部分研究根据统计的京津冀电子信息跨域创新网络的合作专利数据，利用 Gephi 软件，计算度分布、平均路径长度以及平均聚集系数，对京津冀电子信息跨域创新网络进行详细的分析。

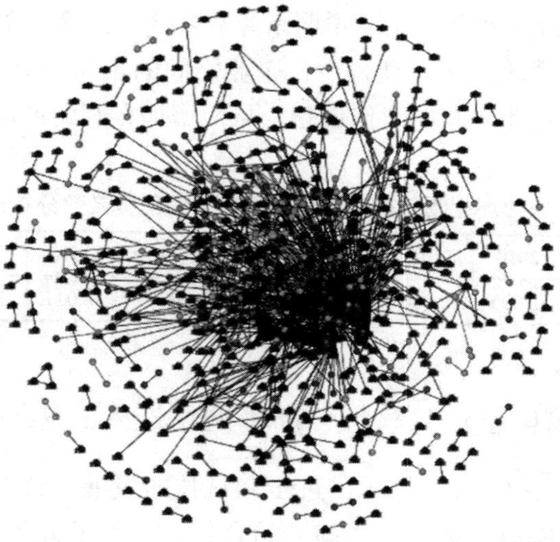

图 5-18　京津冀电子信息跨域创新网络地域多网络协同效应

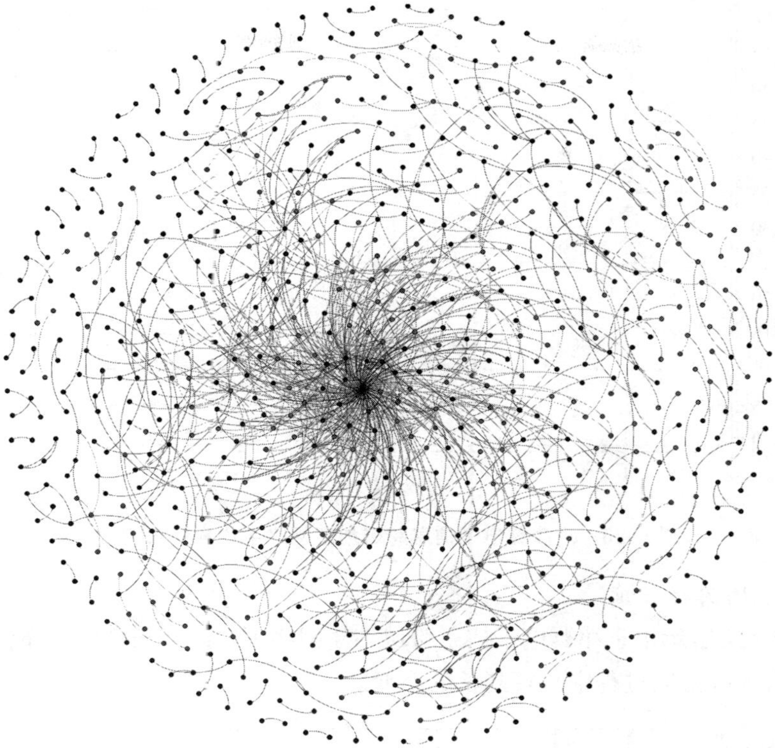

图 5-19 京津冀电子信息跨域创新网络角色多网络协同效应

1. 度分布

如表 5-9 和图 5-20 所示，2018 年京津冀电子信息跨域创新网络的平均度为 2.379，在京津冀电子信息跨域创新多网络嵌入式协同的连通性分析结果可知，京津冀电子信息跨域创新网络 2009~2013 年是不连通的（见表 5-9），2014~2018 年京津冀电子信息跨域创新网络是连通的，同样也呈现了“胖头瘦尾”的现象，所以京津冀电子信息企业之间的跨域创新网络属于“无标度网络”。京津冀电子信息企业之间的联系越来越紧密，平均度在逐年增加，在这些年的演化过程中具有增长的趋势。京津冀电子信息跨域创新网络的规模逐渐扩大，网络边界逐渐向外扩展。

表 5-9 京津冀电子信息跨域创新网络平均度分布密度情况

年份	2009	2010	2011	2012	2013	2014	2015	2016	2017	2018
平均度	1.348	1.439	1.667	1.727	1.727	1.936	2.217	2.350	2.380	2.379

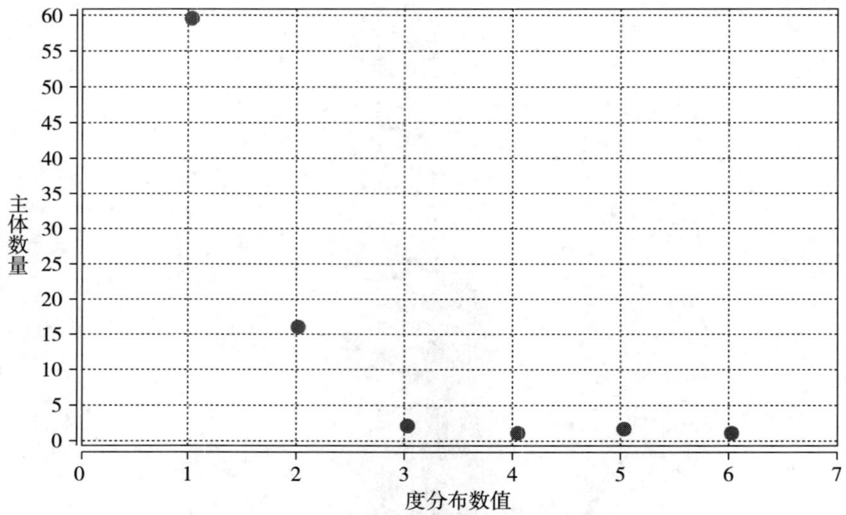

图 5-20　京津冀电子信息跨域创新网络平均度分布密度

2. 平均路径长度

图 5-21 展示了京津冀电子信息跨域创新网络平均路径长度的分布，体现了多网络嵌入式协同过程中从短到长的演变。

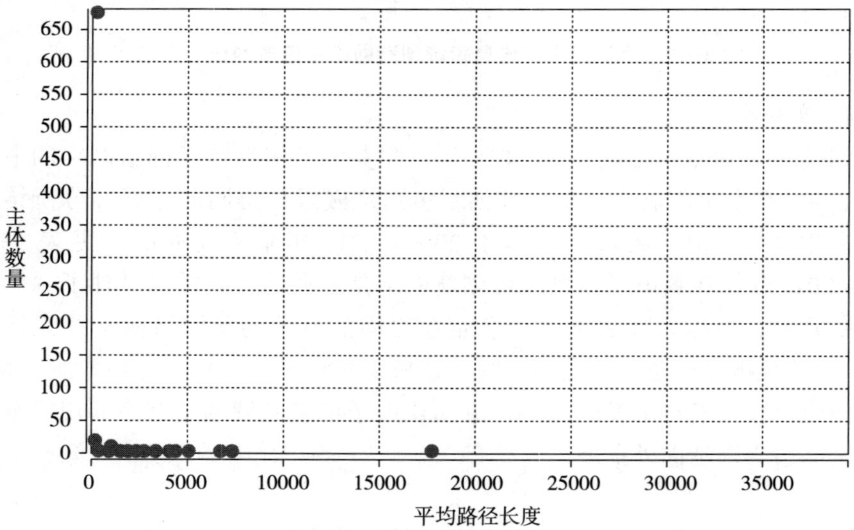

图 5-21　京津冀电子信息创新网络平均路径长度分布密度

经计算，平均路径长度呈现递增的趋势。如表 5-10 所示，2018 年从一个节点至另一个节点的京津冀电子信息跨域创新网络平均最短路径长度为 3. 551，而网络节点总规模为 833。因此，京津冀电子信息跨域创新网络的平均路径长度较短，任意两个产业间的连通将不超过 4 个节点间隔，可有效实现嵌入式协同的资源连通效应。

表 5-10　京津冀电子信息创新网络平均路径长度分布密度情况

年份	2009	2010	2011	2012	2013	2014	2015	2016	2017	2018
平均路径长度	1. 542	1. 860	1. 860	2. 272	2. 560	2. 560	3. 167	3. 115	3. 341	3. 551

3. 平均聚类系数

图 5-22 展示了京津冀电子信息跨域创新网络平均聚类系数分布，呈现了多网络嵌入式协同过程中总体上由低到高的演化趋势。

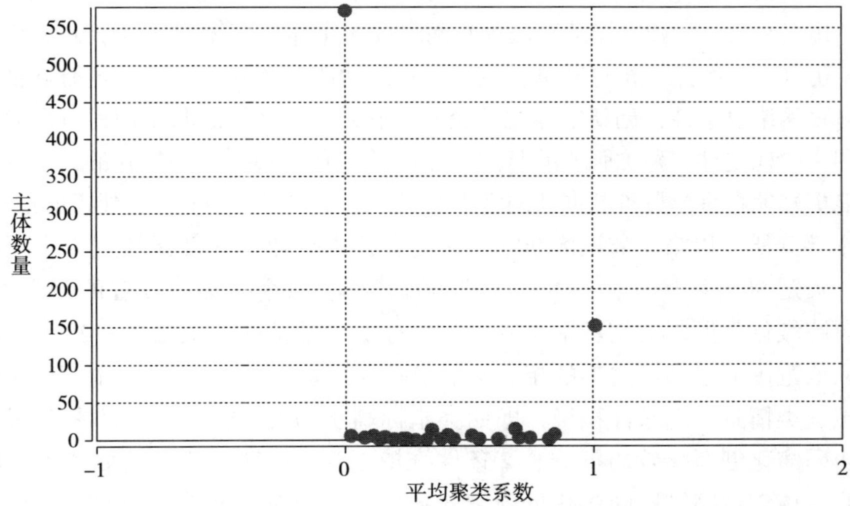

图 5-22　京津冀电子信息跨域创新网络平均聚类系数分布密度

如表 5-11 所示，通过计算，2018 年京津冀电子信息跨域创新网络之间的聚类系数为 0. 634，2009~2013 年平均聚类系数在逐渐增加，说明京津冀电子信息跨域创新网络在嵌入式协同演化的过程中呈现聚集效应，京津冀电子信息跨域创新网络之间的连接越来越紧密，而 2016~2017 年京津冀电子信息跨域创新网络的聚类系数呈现了下降的趋势，由此说明这期间京津冀电子信息跨域创新网络中企业之间的合作出现了停滞现象，企业数量增加而产出专利减少，导致企业之间的联系相较之前没有那么紧密，从而出现下降的现象，但是，2017~2018 年，京津冀电子信息跨域创新网络平均聚类系数出现了增长的趋势，说明政府起到了关键性的作用，让企业之间的联系越来越紧密。

表 5-11　京津冀电子信息跨域创新网络平均聚类系数分布密度情况

年份	2009	2010	2011	2012	2013	2014	2015	2016	2017	2018
平均聚类系数	0.326	0.438	0.455	0.522	0.635	0.631	0.631	0.633	0.615	0.634

（三）京津冀跨域创新网络的多网络嵌入式演化效应的仿真分析

京津冀地区作为我国参与国际竞争、推进协同创新的核心示范区，是我国科技智力资源最丰富、创新能力最强、经济最具活力的区域之一。跨域创新网络的经济发展对带动本地区的经济发展具有重要的推动作用，因此，研究跨域创新网络的协同演化及其协同效应至关重要。针对上述研究，本部分研究采用了 Swarm 仿真平台，构建京津冀跨域创新网络的多主体仿真模型。基于 Java 语言的 Swarm 仿真平台的操作相对简单，但是仿真的功能非常强大。京津冀跨域创新网络具有多网络复杂性，创新主体之间交互关联，主体之间的联系使得京津冀跨域创新网络的稳定性逐渐加强，并且主体之间的演化是遵循行为模式的，创新主体之间能更好地在京津冀跨域创新网络中发展，这是利用 Swarm 平台建模的依据。

本部分研究以京津冀地区 900 多家高新技术企业及其创新绩效为主要研究对象，设定 900 多个创新主体和四项仿真指标，每个指标所设置的参数不同，京津冀跨域创新网络的创新主体在设定指标的参数范围（见表 5-12）内变化，参数取值范围通过参考之前的相关文献来确定。如图 5-23 所示，本部分研究主要模拟三类情景：①条件积极，即四类指标高于初始取值时对京津冀跨域创新网络协同演化创新绩效的影响。②条件维持不变，即四类指标的取值不变时对京津冀跨域创新网络协同演化创新绩效的影响。③条件消极，即四类指标低于初始取值时对京津冀跨域创新网络协同演化创新绩效的影响。

表 5-12　京津冀跨域创新网络协同演化影响因素测量指标及其取值范围

指标	区间	取值	依据
政府政策与制度扶持力度	0.190~0.870	0.586	陈劲（2012）
平均合作创新强度	0.071~0.533	0.335	George 等（2001）
区域研发投入利用率	0.330~0.420	0.352	孟卫东、马国旺和黄波（2010）
技术与市场协同度	0.500~0.800	0.600	张学文（2014）

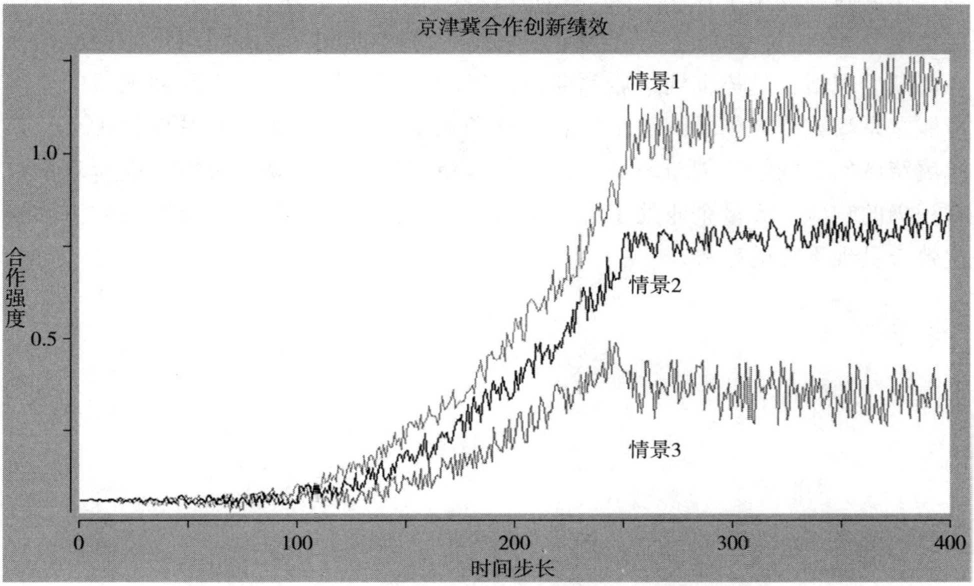

图 5-23　三类情景对京津冀合作创新绩效的影响

1. 情景 1：条件积极

如图 5-23（1 类走势）所示，当政府政策与制度扶持力度大于 0. 586，平均合作创新强度大于 0. 335，区域研发投入利用率大于 0. 352，技术与市场协同度大于 0. 600 时，京津冀跨域创新网络协同演化的创新绩效呈现上升的趋势，如第一条线所示，当增长到瓶颈点的时候，京津冀跨域创新网络协同演化的创新绩效仍在增长，此种变化说明，京津冀企业之间的创新网络越来越紧密，内部企业之间相互连通，产学研之间的专利产出逐渐增加，京津冀跨域创新网络内的企业越来越多，企业之间的平均距离越来越大，跨域创新网络越来越稳固。

2. 情景 2：条件维持不变

如图 5-23（2 类走势）所示，当政府政策与制度扶持力度等于 0. 586，平均合作创新强度等于 0. 335，京津冀地区研发投入利用率等于 0. 352，技术与市场协同度等于 0. 600 时，如第二条线所示，京津冀跨域创新网络协同演化的创新绩效在前期呈现增长的趋势，当到达瓶颈期后，增长速率逐渐变缓，基本呈现稳步不变的状态，这是因为创新环境的无变化以及政府没有颁发新的激励政策，导致企业之间的创新停滞不前，创新动力下降，创新绩效相较之前没有太大差异。

3. 情景 3：条件消极

如图 5-23（3 类走势）所示，当政府政策与制度扶持力度小于 0. 586，平均合作创新强度小于 0. 335，区域研发投入利用率小于 0. 352，技术与市场协同度小于 0. 600 时，如第三条线所示，京津冀跨域创新网络协同演化的创新绩效在前期呈现增长趋势，到达瓶颈期后，出现了下降趋势，造成这种现象的原因可能是京津冀跨域创新网络中的企业逐渐减少，企业之间的联系变得稀疏，京津冀跨域创新网络的创新环境中出现了大量壁垒，企业高度聚集，政府政策没有积极的响应，大量企业处于游离状态。因此，京津冀跨域创新网络的协同演化效应呈现下降的趋势。

第六章
总结与展望

第一节 总 结

一、主要结论和贡献

(一) 相关理论归纳与概念界定

本书对国内外关于跨域创新网络的基础理论、合作创新、跨域创新网络、跨域创新多网络的内涵、形成演化机制和多网络(嵌入式)协同效应的研究进行了梳理。本书对合作创新的内在驱动和外部效益进行了归纳,这是应对创新不确定性的重要创新实践方式。通过结构特征、网络规模、邻近性等对合作伙伴选择与创新绩效的跨区域影响进行分析,本书从狭义和广义两个方面界定了"跨域创新网络"的相关概念。通过文献的整理和综述,本书认为跨域合作创新正在成为区域创新的主流,不同区域的资源共享和知识流动有助于实现主体之间的优势互补,并且跨域合作创新是动态变化的,跨域创新网络的影响因素不仅需要考虑地理方面的限制,还需要将技术、社会结构以及制度等结合起来综合考虑。此外,本书较为新颖地从多网络的视角出发,从角色和地域的二元视角定义了跨域创新网络的二分多网络概念,研究归纳了跨域创新多网络的整网与子网特性,将宏观的区域创新研究视角进一步放大。从京津冀协同发展的实际需求出发,对区域环境、区位优势、功能交互、创新主体属性与行为特征、协同发展进行了研究,对当下国家发展战略具有参考意义。本书明确提出在京津冀功能定位前提下,"跨域创新多网络嵌入式协同"的实施策略。这一策略既符合京津冀协同发展的国家战略,也顺应合作创新网络化发展和优化产业结构支撑高质量发展的现实要求。

(二) 京津冀跨域创新网络的生成机制

本书在探究跨域创新网络生成的内、外部动因的基础上,对跨域创新网络生成的资源基础、人才跨域发挥作用、互联网技术和城市群发展进行了分析,提出跨域创新网络的生成要兼顾行政力量的主导作用,以协调不同地域之间的利益分配，从而实现协同优化跨域合作创新行为，促进跨域创新网络的整网和子网、子网与子网之间的协调发展。通过实践也发现，创新网络具有一个突出的矛盾，即产学研的分散发展，域内的每一个创新主体都有各自的发展目标，对于区域创新网络内部整体创新活动的开展产生了不利的影响。强烈建议，跨域创新网络中的产业子网（企业）、学研子网（高效和科研院所）应打破地理边界，建立相互开放、相互交流、相互渗透的跨域创新网络。此外，本书还针对创新主体自主创新能力提升的需求和知识融合创新的需要进行了分析，提出了跨域创新网络中，网络嵌入对创新主体知识整合、技术创新都有显著的影响。单一主体不可能独自完成知识创新过程。因此，创新主体必须通过对知识资源的挖掘、转移和融合，将各种资源系统地整合在一起，促进隐性知识显性化，这样才能充分发挥知识资源价值，从而推动合作主体创新能力提升。本书应用系统动力学，仿真了跨域创新网络的形成过程，揭示了政策是驱动跨域创新网络的重要因素，跨域创新网络研发人员及其结构调整、研发投入比例是对合作创新产出影响程度较大的政策因子。因此，跨域创新网络各个创新主体应该从增加研发人员、调整研发人员结构、加大研发投入方面着手制定和实施科技政策，从而增加跨域创新网络总体的专利申请数，提高创新产出。

（三）京津冀跨域创新网络演化机理

本书着重梳理了跨域创新网络演化的基础，探究了“演化”“网络演化”到“跨域创新网络演化”的发展过程，界定了跨域创新网络演化的内涵。本书认为，跨域创新网络的演化应该是单一地域和跨地域合作创新网络结构、功能、状态、主体行为、子网特征、子网功能等，随着时间的推移和跨地域协同程度不断升级而发生的网络演化。跨域创新网络演化的过程往往受到多主体角色特性和地域特性的交互影响。本书借鉴网络科学的相关理念和方法，视跨域创新网络为一种推动技术扩散的组织形式，是多主体直接和间接交互的耦合关联网络，具备多网络结构特征，并可伴随跨地域协作和资源共享系统。从而，为京津冀跨域创新网络的生成、演化和协同发展挖掘了“网络连通性”这一近年来被学术界广泛关注的网络科学领域的重要指标。本书发现并提出，跨域创新网络的极大连通性保障了资源互补和知识传递，网络结构上表现出极大子团中的节点占网络全部节点的适度比例，这一比例能够保障知识溢出对合作创新的贡献，也能激发合作动力。创新性地提出从多网络交互连通的视角下来研究跨域创新网络的演化，综合考虑微观（主体角色）和宏观（区域差异）两方面因素的影响，从主体自身属性、网络位置和子网特征对跨域创新网络连通性构建研究框架。进而，本书在主体适应性、主体间耦合性关联、异质性和同质性分析的基础上，在时间演化和空间演化视角，开展了跨域创新网络演化机制的相关研究。本书建立的以平均最短路径、聚集程度、度分布等结构参数定义跨域创新网络的演化状态，实现了对抽象网络演化过程的定性和定量分析，以演化阶段性规律挖掘为目标，构建了 RK-MAD 模型和矩阵运算为基础的跨域创新网络创新资源的多主体利用机制。本书将跨域创新网络演化过程归纳为资源利用与知识传播，提出“独立创新—共享传播”“合作创新—共享传播”“独立创新—从属传播”和“合作创新—从属传播”四项机制，为跨域创新网络演化发展的相关研究，从资源基础、知识融合及“三螺旋”角度提供了又一研究思路。

（四）京津冀跨域创新网络协同效应

本书在京津冀跨域创新网络多网络协同效应分析的基础上，并不急于大胆改变现有网络结构，而是提出“多网络嵌入式协同”理念。这一理念能够应对现实合作创新壁垒存在，让新进入京津冀某行业跨域创新网络的主体，直接借助与核心企业合作者开展合作创新的契机，在嵌入概率影响下，最大化地进入核心企业创新子网，做好跨域创新资源、知识匹配，更加有利于跨域创新多网络的协同发展。本书以角色和地域二元视角，构建了多网络交互连通的生成函数模型，探讨了跨域创新网络连通性，分析了京津冀生物医药以及电子信息产业跨域创新网络的多网络嵌入式协同演化过程，本书实证与仿真研究结果在理论和实践上都有一定的贡献。本书提出了如下结论：一是从角色研究方面，京津冀跨域创新网络中的高校和研究院所具有中介作用，连接起了创新网络中的创新主体，从而使京津冀跨域创新网络中的学研子网呈现中心势的标准化以及网络聚集密度增加；同时拓扑结构的分析结果显示，京津冀跨域创新网络的平均路径长度比较长，聚集系数相对来说比较低，这说明京津冀跨域创新网络中不断有创新主体加入，知识和资源可以得到有效的传播和利用，提高了创新绩效，京津冀跨域创新网络的结构也更加稳定。从地域研究方面，天津市企业依靠当地合作和北京市高校、研发机构的间接作用，形成了较为稳定的合作创新网络；北京市依托众多创新主体和强大的对外合作创新渠道，在整个跨域创新网络中发挥着绝对的支撑作用。这一结果为政府调控京津冀合作创新、出台相关保障政策提供了实际依据。二是本书发现了京津冀跨域创新网络属于无标度网络，通过对拓扑网络群聚集系数的计算，发现京津冀跨域创新网络属于高群聚系数网络且具备无标度特性。三是将研究视角从静态网络拓展到动态网络，本书通过建模和仿真分析得出，京津冀之间的协同发展受到跨域创新网络嵌入概率的影响，存在一个嵌入连接概率阈值，能够辅助多网络嵌入式协同效应的发挥。针对京津冀跨域创新网络的演化研究，更为我国其他城市群、跨域创新网络的建立提供了指导和方向，同时也对我国科技发展的对策研究具有很大的帮助。

二、创新实践管理与政策建议

（一）创新实践管理的建议

本书研究基于网络科学渗流理论，以角色和地域二元视角，构建了不同嵌入概率下的多个网络交互连通的生成函数模型，探讨了跨域创新网络的多网络嵌入式协同的连通性。同时检验了三类连通性保障策略的作用效果，比较分析了不同嵌入概率下的网络健壮性。其实证与仿真研究结果在理论和实践上都具有一定的贡献。

首先，以专利合作为基础，通过对京津冀生物医药跨域创新网络结构的拓扑研究发现，在角色特征上，学研网络具有较高密度和标准化中心势，说明在首都圈内生物医药行业的高校、研发机构具有高度的中介性，促进了企业间和校企间的创新合作；较低聚集系数、较长平均距离，揭示出高校和研发机构正在形成稳定的跨域合作，保证了技术在京津冀一体化发展过程中的有效传播。从地域拓扑分析来看，天津市生物医药企业依靠当地合作和北京市高校、研发机构的间接作用，形成了较为稳定的合作创新网络；北京市依托众多创新主体和强大的对外合作创新渠道，在整个京津冀跨域创新网络中发挥着绝对的支撑作用。这一结果为政府调控京津冀合作创新、出台相关保障政策提供了实际依据。

其次，在单一网络渗流连通研究基础上，构建了多网络交互连通的生成函数算法，对网络科学渗流理论进行了研究方法拓展。以往研究将跨域创新网络内产学研合作看作固定关联，而忽视了合作创新失灵风险的动态特征。本书引入嵌入概率构建多网络交互连通生成函数模型，为这一方向提供了探索性研究。通过对京津冀生物医药跨域创新网络实证研究发现，对于产业和学研子网，在网内和网间连接阈值分别为 0.20 和 0.25 时，整个网络具有连通性；对于京津冀各地区子网，在网内和网间连接阈值分别为 0.11 和 0.13 时，整个网络处于连通状态。

最后，本书应用仿真方法对跨域创新网络的多网络嵌入式协同的连通性保障策略进行了比较分析。跨域创新网络应对蓄意破坏风险的能力非常弱，但是对随机破坏有较强的免疫力，这与无标度网络相似。通过比较研究发现，保护中等节点度数主体的策略能够有效保障网络连通性，这是因为中等节点度数主体之间没有较高节点度数主体之间的激烈竞争，并且它们与周边微小企业联系紧密。此结论与以往研究着重强调保护网络中的焦点企业不同，这意味着，在焦点企业创新失灵时，可以通过强化中等节点度数主体来保障网络连通。通过不同的连通性比较分析得出，嵌入概率在 0.65 以上时，保护中等节点度数主体的策略能够发挥极佳的效果。这也为动态监控创新网络健壮性的研究提供了案例。

针对上述研究结论的分析，本书研究对跨域创新网络的多网络嵌入式协同发展的创新管理提出以下三点建议：①对产业和学研主体分别采取资助和认定激励。企业跨域创新子网络往往由于技术壁垒不利于创新扩散，归根结底是市场收益的角逐；高校、科研院所的中介作用更加依赖科研人员自我实现的热情和持之以恒的动力。因此，出台针对性的激励措施是十分必要的。②增加对中等节点度数主体的关注程度，鼓励这些企业拓展合作渠道，避免资源过度集中于大型焦点企业。③地域间在保障连通前提下需要展开深入的协同合作。依赖异地合作的地方政府应该重点保障合作渠道畅通和资源分配公平合理，特别是合作研发活跃的地方，政府应该注重保护合作双方利益，以及承担高校、科研院所参与企业创新的中介责任。

(二) 政策建议

第一，政府层面。对产业和学研主体分别采取资助和认定激励。

第二，行业层面。区域内的行业针对高新技术产业要规范好行业的发展，积极引导高新技术产业朝着健康的方向发展。增加高新技术产业与高校和科研院所的合作，增加网络中创新主体的资源共享以及知识技术流动，并将产学研跨域合作的创新成果产业化。

第三，企业层面。在跨域创新网络中企业具有重要的作用，企业通过与高校、科研院所建立网络关系，并且从中获得有价值的资源、技术以及知识，从而弥补企业本身的不足，增强自身的技术能力以及创新能力。企业在选择合作的高校和科研院所时，需要明确自身的发展方向以及发展目标，认真分析自身的劣势和优势，选择对企业本身科研能力以及技术水平有正向推动作用的合作对象，只有选择了正确的合作对象，才能更好地提升自身的创新绩效。

第二节　未来研究展望

本书在整体研究中，仍存在以下不足：

（1）数据的局限性。通过专利合作关系挖掘研究对象使样本规模不够庞大，可能会导致专利数据不全面，也因此未能明确网络度分布，仅对两个产业进行研究，其他行业跨域创新网络也许会存在些许差别，未来还可以进一步扩大样本，对京津冀其他行业跨域创新网络进行对比研究。

（2）研究方法的局限性。本书构建多网络嵌入式协同演化的生成函数模型，并将其假设为创新主体在确定性嵌入概率下进行连接，实证研究了京津冀跨域创新网络的协同效应，并利用了 Swarm 仿真平台对京津冀跨域创新网络的多网络嵌入式协同演化进行情景模拟，但分析还不够深入，需要借鉴其他方法进行完善。

（3）指标的局限性。针对京津冀跨域创新网络演化机理的研究，目前相关的研究较少，所以造成其参数缺乏，因此本书只研究了四项指标对创新网络协同演化的影响，在以后的研究中，可以结合经济学、技术创新理论等对合作创新网络进行研究，发现其相关参数的作用机理，从而进行多参数的比较研究，以便使研究结果更具有说服性。

结合本书存在的一些不足，尝试给出进一步研究方向的展望。

第一，本书仅开启了多网络视角下的京津冀跨域创新网络的协同问题研究，从渗流连通的原理出发，构建了嵌入连接概率影响下京津冀跨域创新网络的多网络嵌入式协同效应模型。然而，本书文献回顾部分也强调了，多网络相关文献主要研究连通和相依两类典型关系，那么，从相依角度构建跨域创新网络的合作机制是未来可行的一个研究方向。实施这项研究的基础是挖掘多主体依赖生存关系的规律，从而找出京津冀协同发展的关键要素，指导城市群、跨域创新网络的良好发展。

第二，产学研多主体跨域合作创新作为区域创新的重要行为方式，其知识融合和资源利用机制有必要进一步明晰。本书虽然分析了跨域创新网络演化的内部、外部动因，梳理了知识融合对跨域创新网络演化的影响，以及资源利用机制在跨域创新网络生成演化过程中的效用。但是，未来研究十分有必要从地理邻近性和技术邻近性的视角，深入分析知识融合和资源互补、协同利用、合作转化等创新过程，为跨域合作创新机制的完善和促进跨域创新网络的协同发展给予有益的参考。

第三，本书基于资源基础理论、信息论、协同论、网络科学理论，构建了京津冀跨域创新网络的多网络演化、嵌入式协同模型，方法上运用数理模型推导和仿真分析手段，为跨域创新网络领域的研究拓展了研究方法。然而，未来的研究需要不断应用计量分析、情景模拟、大数据分析等方法，推进跨域创新网络领域的研究。在指标构建方面，也需要补充和应用新的具有实际意义的指标参数，特别是综合评价体系的建立，都是未来可期的研究方向。

此外，本书样本规模不够庞大，也因此未能明确网络度分布，不同行业产学研跨域合作创新网络也会存在些许差别，未来还可以进一步扩大样本，对不同行业产学研跨域合作创新网络进行对比研究。网络科学相关理论和方法能够为创新网络领域研究提供新的契机，也能够启发学者们构建新的科学算法。本书研究从角色和地域二元视角发现了产学研合作创新网络连通性阈值和保障策略。未来的研究还可以从网络动力学、混沌理论、分形理论研究创新传播机制和效率等问题，在非线性系统视阈下，仍有诸多有意义的问题亟待研究。

参考文献

[1] Ahuja G. Collaboration networks, structural holes, and innovation: A longitudinal study [J]. Administration Science Quarterly, 2000, 45 (3): 425-455.

[2] Almeida P., Kogut B. Localization of knowledge and the mobility of engineers in regional networks [J]. Management Science, 1999, 45 (7): 905-917.

[3] Amabile T. M., Conti R., Coon H., Lazenby J., Herron M. Assessing the work environment for creativity [J]. Academy of Management Journal, 1996, 39 (5): 1154-1184.

[4] Amit K., Florian T., Petra S. Evolution of innovation networks across geographical and organizational boundaries: A study of R&D subsidiaries in the Bangalore IT cluster [J]. European Management Review, 2013, 17 (4): 211-226.

[5] Aschhoff B., Sofka W. Innovation on demand—Can public procurement drive market success of innovations? [J]. Research Policy, 2009, 38 (8): 1235-1247.

[6] Balachandran S., Hernandez E. Networks and innovation: Accounting for structural and institutional sources of recombination in brokerage triads [J]. Organization Science, 2018, 29 (1): 80-99.

[7] Baum J. A. C., Cowan R., Jonard N. Network-Independent partner selection and the evolution of innovation networks [J]. Management Science, 2010, 56 (11): 2094-2110.

[8] Berkowitz B. Analysis of fracture network connectivity using percolation theory [J]. Mathematical Geology, 1995, 27 (4): 467-483.

[9] Bodas Freitas I. M., Von Tunzelmann N. Mapping public support for innovation: A comparison of policy alignment in the UK and France [J]. Research Policy, 2008, 37 (9): 1446-1464.

[10] Briscoe F., Rogan M. Coordinating complex work: Knowledge networks,

partner departures, and client relationship performance in a law firm [J]. Management Science, 2016, 62 (8): 2392-2411.

[11] Britton J. N. H. Network structure of an industrial cluster: Electronics in Toronto [J]. Environment and Planning: Economy and Space, 2003, 35 (6): 983-1006.

[12] Cantner U., Pyka A. Classifying technology policy from an evolutionary perspective [J]. Research Policy, 2001, 30 (5): 759-775.

[13] Cantner U., Graf H. The network of innovators in Jena: An application of social network analysis [J]. Research Policy, 2006, 35 (4): 463-480.

[14] Casper S. How do technology clusters emerge and become sustainable? Social network formation and inter-firm mobility within the San Diego biotechnology cluster [J]. Research Policy, 2007, 36 (4): 438-455.

[15] Choudhury P., Haas M. R. Scope versus speed: Team diversity, leader experience, and patenting outcomes for firms [J]. Strategic Management Journal, 2018, 39 (4): 977-1002.

[16] Fornahl D., Broekel T., Boschma R. What drives patent performance of German biotech firms? The impact of R&D subsidies, knowledge networks and their location [J]. Papers in Regional Science, 2011, 90 (2): 395-418.

[17] Freeman C. Networks of innovators: A synthesis of research issues [J]. Research Policy, 1991, 20 (5): 499-514.

[18] Fritsch M., Kauffeld-Monz M. The impact of network structure on knowledge transfer: An application of social network analysis in the context of regional innovation networks [J]. The Annals of Regional Science, 2010, 44 (1): 21-38.

[19] Fu T., Zou L., Li C., Zhao J. A relatively simple model for percolation properties of real networks [J]. Physics Letters A, 2017, 381 (32): 2578-2582.

[20] Funk R. J. Making the most of where you are: Geography, networks, and innovation in organizations [J]. Academy of Management Journal, 2014, 57 (1): 193-222.

[21] Gao J., Buldyrev S. V., Havlin S., Stanley H. E. Robustness of a network of networks [J]. Physical Review Letters, 2011, 107 (19): 195701.

[22] Gao J., Barzel B., Barabási A. Universal resilience patterns in complex networks [J]. Nature, 2016, 530 (7590): 307-312.

[23] Gibbons M., Johnston R. The roles of science in technological innovation [J]. Research Policy, 1974, 3 (3): 220-242.

[24] Glückler J. Economic geography and the evolution of networks [J]. Journal of Economic Geography, 2007, 7 (5): 619-634.

[25] Granovetter M. Problems of explanation in economic sociology [M]. Boston: Harvard Business School Press, 1992.

[26] Grippa F., Leitão J., Gluesing J., Riopelle K., Gloor P. Collaborative innovation networks: Building adaptive and resilient organizations [M]. Cham, Switzerland: Springer, 2018.

[27] Guan J., Liu N. Exploitative and exploratory innovations in knowledge network and collaboration network: A patent analysis in the technological field of nano-energy [J]. Research Policy, 2016, 45 (1): 97-112.

[28] Gulati R., Sytch M. Dependence asymmetry and joint dependence in interorganizational relationships: Effects of embeddedness on a manufacturer's performance in procurement relationships [J]. Administrative Science Quarterly, 2007, 52 (1): 32-69.

[29] Hagedoorn J. Understanding the Cross-Level embeddedness of interfirm partnership formation [J]. The Academy of Management Review, 2006, 31 (3): 670-680.

[30] Harrisson D., Laberge M. Innovation, identities and resistance: The social construction of an innovation network [J]. Journal of Management Studies, 2010, 39 (4): 497-521.

[31] Havlin S., Stanley H. E., Bashan A., Gao J., Kenett D. Y. Percolation of interdependent network of networks [J]. Chaos, Solitons & Fractals, 2015 (72): 4-19.

[32] Hegde D., Tumlinson J. Does social proximity enhance business partnerships? Theory and evidence from ethnicity's role in U. S. venture capital [J]. Management Science, 2014, 60 (9): 2355-2380.

[33] Herrmann A., Peine A. When "national innovation system" meet "varieties of capitalism" arguments on labour qualifications: On the skill types and scientific knowledge needed for radical and incremental product innovations [J]. Research Policy, 2011, 40 (5): 687-701.

［34］ Holland J. H. Hidden order：How adaptation builds complexity ［M］. Cambridge，Massachusetts：Perseus Books，1995.

［35］ Horst U. Dynamic systems of social interactions ［J］. Journal of Economic Behavior & Organization，2010，73 (2)：158-170.

［36］ Huang C.，Shyu J. Z.，Tzeng G. Reconfiguring the innovation policy portfolios for Taiwan's SIP Mall industry ［J］. Technovation，2007，27 (12)：744-765.

［37］ Huang M.，Chen D. How can academic innovation performance in university-industry collaboration be improved? ［J］. Technological Forecasting & Social Change，2017，123 (10)：210-215.

［38］ Im G.，Rai A. Knowledge sharing ambidexterity in long-term interorganizational relationships ［J］. Management Science，2008，54 (7)：1281-1296.

［39］ Johannes G. How controversial innovation succeeds in the periphery? A network perspective of BASF Argentina ［J］. Journal of Economic Geography，2014，14 (5)：903-927.

［40］ Kaufmann A.，Lehner P.，Tödtling F. Effects of the Internet on the spatial structure of innovation networks ［J］. Information Economics and Policy，2003，15 (3)：402-424.

［41］ Klein Woolthuis R.，Lankhuizen M.，Gilsing V. A system failure framework for innovation policy design ［J］. Technovation，2005，25 (6)：609-619.

［42］ Krätke S. Network analysis of production clusters：The Potsdam/Babelsberg film industry as an example ［J］. European Planning Studies，2002，10 (1)：27-54.

［43］ Li C.，Zhang Y. Percolation on the institute-enterprise R&D collaboration networks ［J］. Open Physics，2015，13 (1)：50-62.

［44］ Liang L.，Zhu L. Major factors affecting China's inter-regional research collaboration：Regional scientific productivity and geographical proximity ［J］. Scientometrics，2002，55 (2)：287-316.

［45］ Mani S.，Kumar N. Role of government in promoting innovation in the enterprise sector：An analysis of the Indian experience ［D］. United Nations University，2001.

［46］ Mani S. Institutional support for investment in domestic technologies：An analysis of the role of government in India [J]. Technological Forecasting & Social Change, 2004, 71 (8): 855-863.

[47] Mcnerney J., Fath B. D., Silverberg G. Network structure of inter-industry flows [J]. Physica A: Statistical Mechanics and Its Applications, 2013, 392 (24): 6427-6441.

[48] Messica A. Optimal design of information flow in innovation networks [J]. International Journal of Sustainable Strategic Management, 2009, 1 (4): 402-416.

[49] M. D. K. Nig, Battiston S., Napoletano M., et al. Recombinant knowledge and the evolution of innovation networks [J]. Journal of Economic Behavior and Organization, 2011, 79 (3): 145-164.

[50] Morone F., Makse H. A. Influence maximization in complex networks through optimal percolation [J]. Nature, 2015 (524): 65-68.

[51] Mortati M. Systemic aspects of innovation and design: The perspective of collaborative networks [M]. Cham, Switzerland: Springer, 2013.

[52] Naif Marouf L. Social networks and knowledge sharing in organizations: A case study [J]. Journal of Knowledge Management, 2007, 11 (6): 110-125.

[53] Nelson R. R., Winter S. G. In search of a useful theory of innovation [J]. Research Policy, 1977 (6): 215-245.

[54] Newman M. E. J., Strogatz S. H., Watts D. J., Callaway D. S. Network robustness and fragility: Percolation on random graphs [J]. Physical Review Letters, 2000, 85 (25): 5468-5471.

[55] Newman M. E. J., Watts D. J., Strogatz S. H. Random graph models of social networks [J]. Proceedings of the National Academy of Sciences, 2002, 99 (1): 2566-2572.

[56] Nohria N., Eccles R. G. Networks and organizations: Structure, form, and action [M]. Boston: Harvard Business School Press, 1992.

[57] O'Berry D. Where does the knowledge reside in your utility? [J]. Journal of American Water Works Association, 2007, 99 (12): 44-45.

[58] önder A. Ö., Deliktas E. R., Lenger A. Efficiency in the manufacturing industry of selected provinces in turkey: A stochastic frontier analysis [J]. Emerging Markets Finance & Trade, 2003, 39 (2): 98-113.

[59] Palla G., Barabasi A. L., Vicsek T. Quantifying social group evolution

[J]. Nature, 2007, 446 (7136): 664-667.

[60] Paruchuri S., Awate S. Organizational knowledge networks and local search: The role of intra-organizational inventor networks [J]. Strategic Management Journal, 2017, 38 (3): 657-675.

[61] Pedro C. S., Britta K. The evolution of the wind industry and the rise of chinese firms: From industrial policies to global innovation networks [J]. European Planning Studies, 2013, 21 (9): 1341-1356.

[62] Phlippen S. Come close and co-create: Proximities in pharmaceutical innovation networks [M]. Amsterdam: Rozenberg Publishers, 2008.

[63] Polanyi K. The great transformation: The political and economic origins of our time [M]. New York: Farrar & Rinehart, 1944.

[64] Porter M. E. Clusters and the new economics of competition [J]. Harvard Business, 1998, 76 (6): 77-90.

[65] Powell W. W., White D. R., Koput K. W., Smith J. O. Network dynamics and field evolution: The growth of interorganizational collaboration in the life sciences [J]. American Journal of Sociology, 2005, 110 (4): 1132-1205.

[66] Provan K. G., Kenis P. Modes of network governance: Structure, management, and effectiveness [J]. Journal of Public Administration Research and Theory, 2007, 18 (2): 229-252.

[67] Razak Saad. The role of universities in the evolution of the Triple Helix culture of innovation network: The case of Malaysia [J]. International Journal of Technology Management & Sustainable Development, 2007, 6 (3): 211-225.

[68] Rojas M. G. A., Solis E. R. R., Zhu J. J. Innovation and network multiplexity: R&D and the concurrent effects of two collaboration networks in an emerging economy [J]. Research Policy, 2018, 47 (6): 1111-1124.

[69] Saeed N., Zhaleh N., Peter N., Pejvak O., Elham Z. How collaborative innovation networks affect new product performance: Product innovation capability, process innovation capability, and absorptive capacity [J]. Industrial Marketing Management, 2018, 73 (8): 192-205.

[70] Schilling M. A. Technology shocks, technological collaboration, and innovation outcomes [J]. Organization Science, 2015, 26 (3): 668-686.

[71] Schilling M. A., Phelps C. C. Interfirm collaboration networks: The im-

pact of large-scale network structure on firm innovation [J]. Management Science, 2007, 53 (7): 1113-1126.

[72] Simeth M., Cincera M. Corporate science, innovation, and firm value [J]. Management Science, 2016, 62 (7): 1970-1981.

[73] Singh H., Kryscynski D., Li X., Gopal R. Pipes, pools, and filters: How collaboration networks affect innovative performance [J]. Strategic Management Journal, 2016, 37 (8): 1649-1666.

[74] Spencer J. W. Firms' Knowledge-Sharing strategies in the global innovation system: Empirical evidence from the flat panel display industry [J]. Strategic Management Journal, 2003, 24 (3): 217-233.

[75] Stratonovich R. L. Theory of information and its value [M]. Cham: Springer International Publishing, 2020.

[76] Sytch M., Tatarynowicz A. Exploring the locus of invention: The dynamics of network communities and firms' invention productivity [J]. Academy of Management Journal, 2014, 57 (1): 249-279.

[77] Ter Wal A. L. J. The dynamics of the inventor network in German biotechnology: Geographic proximity versus triadic closure [J]. Journal of Economic Geography, 2013, 14 (3): 589-620.

[78] Ter Wal A. L. J. The dynamics of the inventor network in German biotechnology: Geographic proximity versus triadic closure [J]. Journal of Economic Geography, 2014, 14 (3): 589-620.

[79] Uzzi B. Social structure and competition in interfirm networks: The paradox of embeddedness [J]. Administrative Science Quarterly, 1997, 42 (1): 35-67.

[80] Van den Berghe L., Guild P. D. The strategic value of new university technology and its impact on exclusivity of licensing transactions: An empirical study [J]. Journal of Technology Transfer, 2008, 33 (1): 91-103.

[81] Verspagen B., Duysters G. The small worlds of strategic technology alliances [J]. Technovation, 2004, 24 (7): 563-571.

[82] Wang C., Rodan S., Fruin M., Xu X. Knowledge networks, collaboration networks, and exploratory innovation [J]. Academy of Management Journal, 2014, 57 (2): 484-514.

[83] Wang C., Zhang G. Examining the moderating effect of technology spillo-

vers embedded in the intra- and inter-regional collaborative innovation networks of China [J]. Scientometrics, 2019, 119 (2): 1-33.

[84] Watling D., Prince C., Beaver G. University business schools 2 business: The changing dynamics of the corporate education market [J]. Strategic Change, 2003, 12 (4): 223-234.

[85] Woerter M. Technology proximity between firms and universities and technology transfer [J]. The Journal of Technology Transfer, 2011, 37 (6): 828-866.

[86] Woerter M. Technology proximity between firms and universities and technology transfer [J]. The Journal of Technology Transfer, 2012, 37 (6): 828-866.

[87] Yamawaki H. The evolution and structure of industrial clusters in Japan [J]. Small Business Economics, 2002, 18 (1/3): 121-140.

[88] 毕桥，方锦清．网络科学与统计物理方法 [M]. 北京：北京大学出版社，2011.

[89] 曹静，范德成，唐小旭．产学研结合技术创新绩效评价研究 [J]. 科技进步与对策，2010，27 (7)：114-118.

[90] 曹霞，李传云，于娟，于兵．市场机制和政府调控下的产学研合作创新网络演化博弈仿真——以新能源汽车产业为例 [J]. 系统管理学报，2020，29 (3)：464-474.

[91] 曾宇星．基于小世界网络模型的动态联盟合作关系建模研究 [D]. 中南大学硕士学位论文，2005.

[92] 常西银，孙遇春．协同创新能力与知识扩散的交互影响分析及对策研究——基于企业网络关系嵌入的视角 [J]. 上海经济研究，2018 (5)：34-41.

[93] 陈海峰，辛冲，陈新，马钦海．合作创新网络的地理分散性对产品创新的影响 [J]. 管理科学，2020，33 (2)：50-62.

[94] 陈伟，周文，郎益夫．基于集群创新合作网络的知识创新与扩散过程建模及仿真研究 [J]. 运筹与管理，2014，23 (6)：257-265.

[95] 陈伟，周文，郎益夫．集聚结构、中介性与集群创新网络抗风险能力研究——以东北新能源汽车产业集群为例 [J]. 管理评论，2015，27 (10)：204-217.

[96] 陈文婕，曾德明，邹思明．全球低碳汽车技术合作创新网络演化路径研究 [J]. 科研管理，2016，37 (8)：28-36.

[97] 陈文婕，曾德明，陈雄先．丰田低碳汽车技术合作创新网络图谱分析

[J]. 科研管理，2015，36（2）：1-10.

[98] 陈文婕，曾德明．低碳技术合作创新网络中的多维邻近性演化 [J]. 科研管理，2019，40（3）：30-40.

[99] 陈雄辉，张本祥，徐毅，黄俊毅，朱永海．基于复杂网络理论的广东区域创新能力测度方法研究 [J]. 科技进步与对策，2010，27（20）：121-124.

[100] 陈钰芬，姚天娇，胡思慧．浙江省 ICT 产业产学研合作创新网络动态演化分析 [J]. 技术经济，2019，38（10）：65-73.

[101] 陈祖胜，叶江峰，林明．网络异位置企业联盟对低位置企业跃迁的效果：合作伙伴网络位置与环境敌对性的调节作用 [J]. 管理评论，2018（1）：136-143.

[102] 程跃，唐敏．跨区域合作创新网络协同绩效影响因素及治理模式研究 [J]. 创新科技，2020，20（11）：63-70.

[103] 程跃，银路，李天柱．不确定环境下企业创新网络演化研究 [J]. 科研管理，2011，32（1）：29-34.

[104] 戴勇，朱桂龙，刘荣芳．集群网络结构与技术创新绩效关系研究：吸收能力是中介变量吗? [J]. 科技进步与对策，2018，35（9）：16-22.

[105] 单标安，蔡莉，陈彪，鲁喜凤．中国情境下创业网络对创业学习的影响研究 [J]. 科学学研究，2015，33（6）：899-906.

[106] 党兴华，常红锦．网络位置、地理临近性与企业创新绩效——一个交互效应模型 [J]. 科研管理，2013，34（3）：7-13.

[107] 丁厚德．中国科技运行论 [M]. 北京：清华大学出版社，2001.

[108] 范群林，邵云飞，唐小我，王剑峰．结构嵌入性对集群企业创新绩效影响的实证研究 [J]. 科学学研究，2010，28（12）：1891-1900.

[109] 冯增田，郝斌．模块化对产品创新影响的实证研究——组织学习和关系网络的调节效应 [J]. 技术经济，2014，33（2）：1-8.

[110] 付韬，张永安．核型集群创新网络演化过程的仿真——基于回声模型 [J]. 系统管理学报，2011，20（4）：406-415.

[111] 付韬，张永安，李晨光．焦点企业核型结构产业集群技术创新传播多网络连通性剖析 [J]. 科技进步与对策，2017，34（22）：55-63.

[112] 高孟立．合作创新中组织顾客破坏性行为对组织间合作的影响机制研究 [J]. 科研管理，2020，41（1）：211-222.

[113] 高霞，陈凯华．合作创新网络结构演化特征的复杂网络分析 [J].

科研管理，2015，36（6）：28-36.

［114］郭雯．设计服务业创新政策的国内外比较及启示［J］．科研管理，2010，31（5）：124-130.

［115］韩宝龙，李琳．区域产业创新驱动力的实证研究——基于隐性知识和地理邻近视角［J］．科学学研究，2011，29（2）：314-320.

［116］韩宝龙，李琳，刘昱含．地理邻近性对高新区创新绩效影响效应的实证研究［J］．科技进步与对策，2010，27（17）：40-43.

［117］和金生，吕文娟，张雄林，罗春梅．基于知识类生物属性的技术创新驱动力框架模型［C］．中国湖南湘潭：第十一届中国技术管理（2014'MOT）年会论文集，2014.

［118］衡孝庆，章进．技术创新的生态驱动力及其生态位构建［J］．科学技术哲学研究，2013，30（3）：95-98.

［119］洪伟．区域校企专利合作创新模式的变化——基于社会网络方法的分析［J］．科学学研究，2010，28（1）：40-46.

［120］侯仁勇，严庆，孙骞，李德鹏，祝宝基．双重网络嵌入与企业创新绩效——结构视角的实证研究［J］．科技进步与对策，2019，36（12）：98-104.

［121］胡悦，马静，李雪燕．京津冀城市群创新网络结构演化及驱动机制研究［J］．科技进步与对策，2020，37（13）：37-44.

［122］黄玮强，庄新田，姚爽．基于动态知识互补的企业集群创新网络演化研究［J］．科学学研究，2011，29（10）：1557-1567.

［123］惠青，邹艳．产学研合作创新网络、知识整合和技术创新的关系研究［J］．软科学，2010，24（3）：4-9.

［124］姜博，马胜利，唐晓华．产业融合对中国装备制造业创新效率的影响：结构嵌入的调节作用［J］．科技进步与对策，2019，36（9）：77-86.

［125］李晨光，张永安．产学研创新网络链接异构与鲁棒性的渗流分析［J］．系统工程，2018，36（3）：74-84.

［126］李晨光，张永安．企业对政府创新科技政策的响应机理研究：基于回声模型［J］．科技进步与对策，2013，30（14）：81-87.

［127］李金华，孙东川．创新网络的演化模型［J］．科学学研究，2006（1）：135-140.

［128］李乃文，刘会贞．基于系统动力学的产业发展不同阶段人才集聚的决定因素分析［J］．科技进步与对策，2012，29（5）：152-155.

［129］李文静．区域校企专利合作申请网络比较研究——基于广东的实证分析［J］．现代情报，2015，35（12）：106-110.

［130］李颖，马双，富宁宁，怡凯，彭飞．中国沿海地区海洋产业合作创新网络特征及其邻近性［J］．经济地理，2021，41（2）：129-138.

［131］李志刚，汤书昆，梁晓艳，赵林捷．产业集群网络结构与企业创新绩效关系研究［J］．科学学研究，2007，25（4）：777-782.

［132］李志远，王雪方．组织学习与客户知识管理能力的关系研究——关系嵌入的调节［J］．科学学与科学技术管理，2015，36（3）：152-162.

［133］李左峰，张铭慎．政府科技项目投入对企业创新绩效的影响研究——来自我国95家创新型企业的证据［J］．中国软科学，2012（12）：123-132.

［134］廖开际，叶东海，吴敏．组织知识共享网络模型研究——基于知识网络和社会网络［J］．科学学研究，2011，29（9）：1356-1364.

［135］林少疆，徐彬，陈佳莹．企业创新网络结构嵌入性对协同创新能力影响的实证研究——共生行为的中介作用［J］．软科学，2016，30（6）：16-19.

［136］刘凤朝，马荣康．组织创新网络中的中间人角色及其影响因素——以中国制药技术领域为例［J］．科学学研究，2011，29（8）：1240-1250.

［137］刘凤朝，徐茜．中国科技政策主体合作网络演化研究［J］．科学学研究，2012，30（2）：241-248.

［138］刘凤朝，张娜，孙玉涛，马荣康．基于优先连接的纳米技术合作网络演化研究［J］．管理评论，2016，28（2）：74-83.

［139］刘凤朝，马荣康，姜楠．基于“985高校”的产学研专利合作网络演化路径研究［J］．中国软科学，2011（7）：178-192.

［140］刘凤朝，刘靓，马荣康．区域间技术交易网络、吸收能力与区域创新产出——基于电子信息和生物医药领域的实证分析［J］．科学学研究，2015，33（5）：774-781.

［141］刘国巍，曹霞．产学研BA-CAS合作机制下创新网络动态演化研究——基于系统生存论的关系嵌入视角［J］．技术经济与管理研究，2018（4）：32-37.

［142］刘和东，钱丹．产学研合作绩效的提升路径研究——以高新技术企业为对象的实证分析［J］．科学学研究，2016，34（5）：704-712.

［143］刘建香．复杂网络及其在国内研究进展的综述［J］．系统科学学报，2009，17（4）：31-37.

［144］刘雅琴，余谦．新能源汽车产业技术创新网络的时空演化与创新集聚［J］．大连理工大学学报（社会科学版），2020，41（6）：36-44.

［145］刘友金，刘莉君．基于混沌理论的集群式创新网络演化过程研究［J］．科学学研究，2008（1）：185-190.

［146］吕丹，王等．“成渝城市群”创新网络结构特征演化及其协同创新发展［J］．中国软科学，2020（11）：154-161.

［147］吕国庆，曾刚，顾娜娜．基于地理邻近与社会邻近的创新网络动态演化分析——以我国装备制造业为例［J］．中国软科学，2014（5）：97-106.

［148］毛义华，陈劲．基于合作创新的企业技术能力培育［J］．科研管理，2000（4）：44-50.

［149］孟迪云．网络嵌入性与创业导向对商业模式创新的影响研究［J］．企业改革与管理，2018（21）：3-4.

［150］潘群，樊树海，单永飞，徐甜．基于技术投入的企业合作创新演化路径分析［J］．统计与决策，2017（2）：51-53.

［151］彭盾．复杂网络视角下的高技术企业技术创新网络演化研究［D］．湖南大学博士学位论文，2010.

［152］彭锐，杨芳．产学研合作创新网络的演进阶段及演进过程中科研管理部门的作用［J］．科研管理，2008，29（S1）：38-41.

［153］綦良群，周凌玥．装备制造企业协同创新网络知识转移的演化博弈研究［J］．预测，2019，38（1）：83-90.

［154］邱国栋，马鹤丹．区域创新系统的结构与互动研究：一个基于系统动力视角的理论框架［J］．管理现代化，2011（4）：47-50.

［155］任宗强，吴海萍，丁晓．中小企业内外创新网络协同演化与能力提升［J］．科研管理，2011，32（9）：7-14.

［156］沈必扬，池仁勇．企业创新网络：企业技术创新研究的一个新范式［J］．科研管理，2005（3）：84-91.

［157］沈江，柳洲．高校协同创新网络构建与耦合机制研究——结构洞与网络结构视角［J］．科技进步与对策，2016，33（19）：132-138.

［158］宋河发，穆荣平，任中保．促进自主创新的政府采购政策与实施细则关联性研究［J］．科学学研究，2011，29（2）：291-299.

［159］宋晶，孙永磊．合作创新网络能力的形成机理研究——影响因素探索和实证分析［J］．管理评论，2016，28（3）：67-75.

［160］苏灿，曾刚，叶雷，徐宜青．长三角地区跨区域合作创新对区域多样化的影响研究［J］．长江流域资源与环境，2021，30（3）：534-543.

［161］孙彪．基于资源依赖观的合作双元能力对联盟创新绩效的影响研究［J］．管理评论，2017，29（11）：98-105.

［162］孙冰，田胜男，姚洪涛．创新网络的小世界效应如何影响突围性技术扩散——基于转换成本的调节作用［J］．管理评论，2018，30（3）：72-81.

［163］唐朝永，牛冲槐．协同创新网络、人才集聚效应与创新绩效关系研究［J］．科技进步与对策，2017，34（3）：134-139.

［164］唐承林，顾新．知识网络知识优势的种群生态学模型研究［J］．科技进步与对策，2010，27（20）：133-136.

［165］唐恒，高粱洲，刘桂锋．京津冀产学研专利合作网络时空演化研究［J］．情报杂志，2017，36（10）：130-136.

［166］滕飞，申红艳．邻近性对跨区域创新网络空间演化的影响——以风电技术为例［J］．科学管理研究，2018，36（1）：42-45.

［167］田钢，张永安．集群创新网络演化的动力模型及其仿真研究［J］．科研管理，2010，31（1）：104-115.

［168］万元，李永周．基于关系嵌入的创新网络知识共享及协调机制研究［J］．科技管理研究，2014，34（20）：160-164.

［169］汪小帆，李翔，陈关荣．复杂网络理论及其应用［M］．北京：清华大学出版社，2006.

［170］汪秀婷．中部区域产业创新途径探讨［J］．武汉理工大学学报（信息与管理工程版），2006（9）：76-80.

［171］王崇锋，崔运周，尚哲．多层创新网络结构洞特征对组织创新绩效的影响——来自新能源汽车领域的实证分析［J］．科技进步与对策，2020，37（24）：71-79.

［172］王丛虎．论我国政府采购促进自主创新［J］．科学学研究，2006（6）：967-970.

［173］王飞．生物医药创新网络演化机理研究——以上海张江为例［J］．科研管理，2012，33（2）：48-54.

［174］王飞．生物医药创新网络结构及其演化特征探析——基于复杂网络视角［J］．南京社会科学，2011（1）：149-155.

［175］王会龙，池仁勇．浙江产业集群创新网络跨区域重构研究［J］．工

业技术经济，2012，31（1）：120-125.

［176］王京，高长元．软件产业虚拟集群创新网络演化模型及拓扑结构特征研究［J］．管理评论，2014（12）：29-37.

［177］王嵩，田军，王刊良．创新团队内的隐性知识共享——社会网络分析视角［J］．科技管理研究，2010，30（1）：208-210.

［178］王霄宁，王轶．新经济社会学视角下基于社会网络分析的产业集群定量化研究［J］．探索，2005（3）：95-99.

［179］王雪梅，雷家骕，邓艳．从一个实例看高校科技成果转化存在的问题［J］．科学学研究，2008，26（S1）：178-182.

［180］魏江，叶波．产业集群技术能力增长机理研究［J］．科学管理研究，2003（1）：52-56.

［181］魏龙，党兴华．基于组织—惯例的相依技术创新网络级联失效模型研究［J］．管理评论，2017（11）：74-88.

［182］吴慧，顾晓敏，赵袁军．产学研合作创新网络拓扑演化的复杂网络研究［J］．复杂系统与复杂性科学，2020，17（4）：38-47.

［183］吴晓波，韦影．制药企业技术创新战略网络中的关系性嵌入［J］．科学学研究，2005（4）：561-565.

［184］夏丽娟，谢富纪，付丙海．邻近性视角下的跨区域产学协同创新网络及影响因素分析［J］．管理学报，2017，14（12）：1795-1803.

［185］杨春白雪，曹兴，高远．新兴技术合作创新网络演化及特征分析［J］．科研管理，2020，41（7）：20-32.

［186］杨剑，方易新，杜少甫．考虑参照依赖的企业合作创新演化博弈分析［J］．中国管理科学，2020，28（1）：191-200.

［187］杨坤，吴金玉，胡斌．创新网络中知识协同演化机理模型及计算实验分析［J］．科技进步与对策，2020，37（8）：124-133.

［188］杨琴，董芳．区域创新网络与城市群发展研究［J］．决策与信息（财经观察），2008（6）：25-26.

［189］尹俣潇，梅强，徐占东．创业网络关系嵌入与新创企业成长——创业学习的中介作用［J］．科技管理研究，2019，39（5）：199-206.

［190］尹智刚，王延章，倪子建．基于 agent 的技术合作创新仿真模型［J］．管理评论，2016，28（11）：75-84.

［191］应洪斌，沈瑶．非正式网络中隐性知识传递的影响机制研究［J］.

科研管理，2009，30（4）：130-137.

［192］于永达，闫盛枫．邻近性与自主合作创新网络演进：以集成电路产业链为例［J］．科技进步与对策，2017，34（14）：66-76.

［193］袁剑锋，许治，翟铖．中国产学研合作网络权重结构特征及演化研究［J］．科学学与科学技术管理，2017，38（2）：115-126.

［194］张古鹏．小世界创新网络动态演化及其效应研究［J］．管理科学学报，2015（6）：15-29.

［195］张文春．基于复杂网络的高技术集群企业自主创新能力研究［J］．财会通讯，2011（6）：155-157.

［196］张永安，李晨光．复杂适应系统应用领域研究展望［J］．管理评论，2010，22（5）：121-128.

［197］张瑜，菅利荣，刘勇．基于创新主体知识流动 Gert 网络的产学研协作模式研究［J］．工业技术经济，2012，31（2）：35-43.

［198］张瑜，菅利荣，皮宗平，罗茜．基于无标度网络的产学研合作网络模式［J］．系统工程，2013，31（5）：54-59.

［199］赵爽．产学研合作网络时空演化研究——以中国装备制造业为例［J］．现代管理科学，2013（11）：85-87.

［200］郑洁．异质性要素匹配视角下流通企业合作创新作用机理研究［J］．商业经济研究，2021（1）：27-30.

［201］郑素丽，鲁晸嘉，余江，周立军．信息通信技术产业合作创新网络的结构、演化路径与模式特征：基于上市公司的实证分析［J］．科技管理研究，2021，41（4）：9-18.

［202］朱桂龙，彭有福．产学研合作创新网络组织模式及其运作机制研究［J］．软科学，2003（4）：49-52.

附　录

附录 1

附表 1　京津冀省级以上开发区

序号	开发区名称	批准时间	面积（公顷）	主导产业
1	北京经济技术开发区	1994.08	3980	汽车、电子信息、装备制造
2	中关村科技园区	1988.05	23252	电子信息、智能制造、节能环保
3	天津经济技术开发区	1984.12	3797	汽车、医药、装备制造
4	东丽经济技术开发区	2014.02	722	汽车、新能源、新材料
5	西青经济技术开发区	2010.12	1688	电子信息、汽车配套、机械
6	北辰经济技术开发区	2013.03	248	装备制造
7	武清经济技术开发区	2010.12	915	生物医药
8	天津子牙经济技术开发区	2012.12	117	再生资源综合利用、新能源
9	天津滨海高新技术产业开发区	1991.03	5524	新能源汽车、信息技术、节能环保
10	天津出口加工区	2000.04	254	装备制造、家具、冶金
11	秦皇岛经济技术开发区	1984.01	2298	装备制造、商贸物流
12	石家庄经济技术开发区	2012.01	828	生物医药、装备制造、食品
13	唐山曹妃甸经济技术开发区	2013.01	1448	港口物流、钢铁、石化
14	邯郸经济技术开发区	2013.11	350	电子信息、装备制造、新材料
15	沧州临港经济技术开发区	2010.11	381	石化、生物医药、电力
16	廊坊经济技术开发区	2009.07	1449	信息技术、装备制造
17	石家庄高新技术产业开发区	1991.03	1553	生物医药、电子信息、先进制造
18	保定高新技术产业开发区	1992.11	1223	新能源、能源设备、光机电一体化

续表

序号	开发区名称	批准时间	面积（公顷）	主导产业
19	唐山高新技术产业开发区	2010.11	450	装备制造、汽车零部件、新材料
20	承德高新技术产业开发区	2012.08	620	装备制造、食品饮料、生物医药
21	石家庄综合保税区	2014.09	286	高端制造、物流、国际贸易
22	廊坊综合保税区	2018.01	50	物流、光机电一体化、精密机械
23	北京良乡经济开发区	2000.12	240	生物制药、新材料、机械
24	北京通州经济开发区	2006.06	2075	科技研发、商务服务
25	北京永乐经济开发区	1992.09	439	机械、精密仪器、食品
26	北京采育经济开发区	2006.03	128	新能源汽车、汽车零部件
27	北京大兴经济开发区	2000.12	413	文化创意
28	北京兴谷经济开发区	2006.06	972	汽车零部件、食品
29	北京雁栖经济开发区	2006.06	1073	交通设备、装备制造、科技研发
30	北京密云经济开发区	2000.12	353	装备制造、节能环保、生物医药
31	北京延庆经济开发区	1992.08	304	医药、新材料、园艺、体育休闲
32	北京八达岭经济开发区	2000.12	481	新能源、节能环保
33	北京房山工业园区	2006.03	241	互联网金融、智能装备、新材料
34	北京临空经济核心区	2006.06	2382	航空、商务服务
35	北京顺义科技创新产业功能区	2000.12	1401	汽车及零部件、电子信息
36	北京昌平小汤山工业园区	2006.03	121	节能环保、新能源、新材料
37	北京马坊工业园区	2006.08	249	汽车零部件、环保
38	天津津南经济开发区	1992.07	688	电子信息、汽车零部件
39	天津大港经济开发区	1992.07	602	轻工机械、自行车、金属压延
40	天津武清福源经济开发区	2006.04	301	电子、机械加工、建材
41	天津宝坻经济开发区	2006.04	704	装备制造、节能环保、新能源、新材料
42	天津宁河经济开发区	2006.04	773	金属制品、包装、机械
43	天津静海经济开发区	2006.04	1176	自行车、电动车、汽车零部件
44	天津蓟州区经济开发区	1992.06	668	机械、建材、食品
45	天津空港经济区	2002.01	2275	先进制造
46	天津军粮城工业园区	2006.04	182	科技研发、新材料、商务商贸
47	天津八里台工业园区	2006.04	613	电子信息、智能化产品、机械
48	天津海河工业区	2006.04	320	装备制造、电子信息

续表

序号	开发区名称	批准时间	面积（公顷）	主导产业
49	天津中北工业园区	2006.04	301	汽车零部件、电子、机械
50	天津双口工业园区	2006.04	430	自行车零部件、木器、电子
51	天津开发区现代产业区	1996.01	807	石化、装备制造、医药
52	天津大港石化产业园区	2003.01	200	精细化工、医药
53	天津京滨工业园	2009.08	946	电子信息、新材料、智能制造
54	天津宝坻九园工业园区	2006.04	670	新能源、新材料、装备制造、医疗器械
55	天津潘庄工业区	2006.04	150	高端制造、汽车零部件、食品
56	天津滨海民营经济成长示范基地	2009.07	782	钢铁、石油钻采
57	天津大邱庄工业区	2009.08	691	黑色金属冶炼压延加工、金属制品
58	天津专用汽车产业园	2009.08	1366	装备制造、新材料
59	河北辛集经济开发区	2006.08	484	皮革、机械、食品、医药
60	河北鹿泉经济开发区	1992.11	1396	电子信息、物流、食品
61	河北张家口经济开发区	2000.09	217	新能源、智能制造
62	河北宣化经济开发区	1992.11	697	汽车、智能制造、生物制药
63	河北沙城经济开发区	2006.03	388	特种玻璃、信息技术、装备制造
64	河北北戴河经济开发区	1995.01	266	金属制品、专用设备、电子设备
65	河北丰南经济开发区	2000.06	4511	钢铁及压延、装备制造、食品
66	河北唐山南堡经济开发区	1995.12	2314	海洋化工
67	河北昌黎经济开发区	2006.05	916	机械、钢铁、食品
68	河北唐山海港经济开发区	1993.06	3285	煤化工、农副产品加工、电力
69	河北玉田经济开发区	1994.08	1493	装备制造、钢铁加工、新能源
70	河北唐山芦台经济开发区	2003.07	1030	自行车零配件、采暖散热器、家具
71	河北霸州经济开发区	1996.09	1630	装备制造、金属玻璃家具
72	河北永清经济开发区	2006.03	1049	装备制造、新材料
73	河北香河经济开发区	1993.01	1543	高端制造、食品、医药
74	河北大城经济开发区	2006.03	433	机械装备、新能源车、气雾剂
75	河北文安经济开发区	2006.03	935	新能源、装备制造、家具
76	河北高碑店经济开发区	1996.01	650	汽车、建材、新能源
77	河北沧州经济开发区	1992.07	996	汽车及零部件、管道装备、生物医药

续表

序号	开发区名称	批准时间	面积（公顷）	主导产业
78	河北任丘经济开发区	1995.12	609	新材料、新能源、节能环保、装备制造
79	河北黄骅经济开发区	1992.07	466	汽车、专用设备、金属制品
80	河北吴桥经济开发区	1993.01	711	装备制造、橡胶制品、汽车零部件
81	河北枣强经济开发区	2006.03	700	复合材料、燃气设备、中央空调
82	河北清河经济开发区	2003.06	859	羊绒、战略合金、新能源汽车及零部件
83	河北涉县经济开发区	2000.09	616	电力、装备制造、食品
84	河北石家庄长安国际服务外包经济开发区	2012.02	244	环保、大数据、动漫创意
85	河北井陉经济开发区	2012.01	346	煤炭加工、建材、成品油储运集散
86	河北行唐经济开发区	2011.07	533	装备制造、节能环保、绿色农产品加工
87	河北灵寿经济开发区	2012.01	584	服装纺织、机械、建材
88	河北高邑经济开发区	2012.01	581	陶瓷、纺织
89	河北深泽经济开发区	2011.05	899	化工、医药、装备制造
90	河北赞皇经济开发区	2011.07	508	建材、食品机械、循环化工
91	河北无极经济开发区	2011.07	611	皮革、化工、装备制造
92	河北元氏经济开发区	2012.01	530	化工、机械、轻工
93	河北赵县经济开发区	2011.05	708	生物医药、机械、服装纺织
94	河北晋州经济开发区	2011.07	874	化工、纺织、装备制造
95	河北新乐经济开发区	2011.05	1168	生物医药、装备制造、食品加工
96	河北唐山古冶经济开发区	2011.05	1400	钢铁、焦化、水泥
97	河北丰润经济开发区	2011.07	1332	轨道交通装备、装备制造、钢铁
98	河北迁西经济开发区	2011.05	849	钢铁及加工
99	河北遵化经济开发区	2011.05	844	装备制造、食品、建材
100	河北迁安经济开发区	2011.05	2893	钢铁、冶金、装备制造、煤化工
101	河北抚宁经济开发区	2012.01	792	智能制造、食品、生物、新能源
102	河北青龙经济开发区	2011.02	636	金属压延、装备制造
103	河北邯郸马头经济开发区	2011.07	1857	装备制造、电力、新材料
104	河北邯郸峰峰经济开发区	2014.11	414	煤化工、钢铁、陶瓷
105	河北肥乡经济开发区	2011.07	452	装备制造、服装纺织

续表

序号	开发区名称	批准时间	面积（公顷）	主导产业
106	河北临漳经济开发区	2014. 11	547	农副产品加工、新材料、装备制造
107	河北成安经济开发区	2011. 05	492	金属管件、板材、装备制造
108	河北大名经济开发区	2011. 05	387	食品、装备制造、包装
109	河北邱县经济开发区	2011. 07	881	纺织、装备制造、食品
110	河北鸡泽经济开发区	2011. 07	459	铸造、装备制造、纺织
111	河北广平经济开发区	2011. 05	348	建材、装备制造、食品
112	河北馆陶经济开发区	2011. 07	264	盐化工、精细化工、装备制造
113	河北魏县经济开发区	2011. 07	530	装备制造、木材加工、再生资源利用
114	河北曲周经济开发区	2011. 05	563	装备制造、食品、自行车
115	河北邢台经济开发区	1994. 06	1860	先进制造、新能源
116	河北邢台县旭阳经济开发区	2011. 05	575	精细化工、新材料、生物化工、再生资源利用
117	河北临城经济开发区	2011. 07	168	通用设备、医药、非金属矿物
118	河北柏乡经济开发区	2012. 04	364	服装纺织、造纸、机械
119	河北任县经济开发区	2011. 07	298	橡塑制品、机械、商贸物流
120	河北南和经济开发区	2011. 07	212	装备制造、农副产品加工、大宗物流
121	河北巨鹿经济开发区	2011. 07	398	装备制造、新能源、医药
122	河北新河经济开发区	2012. 04	391	生物医药、装备制造、新能源
123	河北广宗经济开发区	2012. 04	538	自行车、装备制造、农副产品加工
124	河北南宫经济开发区	2011. 05	374	装备制造、食品、医药
125	河北沙河经济开发区	2011. 07	1335	玻璃及深加工、装备制造、新材料
126	河北保定经济开发区	2011. 05	1813	汽车及零部件
127	河北满城经济开发区	2014. 11	795	造纸及纸制品、机械、汽车
128	河北徐水经济开发区	2012. 07	1405	汽车及零部件、新能源、机电设备
129	河北涞水经济开发区	2011. 07	297	电子信息、新能源汽车、航天航空
130	河北阜平经济开发区	2013. 07	609	新材料、装备制造、农产品加工
131	河北唐县经济开发区	2012. 07	437	机械、建材、食品
132	河北高阳经济开发区	2011. 05	1029	纺织、医药、电子设备
133	河北涞源经济开发区	2012. 07	369	装备制造、新材料、生物医药
134	河北望都经济开发区	2012. 01	220	食品、机电、医疗、建材
135	河北顺平经济开发区	2011. 07	159	装备制造、食品、建材

续表

序号	开发区名称	批准时间	面积（公顷）	主导产业
136	河北博野经济开发区	2012.01	530	橡胶机带、机械、新材料
137	河北定州经济开发区	2011.05	1066	装备制造、生物医药
138	河北张家口下花园经济开发区	2014.11	733	装备制造、新能源、新材料
139	河北张北经济开发区	2011.07	699	食品、装备制造、云计算
140	河北沽源经济开发区	2012.01	249	云计算、农副产品加工、商贸物流
141	河北蔚县经济开发区	2011.07	246	生物科技、装备制造、食品
142	河北怀安经济开发区	2011.07	333	装备制造、汽车及零部件、应急产品
143	河北涿鹿经济开发区	2010.11	596	电子信息、装备制造
144	河北赤城经济开发区	2011.03	96	先进制造、节能环保
145	河北承德双滦经济开发区	2011.07	1802	黑色金属采冶压延加工、炼焦
146	河北兴隆经济开发区	2012.07	317	钢延产品、农副产品加工、医药化工
147	河北隆化经济开发区	2012.01	606	装备制造、食品、建材
148	河北丰宁经济开发区	2012.07	739	新能源装备、节能环保、新材料
149	河北宽城经济开发区	2011.05	416	冶金、装备制造、新材料
150	河北围场经济开发区	2014.11	306	食品、药品、矿产品加工
151	河北平泉经济开发区	2012.01	462	矿山冶金、新能源、化工
152	河北东光经济开发区	2011.05	441	包装机械、精细化工、包装、装备制造
153	河北海兴经济开发区	2012.07	1222	精细化工、装备制造、汽车零部件
154	河北盐山经济开发区	2011.05	1133	管道装备、机械、机床
155	河北肃宁经济开发区	2011.05	458	毛皮加工、装备制造、印刷
156	河北南皮经济开发区	2011.07	591	机电、玻璃器皿、纺织
157	河北献县经济开发区	2011.07	342	装备制造、食品饮品、新能源
158	河北泊头经济开发区	2011.05	1075	装备制造、铸造、汽车模具
159	河北三河经济开发区	2011.03	524	节能环保、装备制造、新材料
160	河北武邑经济开发区	2011.05	639	金属制品、橡胶制品
161	河北武强经济开发区	2011.07	481	装备制造、乐器、食品
162	河北饶阳经济开发区	2011.02	424	机械、服装
163	河北故城经济开发区	2010.11	578	新能源、新材料、装备制造

续表

序号	开发区名称	批准时间	面积（公顷）	主导产业
164	河北阜城经济开发区	2011.07	403	装备制造、服装纺织、农副产品加工
165	河北深州经济开发区	2011.02	997	农副产品加工、装备制造、家居
166	河北京南·固安高新技术产业开发区	2006.03	1091	显示、航空航天、生物医药
167	河北大厂高新技术产业开发区	2006.03	1639	装备制造、食品饮料
168	河北涿州高新技术产业开发区	1992.07	1325	新材料、电子信息技术、汽车及零部件
169	河北衡水高新技术产业开发区	2000.09	4033	新材料、装备制造、食品
170	河北正定高新技术产业开发区	2011.07	2696	新能源汽车、装备制造、生物医药
171	河北唐山开平高新技术产业开发区	2012.12	1383	装备制造、钢铁加工、物流
172	河北迁安高新技术产业开发区	2013.01	2138	装备制造、生物制药、电子信息
173	河北邢台滏阳高新技术产业开发区	2011.02	691	食品、装备制造、钢制品
174	河北威县高新技术产业开发区	2011.02	724	装备制造、电子信息、农副产品加工
175	河北张家口高新技术产业开发区	2012.08	1010	装备制造、生物技术
176	河北承德县高新技术产业开发区	2011.05	1004	装备制造、新材料、食品
177	河北滦平高新技术产业开发区	2012.11	381	食品、医药、装备制造
178	河北沧州高新技术产业开发区	2011.01	1045	智能装备、节能环保、新材料
179	河北廊坊高新技术产业开发区	2011.06	1517	新材料、节能环保、电子信息
180	河北安平高新技术产业开发区	2011.02	736	丝网产品、汽车零部件
181	河北武安工业园区	1992.11	461	新能源、新材料、装备制造
182	河北邯郸工业园区	1992.11	792	装备制造、建材、医药
183	河北永年工业园区	1992.11	354	特钢、装备制造、新材料
184	河北石家庄矿区工业园	2011.07	595	特钢冶炼、通用零部件、装备制造
185	河北内丘工业园区	2011.07	421	装备制造、精细化工、食品
186	河北临西轴承工业园区	2011.07	648	轴承、装备制造、食品
187	河北安国现代中药工业园区	2011.07	589	中药、食品

附录 2

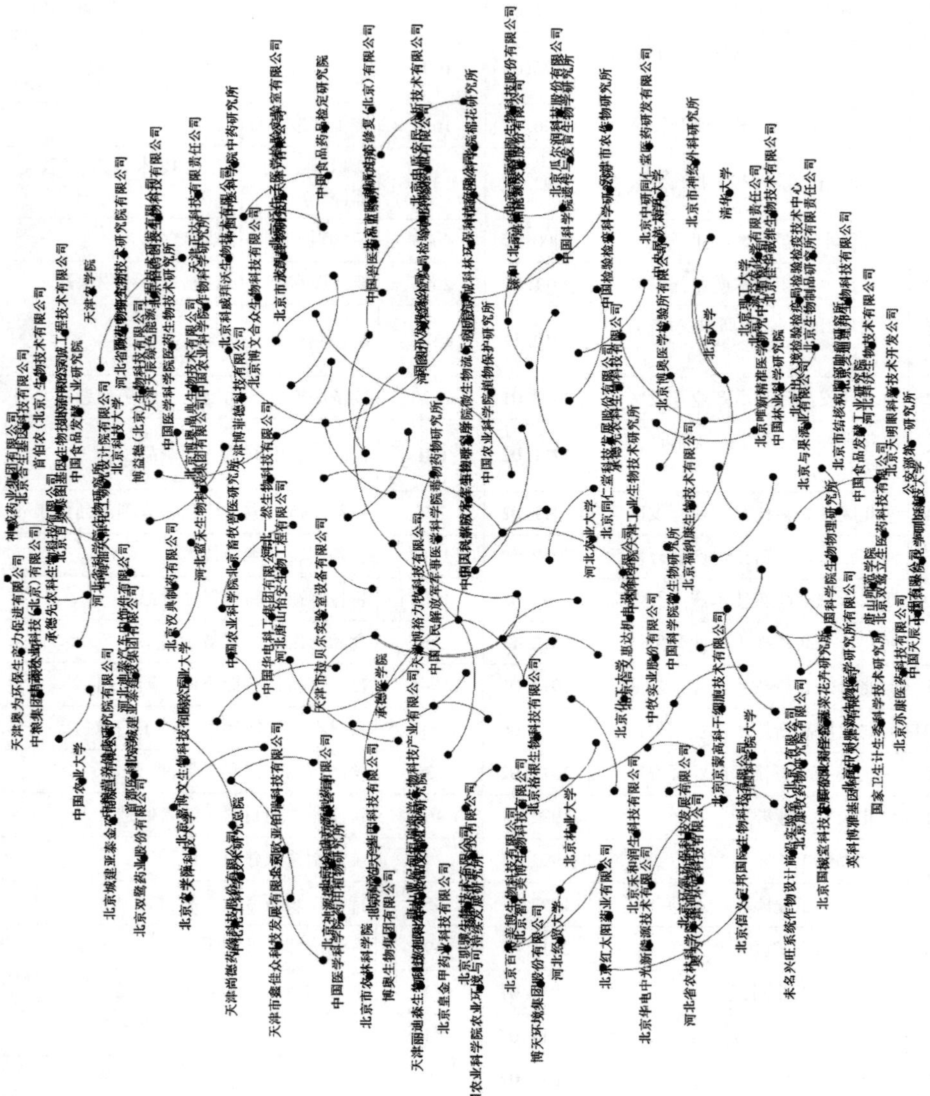

附图1 京津冀生物医药行业跨域创新网络的多网络结构拓扑图

附录3

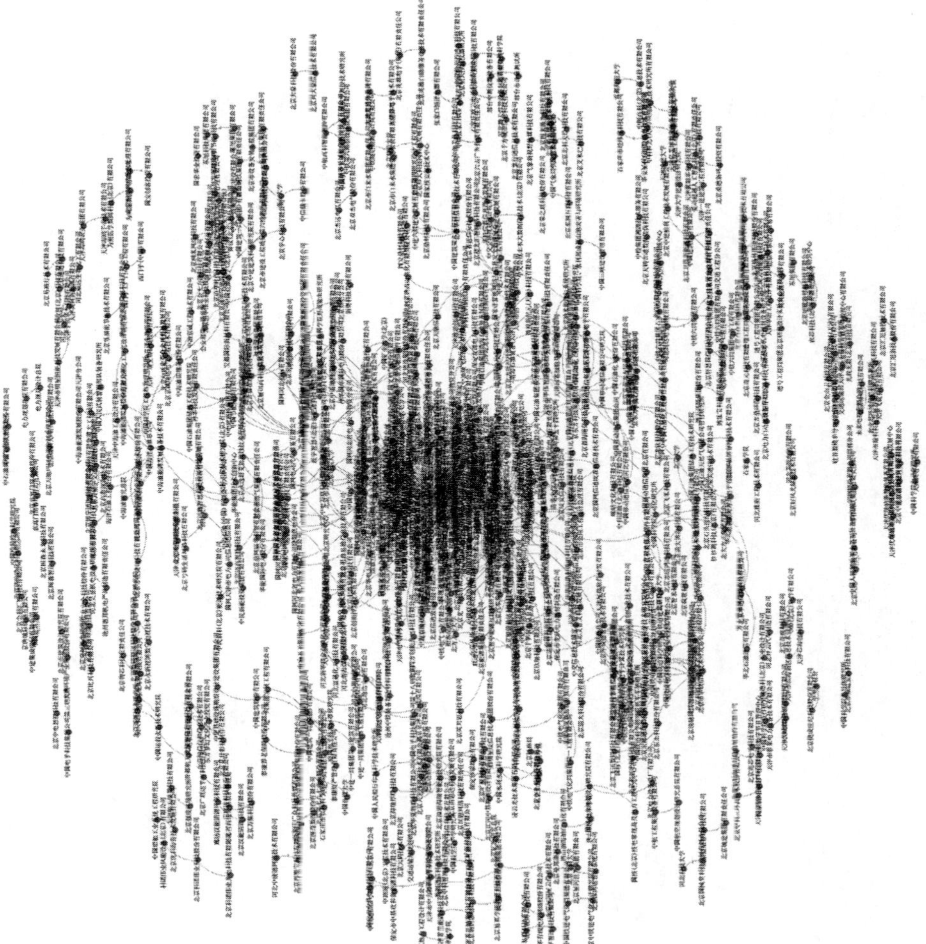

附图2 京津冀电子信息行业跨域创新网络的多网络结构拓扑图